新时代
数字经济
系列教材

数字化渠道管理

尹元元 ◎主编

清华大学出版社
北京

内 容 简 介

本书共五篇,内容为数字化渠道基础知识、数字化与渠道体系、数字化与渠道管理、数字化与渠道效率、数字化渠道类型。其中,数字化渠道基础知识篇介绍了数字化渠道的相关概念及数字化渠道战略;数字化与渠道体系篇介绍了渠道的结构、设计、模式,以及数字化对渠道设计的影响;数字化与渠道管理篇包括渠道成员管理、渠道冲突管理、渠道激励管理,以及数字化对渠道管理的影响;数字化与渠道效率篇包括渠道控制、渠道绩效评估,以及数字化对渠道控制的影响;数字化渠道类型篇包括互联网渠道、移动互联网渠道。

本书结构完整、案例丰富、内容新颖,适合作为普通高等院校经济管理类专业的教学用书,也可供市场营销一线人员及对渠道管理感兴趣的读者阅读参考。

图书在版编目(CIP)数据

数字化渠道管理/尹元元主编 . —北京:清华大学出版社,2024.2
新时代数字经济系列教材
ISBN 978-7-302-65294-6

Ⅰ.①数… Ⅱ.①尹… Ⅲ.①数字化-应用-销售管理-高等学校-教材 Ⅳ.①F713.3-39

中国国家版本馆 CIP 数据核字(2024)第 014954 号

责任编辑:强 溦
封面设计:傅瑞学
责任校对:李 梅
责任印制:宋 林

出版发行:清华大学出版社
  网 址:https://www.tup.com.cn, https://www.wqxuetang.com
  地 址:北京清华大学学研大厦 A 座   邮 编:100084
  社 总 机:010-83470000   邮 购:010-62786544
  投稿与读者服务:010-62776969, c-service@tup.tsinghua.edu.cn
  质量反馈:010-62772015, zhiliang@tup.tsinghua.edu.cn
  课件下载:https://www.tup.com.cn, 010-83470410
印 装 者:小森印刷霸州有限公司
经 销:全国新华书店
开 本:185mm×260mm 印 张:15.25 字 数:347 千字
版 次:2024 年 2 月第 1 版   印 次:2024 年 2 月第 1 次印刷
定 价:49.00 元

产品编号:099871-01

党的二十大报告指出："加快发展数字经济,促进数字经济和实体经济深度融合,打造具有国际竞争力的数字产业集群。"随着产业数字化转型持续向纵深加速发展,包括现代服务业在内的各个领域从不同层面进行了数字化的应用与推广。特别是近年来随着移动互联网的快速发展,线上平台已经成为商品交易的重要载体之一,传统渠道方式正受到移动互联网等新型渠道的影响,以数字化为主要特征的新零售、直播带货等正逐步兴起与发展,并加快推动了传统渠道体系的转型升级。

为此,深刻认识数字化渠道体系的内涵及特征,理解数字化渠道战略的必要性及实施过程,以及全面掌握数字化渠道体系设计与管理,对现代企业来说具有重要的意义与价值,也是企业数字化转型的重要内容及体现。可以预计,"数字化渠道管理"在本科生教育、研究生教育过程中将逐步成为核心课程之一。但是受多种因素的影响,相关的教材相当缺乏。为此,由湖南省市场学会秘书长、湖南工商大学尹元元教授牵头,联合各个领域的学者共同编写本书,以满足高等院校经济类和管理类相关专业的本科生教学、研究生培养及企事业单位人员学习的需要。

本书的主要特点如下。

(1) 内容结构完整。本书综合了国内外众多学者对数字化渠道管理问题的研究成果,不仅延续了数字化渠道管理中的相关概念与理论,而且继承了市场营销管理中对数字化渠道管理的认知与探讨。全书以管理学的基本逻辑关系为起点,结合营销理论进行分析。同时,读者可以从新产品的数字化渠道设计及现有的数字化渠道管理和控制的视角来阅读全书,从实际操作的角度全面掌握数字化渠道管理的基本理论、方法和技巧。

(2) 企业案例丰富。本书在理论阐述的基础上,结合各章论述的具体问题,有针对性地选择相关案例作为补充,既体现了理论的应用性,又有利于读者更深刻地理解书中的理论与知识。同时,本书中的大部分案例是我国当前知名企业的成功经验或典型事例,既具有时代性、前沿性,又有助于读者进一步认识我国企业发展的现状及特点。

(3) 知识体系前沿。当前,受移动互联网技术广泛应用和推广的影响,企业的渠道方式发生了巨大的变化,企业的实际营销活动中涌现出了微信、App、QQ、直播带货等一系列数字化渠道方式。尽管学者们对此进行了大量研究,但是实践的发展速度超过了理论研究,为此,本书结合当前渠道体系发展的实际情况,将前沿的研究成果及应用方式总结出来,供大家参考、学习。

本书各章编写人员如下:第一章、第二章、第十章由尹元元教授(湖南工商大学)、邓骄阳硕士研究生(湖南工商大学)负责编写;第三章由尹元元教授、陆春熹硕士研究生(湖南工商大学)负责编写;第四章由孔繁正教授(广东农工商职业技术学院)、陈虎硕士研究生(湖南工商大学)负责编写;第五章由孔繁正教授、刘俊飞硕士研究生(湖南工商大学)负责编写;第六章由王苏凤讲师(湖南工程职业技术学院)、廖芳硕士研究生(湖南工商大学)负责编写;第七章由王骏助教(新疆理工学院)、刘张硕士研究生(湖南工商大学)负责编写;第八章由胡张勇讲师(湖南工程职业技术学院)、赵君桥硕士研究生(湖南工商大学)负责编写;第九章由尹元元教授、李钊倩硕士研究生(湖南工商大学)负责编写;第十一章、第十二章由朱艳春博士(长沙学院)负责编写。全书由尹元元教授主编、总纂、定稿、修改。

编者在编写本书的过程中,得到了湖南工商大学、湖南省市场学会等有关领导和国内学术界营销专家、教授的关心和支持,并广泛借鉴了国内外众多市场营销学专家、教授的前沿学术成果,以及企业界的数字化渠道实践经验,在此一并表示衷心的感谢!

由于编者水平有限,书中难免存在不足和疏漏之处,恳请广大读者斧正。

编 者

2023 年 12 月

Contents 目 录

第三篇　数字化与渠道管理

第四篇　数字化与渠道效率

第五篇　数字化渠道类型

第 一 篇

数字化渠道基础知识

第一章　数字化渠道概述

▌学习目标

数字化渠道是现代渠道发展的重要方式之一。在了解、熟悉并分析渠道的概念及功能的基础上，深入理解数字化对渠道的影响，掌握数字化渠道的内涵，有助于科学地应用渠道策略，以帮助企业提高销售量，实现营销目标。

通过本章的学习，掌握以下知识：

- 理解渠道的概念；
- 了解数字化对渠道的影响；
- 掌握数字化渠道的概念及特点。

▌素质目标

通过本课程的学习，培养学生运用信息技术分析和解决问题的能力，提高学生的社会实践能力，使其认识传统渠道的深刻变革，强化信息技术的应用和整合能力，推动数字技术在渠道中的应用，创造可持续的商业价值，为构建更为公正和繁荣的社会做出贡献。

第一节　渠道的概念及功能

在企业的经营活动中，生产企业通常采取两种产品分销方式：一是企业直接销售；二是通过中间商销售。商品在流通过程中的转移也包括两个部分：一是基于商品交易活动的商品所有权转移过程；二是基于存储、运输等活动的商品实体转移过程。生产企业只有借助渠道的这些功能，才能将商品顺利地送达消费者手中，商品的交易才得以实现。因此，了解渠道的概念及特点，理解渠道成员的角色和作用，深入分析渠道成员之间的分工合作，以及影响它们决策的环境因素是十分必要的。

▶一、渠道的概念、特点与演变

▌（一）渠道的概念

关于渠道的概念，学术界的理解和界定各不相同。美国营销协会认为，渠道是指企业内部与外部代理商和经销商（批发和零售）的组织机构。庄贵军在其《营销渠道管理（第二版）》中提出，营销渠道是指产品或服务转移所经过的路径，由参与产品或服务转移活动以使产品或服务便于使用或消费的所有组织构成。李飞在其《渠道设计与管理》中对渠道、营销渠道、流通渠道的范畴分别进行了界定，认为渠道是指商品所有权从生产者或商人手中转移至消费者手中所经过的路径，营销渠道是指采购原材料和销售成品引起所有权转移所经过的路径，渠道是营销渠道的重要组成部分，仅指销售渠道，而营销渠道既包括销售渠道，也包括采购渠道。他进一步指出，商品流通渠道与渠道、营销渠道没有本质上的差别，只是所属学科和分析问题的角度略有差异。常永胜在其《营销渠道：理论与实务》中从生产企业的视角出发，将营销渠道定义为存在于企业外部的、促使产品或服务顺利地经由市场交换过程转移给消费者使用或消费的一整套相互依存的组织。李先国在其《渠道管理》一书中，将渠道定义为产品从生产者转移向消费者或用户所经过的、由企业和个人连接而成的通道，其中渠道的起点是生产者，终点是消费者或用户，中间环节为中间商，包括批发商、零售商、代理商和经纪人，他们都是渠道的成员，共同构筑起渠道。

可以说，学者们对渠道或者营销渠道从不同层面进行了理解与界定，深入阐述了渠道的内涵。实际上，渠道是一个含义非常丰富的概念。国外各类教科书中通常用 place、channel、distribution 描述渠道的概念。从词义来看，place 是地点，可以理解为产品销售地点、场所或者销售终端，属于渠道中的零售环节；channel 是渠道，可以理解为产品的销售通路，即通常意义上理解的渠道或者营销渠道；distribution 是分销，可以理解为广义的营销渠道概念，即包括采购、生产、销售等全供应链体系。因此，基于研究的对象与任务不同，对渠道的理解可以是差异化的。从当前渠道的发展以及对企业的价值与意义来看，战略层面上应该关注分销体系，战术层面上应该关注渠道体系设计与管理，策略层面上应该关注渠道终端的布局。

（二）渠道的特点

1. 从结构来看，渠道的起点是生产者，终点是消费者

产品销售是渠道承担的核心职能。为此，生产者是渠道的发起人和组织者，是渠道结构的起点；消费者或者客户作为产品购买者，是渠道的基本服务对象，是渠道结构的终点。这种特点体现了渠道的价值与作用，体现了渠道组织的主动方与服务方。

2. 从功能来看，渠道的核心价值是促进商品交易

从渠道的流程来看，不管是生产者直接将商品转移至消费者，还是通过零售商将商品转移至消费者，或是通过批发商、零售商将商品转移至消费者，伴随着商品实体转移，商品所有权发生了一次又一次的转移，即商品交易活动的进行。

3. 从地位来看，渠道是营销"4P"策略的关键内容

作为营销"4P"策略之一，相较其他三个策略，渠道策略在企业营销活动中越来越凸显关键价值，更能为企业带来持久的竞争优势。产品是市场竞争的核心，但随着技术不断成熟，产品创新的难度加大，风险更高，产品差异化优势难以维持，现实中同质化问题非常严重。价格是企业常用的市场竞争手段，也是企业利益的重要体现，低价策略往往会让企业陷入困境。促销活动的开展如今也让企业非常为难，若不开展促销活动，销售业绩难以提升，若开展促销活动，销售成本增加了，但销售业绩不一定会增长。渠道作为企业产品的销售通道，是销售业绩的重要载体，不但能够保证企业的生存，而且是企业发展与壮大的基础。

4. 从内容来看,渠道的重要成员是各类中间商

从现实营销活动来看,尽管有一些企业通过零售渠道方式进行产品销售,但是大多数企业构建了渠道体系,借助批发商、零售商等各类中间商实施分销活动。在渠道体系中,批发商、零售商等各类中间商成为体系的中间环节,直接影响渠道目标的实现。

（三）渠道的演变

根据马克思主义政治经济学的观点,商业资本是经济发展到一定阶段的产物。由此可见,渠道也是在经济发展中形成的。从现实来看,渠道形式不是一成不变的,而是随着时间的推移和环境的变化而不断演变的。总体来看,渠道经历了以下三个阶段的演变。

1. 零渠道

在商品经济的早期阶段,商品交易活动不够频繁,生产企业多采取自产自销的方式。一些小型生产企业或者生产作坊,由于产品规模不大,资金规模有限,市场范围较小,往往也会采取自销的方式。这类自销方式是零售渠道的重要形式。

2. 中间商渠道

随着商品经济的不断发展,商品交易活动逐步增多,生产企业的规模不断扩大,市场范围也越来越广,为了集中资金形成规模化生产,减少渠道成本,扩大市场范围,提高商品交易效率,越来越多的生产企业选择中间商来实现销售目标。为此,渠道的设计与管理逐渐成为生产企业营销活动的核心内容之一。

3. 全渠道

在商品经济的成熟阶段,随着人工智能、大数据、移动互联网等新技术在渠道体系中的应用和推广,不管是大型企业,还是中小规模企业,线上渠道的实现越来越容易,市场可辐射的范围也越来越广。为了满足消费者任何时间、任何地点、任何方式购买商品或服务的需求,采取实体渠道、电子商务渠道和移动电子商务渠道整合的方式销售商品或服务,提供给消费者无差别的购买体验就成为新趋势,全渠道模式成为企业必然的选择。

▶二、渠道的功能

渠道作为企业产品销售的重要载体,既对企业经营活动产生重要的作用,又具有重要的经济意义。具体来说,渠道的功能体现在以下两个方面。

（一）渠道的企业功能

概括地看,渠道对于企业主要有三种功能:销售功能、信息功能和服务功能。

1. 销售功能

渠道的核心功能是承担生产企业产品的销售任务,即把商品销售给需要它的消费者或者客户。商品销售的本质就是所有权交换,让需要商品的消费者或最终用户能够及时从生产企业获得商品,并有效地消费、使用,从而实现商品价值。为了能够实现销售功能,生产企业必须构建适合自身的渠道体系。首先要创立渠道体系,为了适应消费者需要的时间和地点高度分散的状况,建立起一个能够辐射目标消费者的商品分销网络;其次要管理渠道体系,根据渠道成员的特点,为了实现渠道的稳定性和安全性,形成一个整体渠道管理制度并加以实施。

2. 信息功能

渠道是生产者与消费者之间的桥梁,消费者需求现状是什么以及有什么样的特点是生产企业营销活动的起点,生产企业可以通过建立信息沟通渠道,消除信息沟通的差异,促进供求信息的畅通。"生产企业有商品要销售"的信息必须让消费者知道。信息功能包括了商品展示、人员推介、现场促销等多方面的工作,旨在向消费者传递企业和商品信息,创造知识信息效用。除此之外,"消费者需要商品"的信息,也要让市场营销者知道,让他们能够为消费者提供正确的产品,并在消费者需要的时间和地点组织销售。作为与消费者直接联系的接触点,渠道还承担着收集市场信息、适时反馈调节的功能。

3. 服务功能

从过程来看,产品销售服务包括售前服务、售中服务与售后服务。从内容来看,产品销售服务包括融资服务、物流配送服务、促销服务等。渠道体系中的中间商可以协助生产企业提供包括融资、物流、售后等在内的各类服务活动。比如建立和管理物流体系,重视物流管理,追求合理的库存、快速的运输以及灵敏的需求响应,减少消费者需要时的商品供应短缺和消费者不需要时的商品积压。

除了上述主要功能之外,也有学者将渠道功能做了进一步细化。例如,菲利普·科特勒认为渠道具有以下功能:信息、促销、谈判、订货、融资、承担风险、占有实体、付款和所有权转移。显然,在渠道体系中,这些功能由不同的渠道成员承担。当渠道组织发生变化时,这些功能的结合方式也会发生变化,但所需要承担的总职责是不变的,只是由不同的渠道成员来执行。渠道的建立和维系是企业长期运营的结果。渠道体系构建完成后,一方面可以让生产企业的产品销售得到保证,另一方面可以为生产企业开拓市场提供各类服务,是企业获得持久竞争优势的重要来源。

(二)渠道的经济功能

渠道是社会分工和商品经济发展到一定阶段的产物。在商品经济的高级阶段,生产越来越专业化、产品越来越多样化,商品交换越来越频繁,交易活动变得越来越复杂和困难,生产与消费在产品数量、品种、时间、地点和所有权等方面的矛盾越来越凸显。为此,渠道逐步成为企业营销活动中的重要组成部分。渠道能够减少交易次数、降低交易成本、提高交易效率。

1. 减少交易次数

假设有 5 家生产厂家直接向 5 个零售终端供货,则需要 25 次交易(见图 1-1);如果通过 1 家中间商向零售终端供货,只需要 10 次交易(见图 1-2)。由此可见,通过中间商的集中交换,能够减少交易次数。

2. 降低交易成本

当中间商存在时,完成相同的销售目标,可以减少商品交易次数。由此可见,在单次交易成本不变的情况下,减少商品交易次数就可以降低交易成本,从而节省社会交易费用,促进社会经济发展。

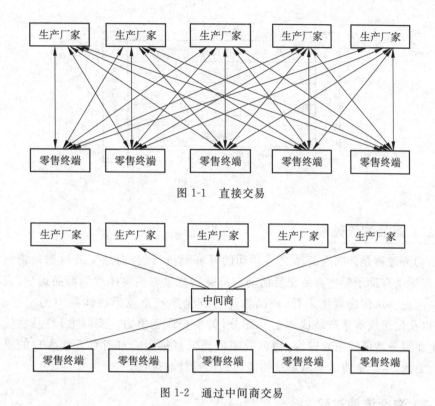

图 1-1 直接交易

图 1-2 通过中间商交易

3. 提高交易效率

中间商的出现是渠道专业化分工的结果。有关专业化分工原理是由亚当·斯密在《国富论》中提出的。这个原理已经广泛地应用于生产领域,同样可以应用到分销领域,即通过将一个复杂的任务分解成比较简单的活动,再把它们分配给处理这些问题的专业人士,以获取更高的效率。因此,正如生产按照专业化分工来分配生产任务,若分销过程也采用专业化分工,将渠道任务分配给最能够有效地完成这些任务的个人或企业,相互之间共享资源、协同管理等,就可以大幅提升交易的效率。

▶三、渠道流程

渠道流程是指生产企业完成一次渠道活动所经历的一系列过程,包括以下六个方面(见图 1-3)。

▌(一)商品交易过程

商品交易过程是生产企业渠道流程的核心内容,也是关键过程,没有商品交易,就没有其他过程,渠道也就失去了价值。从形式来看,商品交易过程主要体现为所有权的转移,即产品所有权由生产者最终转移至消费者或者客户手中。在实际过程中,基于所有权转移的商品交易活动可能是一次,也可能是多次。当然,有些中间商活动,如代理方式,尽管会促进商品交易活动的开展,但是并没有发生所有权转移,只是帮助所有权转移。

图 1-3　渠道流程

（二）商品物流过程

商品物流过程是伴随着商品交易活动的开展而进行的,商品交易活动是物流活动的前提,物流活动有助于促进商品交易活动。商品物流过程主要体现为商品运输、商品存储以及商品配送。从传统观点来看,商品物流过程是生产企业渠道体系中的主要成本,运输、存储以及配送成本是产品成本的一部分,关乎企业竞争力。实际上,商品物流过程也是生产企业服务增值的主要内容,物流效率的高低直接影响对消费者或客户的服务能力与水平。为此,生产企业越来越重视物流过程的设计与优化。

（三）资金流动过程

商品交易就是商品买卖过程,资金流动过程也是围绕着商品交易活动而展开的。从交易的实质性来看,资金是交易的基础和前提。消费者或客户没有资金,就没办法购买商品,交易活动就难以开展。从渠道体系中的参与者来看,生产企业是卖方,消费者或客户是买方,中间商既是买方又是卖方。所有的买方,包括消费者、中间商等都需要资金。在现实活动中,资金可能会出现短缺现象,因此就有了融资需求以及融资服务,如消费信贷、供应链金融服务等。融资服务的提供有助于促进商品交易活动的开展,对渠道体系的影响越来越大。

（四）信息交互过程

信息对渠道体系中的参与者具有重要的意义。生产企业既需要消费者或客户的各类市场信息,也需要中间商的分布、类型、特征等相关信息;中间商作为生产者与消费者之间的桥梁,既需要生产企业的产品数量、质量、特点等信息,也需要直接服务的消费者或客户的各类市场信息;消费者作为商品的购买者,哪些商品可以满足自身需求,以及可以从哪些地方买到合适的商品等,也是其所需要的信息。

（五）商务谈判过程

商品交易离不开商务谈判,谈判始终存在于渠道全过程之中。不管是生产企业将商品销售给中间商,还是中间商将商品销售给最终消费者或客户,都需要进行各种类型的商务谈判活动。谈判的内容包括交易商品的类型、数量、时间、地点、配送方式、价格等。谈判的结果是买卖协议的达成,包括正式的或口头上的协议,也是商品交易的依据,直接影响交易双方的利益。

(六)商品促销过程

促销是企业营销活动的重要内容,有助于促进商品交易。从传统视角来看,生产企业的促销活动主要针对消费者或者客户,但实际上生产企业的促销活动首先是针对中间商的,因为中间商往往是从生产企业采购商品的主体,其次才是针对消费者或者客户的促销,这样既有利于促进商品消费,也有助于提高中间商的购买积极性。此外,中间商也是促销活动的实施者之一,不管是批发商还是零售商,都会采用不同手段来促进商品的交易。

在企业的营销活动中,也许采用的分销组织体系不同,也许渠道模式有差异,也许选择的渠道成员有区别,但是在完整的渠道活动中离不开上述六个方面的流程。其中,商品交易过程是关键环节,也是渠道的核心功能和主要目标。商品物流过程和资金流动过程是随着商品交易过程而发生的,资金流动过程是商品交易过程的基础,商品物流过程是商品交易完成后的任务。信息交互过程、商务谈判过程、商品促销过程是促进商品交易的重要手段,信息交互提升了交易双方的透明度,加快了供需双方的匹配速度,尤其是移动互联网等现代信息技术的应用,信息赋能商品交易的价值越来越大;商务谈判过程是商品交易过程的实施环节,是交易双方为了获取更大权益的沟通活动,谈判结果具有法律效应,是商品交易活动的保障条件;商品促销过程是商品卖方提升商品交易的重要方式,包括广告、推销、推广活动等,商品促销过程既可以提升产品销售量,又可以提升企业或产品的知名度。

第二节 数字化对渠道的影响

▶一、提升渠道的集中度

数字化给渠道管理和营销带来了重要变革,对渠道集中度也产生了影响,主要体现在以下四个方面:减少渠道数量、提高渠道资源优化程度、降低渠道活动准入门槛、促进品牌与渠道一体化。

(一)减少渠道数量

相比于传统渠道,数字化渠道有利于企业利用先进的技术工具优化客户体验,从而提升客户忠诚度和购买率。此外,数字化渠道还为企业提供了更为精细化和实时的数据分析功能。通过对客户数据的深入分析,企业可以更好地了解客户需求,优化供应链和产品设计,并制定更加有效的营销策略。这种渠道的数字化转变,促使企业在市场竞争中占有更有利的地位,并形成更加透明和高效的供应链,有助于提升广大消费者的整体购物体验,为企业带来更低的成本和更高的效益,因此厂家更倾向于将资源集中在最优和最有价值的渠道上,而不是分配在各个不同的渠道上。这种逐渐的集中化趋势使少数渠道占据了绝大部分的份额,减少了渠道的数量。

（二）提高渠道资源优化程度

由于数字化渠道可以收集、记录和分析大量的数据和信息,并且对这些数据进行实时处理和反馈,企业可以更好地分析消费者,更加精准地了解客户需求、产品市场反应和运营细节等关键信息,从而更好地规划、调整和优化其资源的配置和使用。数字化还可以使企业自动化许多流程,如在线下单、自动化订单处理和电子支付等。这些在以前可能需要许多人工操作的程序,现在可以通过自动化来实现,从而减少资源和人力的浪费。此外,数字化极大地提高了供应链的透明度,让企业和合作伙伴能够更加高效地协作和沟通。企业可以通过优化各个环节的操作和流程等做到精益管理,并更好地控制成本,加快了智能化业务发展的进程;更加精确地分配资源和优化渠道,将资源最大化地凝聚在少数最有价值的渠道上。因此,数字化提高了资源的配置与利用效率,提高了渠道的集中度。

（三）降低渠道活动准入门槛

数字化技术的普及使渠道活动的准入门槛变得更低、市场准入门槛降低。相对于传统的渠道,数字化渠道更加灵活,可以随时随地进行交易和商业活动。这使小型企业和初创企业更容易地进入市场,而不必投入巨额的资金建立渠道体系。此外,数字化也给予了创业者更多的资源和支持。在数字化平台上,创业者可以利用市场数据进行精细化的商业规划和市场研究,这些数据也让更多的投资者看到了优秀的项目。在数字化的渠道上,企业可以使用自己的品牌和声誉来吸引更多的流量,从而提高自己在市场中的知名度和竞争力,这对创业企业来说尤其重要。数字化渠道的应用,为初创企业和小型企业提供了更多尝试和探索的机会,并为这些企业进入市场创造了机会。因此,随着越来越多新晋企业的进入,市场竞争将会变得更加激烈,渠道上的优胜劣汰更加明显,使流量和资源向少数竞争者集中。

（四）促进品牌与渠道一体化

数字化渠道是一个良好的品牌展示平台,品牌和渠道之间可以更紧密地联系起来。数字化渠道可以让企业通过数字化平台来展示产品、提供服务,并在消费者的购买决策过程中提供帮助和支持,高效地推广品牌。在数字化渠道上,企业可以直接与消费者进行交流和沟通,这使企业可以更深入地了解消费者的需求,并以此为基础改进并完善自己的产品和服务。这种品牌和销售渠道的一体化也有助于提升企业的品牌影响力和品牌忠诚度。当消费者对某品牌的产品和服务感到满意时,他们不仅会反复购买,还会在他们的亲友圈和社交网络传播平台对这种品牌进行好评,有助于提高品牌形象的认知度。最终,影响企业的市场份额以及提高渠道的集中度。

综上所述,数字化对渠道集中度的影响是双重的,一方面提高了集中度,另一方面降低了市场准入门槛,使前来参与竞争的新晋商家增加。无论如何,数字化渠道对渠道的集中程度带来的重要影响都不能被忽视。

▶二、提升渠道的价值链

数字化技术促进了数字化渠道的形成,为渠道的价值链带来了巨大变革,主要表现在以下三个方面:加快信息采集、优化渠道流程、加强客户互动。

▌（一）加快信息采集

传统销售渠道的信息采集常常受到限制,且高昂的数据采集和加工费用也是一个严峻问题。通过数字化技术,渠道的信息采集更为方便省心,可以通过购物网站、社交网络等平台快速获取消费者的反馈,从而方便企业提供更优化的产品和服务,提升渠道的竞争力。通过数据分析,企业可以从渠道的表面发现更多深入的问题,更好地实现商业洞见和价值创造。

▌（二）优化渠道流程

数字化技术还可以帮助企业优化渠道流程,协调并自动化销售过程,从而提供更优质的服务。数字化的支付、物流系统,以及在线售后服务,可以缩短销售周期,减少时间成本和交货成本,提升营销效率和客户满意度。同时,企业可以利用数字化的渠道流程来过滤一些低质量的客户,从而节省资源和时间,在追求短期利益的同时保证业务和渠道的稳定性。

▌（三）加强客户互动

通过数字化渠道,企业可以更好地与消费者进行互动和交流,这种交流是以双方的需求和实时反馈为基础的。行业数据显示,这一交互方式可以显著提高客户留存率和客户满意度,从而增强渠道的品牌忠诚度和竞争优势。数字化的营销工具帮助企业把客户带来的流量转化成较高的客户价值,提高客户回头率和客户生命周期价值,促进渠道的长远发展。

综上所述,数字化技术的出现给企业的渠道管理和营销活动带来了不小的变化。数字化技术可以帮助企业延伸渠道的价值链,提升渠道的效率和质量,降低企业交易成本,增强企业竞争力,进而实现价值创造和长远发展。对此,企业应该跟上数字化的步伐,加以应用和创新,以数字化思维和技术为更多消费者带来更优质的服务和体验。

▶三、提高渠道的效率

数字化技术的应用有利于企业提高渠道效率,主要表现为以下三个方面:提高渠道响应速度、提高客户满意度、促进渠道易用性。

▌（一）提高渠道响应速度

数字化渠道可以提高渠道管理的效率和响应速度。传统渠道体系需要经过很长的周期和各种烦琐的流程,数字化渠道则可以带来更快捷的服务和处理手续,使繁重的物流工作、交易过程轻松便捷地完成。例如,通过电子商务平台,企业可以更高效地完成订单处理、配送以及售后服务等工作,并及时获取客户的反馈和数据,从而及时采取有效的应对措施。

(二)提高客户满意度

数字化渠道更能够按照消费者的需求和体验进行调整和创新,提高客户满意度。数字化渠道的方便性和快速性,可以为客户提供更加优质的服务,在保证服务质量的同时,使消费者感受到购物的乐趣,提高消费者的满意度,有利于进一步增强渠道的品牌效应和客户黏度。

(三)促进渠道易用性

数字化渠道的易用性对企业来说也非常重要,这能够使企业更高效地与渠道合作者和消费者交流和合作。例如,针对 B2B 模式,企业可以利用数字化渠道来与分销商通信、协作和交流,简化合作流程,增强合作伙伴的绩效,提高企业的竞争力。

综上所述,数字化渠道的出现为企业带来了许多利益,在渠道效率提升、客户满意度提高等方面具有重要的作用。企业应该不断地创新数字化渠道和相应的服务,提高渠道效率和满意度,巩固市场地位和竞争优势。此外,数字化渠道的技术和服务水平也在不断更新变化,企业必须努力跟上数字化的步伐,持续创新数字化渠道来适应市场需求,提升场景交互和用户体验,进一步提高渠道效率和营销效果,实现更高的业绩水平和盈利水平。

▶ 四、提高渠道运营能力

随着数字化技术和相关技术手段的不断更新,数字化对渠道运营能力的提升产生了一定的促进作用。数字化渠道提高了企业与客户、合作伙伴间的协作机会和高效性,增加了销售流程的可视性管理和控制,从而促进了企业渠道的集成和持续升级。以下从提高渠道数据分析能力、提高渠道拓展能力、增强渠道灵活性三个方面来分析数字化对渠道运营能力的影响。

(一)提高渠道数据分析能力

数字化技术为企业赋能的基本方向之一是提升数据效率和数据质量,为企业带来更人性化、更精细的用户数据和商业数据。数据管理工具和数据分析算法帮助企业对信息进行分析和管理,加强了用户关系和消费者体验,也为渠道的运营和经营提供更有效的支撑。通过数据分析,企业可以更好地了解消费者的需求和消费行为,提高市场转化和销售效果。

(二)提高渠道拓展能力

数字化渠道让企业拓展销售渠道更加容易和灵活,提高了企业的拓展能力,扩大了渠道的品类和多渠道覆盖面。多渠道的销售平台和流量汇聚可以进一步提高企业市场竞争力和市场份额,增加销售机会,提高营销效应。此外,数字化渠道的出现也促进了外部合作的深入推进,引领了产业整合和协作的新发展。

（三）增强渠道灵活性

数字化渠道的灵活性增强了渠道的适应性和可变性,使企业能够更好地适应市场需求,实时调整销售战略和调整产品定位。渠道的灵活性体现在三个方面:第一,企业可以在数字化渠道上动态地调整销售计划和产品定价,以更好地贴合市场需求和行业潜在机会;第二,数字化渠道可以帮助企业扩大途径和推广,如通过精准的微信推广和电子商务平台推广来吸引并留住消费者,拓宽销售和营销渠道;第三,数字化渠道可以加强企业与消费者之间的交流和互动,提高消费者购买体验和忠诚度,从而进一步提高销售和渠道的经营效果。

综上所述,数字化技术对渠道运营能力的提升起到了非常关键的促进作用。通过数字化技术,企业可以优化管理流程,提升销售效率和运营效果。企业应该从实际运营的需求出发,更加灵活地使用数字化渠道和应用,精准地识别客户和市场机会,从而更好地服务客户、拓展市场份额和提高渠道价值。

第三节　数字化渠道的概念及特点

随着社会的数字化转型,消费者需求不断发生改变,尤其对体验、效率和便捷性的需求不断增加,传统渠道和营销手段不再能满足消费者的需求,这促使传统渠道逐渐向数字化方向发展,出现了数字化渠道。

▶一、数字化渠道的概念

数字化渠道与渠道数字化的概念极易混淆,应加以区别。我国学者刘春雄指出,渠道数字化不同于数字化渠道。渠道有很多种,传统渠道、电商、私域流量都属于渠道,但是电商和私域流量是新型渠道,一开始就是数字化渠道,与传统渠道无关。渠道数字化则是传统线下渠道与数字化工具的结合。渠道数字化转型后,传统渠道没有消失,而是与数字化工具融合成为新型渠道。未来所有渠道都要与数字化工具相结合。

因此,我们将数字化渠道定义为:一种利用数字技术和互联网等科技手段,为企业提供全新经营方式,以更好地与消费者互动的销售和服务平台。这种渠道包括数字化销售渠道、社交媒体、移动应用、数字化营销、电子商务等多种形式,能够使企业以更高效、快捷和便利的方式满足消费者的需求,提升企业的市场份额和竞争力。通过数字化渠道,企业可以更好地获取和分析消费者数据,研发和推出更优质的产品和服务,并进行更有效的营销策略和大数据分析,实现数字化转型和创新发展。

我们将渠道数字化定义为:利用数字技术对传统渠道进行升级和改造,将传统渠道与数字媒介无缝衔接,更加精准地触达目标消费者,提升销售效率和降低成本。渠道数字化有利于企业快速响应市场变化、提高管理效率、精细化营销并进行更好的渠道控制,也为消费者提供了更加便捷、灵活和多样化的服务和体验。

从两者的定义可以看出,数字化渠道和渠道数字化有不同的重点。数字化渠道主要关注运用数字技术构建具有互动性和智能化的销售和服务平台,而渠道数字化则强调利用数字技术全面升级传统销售模式和业务流程,以提高效率和效果。

需要注意的是,虽然两者的概念有所区别,但两者相辅相成,数字化渠道为渠道数字化提供了技术支持和基础设施,而渠道数字化则让数字化渠道更有效地实现其商业价值和营销效果。它们的目的都是利用与数字技术相关的手段来帮助企业更加高效地进行市场开拓和服务。在数字化时代,企业需要同时重视数字化渠道和渠道数字化,更好地实现营销目标和业务增长。

▶二、数字化渠道的特点

■(一)信息化

信息化是指将传统渠道信息化、数字化,通过数字技术建立和管理企业信息库,掌握客户信息、产品信息、销售情况等数据,以便更加精准地进行营销和渠道管理。数字化渠道通过信息化的方式,可以帮助企业获得全面、实时的市场情况和消费者反馈,有助于企业进行更加精细化的产品定位和目标市场选择。数字化渠道的信息化有助于进行实时数据展示,使监控效果更加鲜明。对于渠道管理者和销售人员来说,信息更加透明便捷,有利于进行策略调整和优化,进而提高企业的运营效率和竞争力。

■(二)精准化

精准化是指通过大数据分析等手段,精准获取目标客户,为消费者提供更加个性化、符合需求的产品和服务。在数字化渠道中,许多企业使用了数据分析等技术,借助数据挖掘、人工智能等算法,对客户进行行为分析、消费偏好匹配、个性化推荐等一系列操作,以满足不同客户群体的需求,提高销量和客户的购物满意度。通过精准化运营,企业可以提高销售额、减少资源浪费、降低成本,并且更快地响应市场需求和变化。数字化渠道的精准化有助于企业提供能够满足消费者需求的产品和服务,提高客户满意度,通过精准的营销和推广策略,提高市场竞争力和销售额,降低运营成本,提高企业效率。

■(三)互连化

互连化是指在数字化渠道中,不同渠道、不同客户之间都可以实现互相连接、互相交流和信息共享。数字化渠道通过信息的快速共享和交流,可以实现产品线上和线下渠道的无缝连接,为企业提供更多的营销和运营机遇。同时,数字化渠道的互联化也使企业和消费者之间产生了更加密切的联系,有助于增强品牌感染力,提高品牌忠诚度。数字化渠道的互联化有助于不同渠道之间实现互相补充、协作和整合;解决传统渠道单一、狭隘的缺陷,实现多维化的产品推广和销售;提高企业和消费者之间的互动,增强用户黏性和品牌感染力;通过社交媒体等信息共享平台,促进消费者更友好地进行交流,分享信息和购物经验。

（四）虚拟化

虚拟化是指在数字化渠道中,企业可以利用虚拟技术,创造虚拟渠道和虚拟场景,以提高渠道推广效果和打造品牌形象。虚拟化技术主要包括了虚拟现实、增强现实、智能语音助手等。通过虚拟化技术,企业可以构建线上的虚拟商店、线上互动体验场所等,让消费者在线上享受与线下一样的购物体验,也能进一步增强消费者与企业之间的联系。数字化渠道的虚拟化有利于企业创新营销手段,提供更便捷、更个性化的消费体验;利用虚拟场景和虚拟渠道,扩展营销空间和机会;借助智能语音助手,为消费者提供更加便捷的服务。

基本概念

渠道　数字化渠道　渠道数字化

思考题

1. 简述渠道的概念。
2. 渠道有哪些特点?
3. 渠道经历了哪几个阶段的演变?
4. 数字化对渠道有什么影响?
5. 简述数字化渠道的概念及特点。

案例分析

直播带货——格力电器渠道改革博弈

1997 年底,由格力牵头的中国第一家厂商联合组成的股份制区域性品牌销售公司——湖北格力空调销售公司成立,这种以股份制组成的销售公司采取统一市场、统一渠道、统一服务的政策,开辟了新的专业化销售模式,这种模式被迅速推向了全国。这种营销方法被推崇者称为"21 世纪全新营销模式",也为格力保持近 20 年的高速增长,长期处于行业领先定位奠定了基础。

互联网时代到来,渠道营销模式面临从线下到线上的挑战。为了应对变化,格力及时对渠道模式进行调整,不仅开辟了线上渠道,而且董事长董明珠亲力亲为做直播。格力电器 2021 年年报显示,格力"新零售"以 27 家销售公司、70 多家线上经销商店铺、3 万多家线下专卖店,以及第三方电商平台官方旗舰店为基础,建立了覆盖全国的双线销售网络。随着格力渠道的调整,格力与大经销商之间的矛盾也逐步激化。根据格力的渠道新模式,线下经销商都要从"董明珠的店"线上平台进货,这让线下大经销商以往的高毛利模式无法持续。此外,格力电器还鼓励经销商进行线上带货,这带来的引流返利以及物流、安装、售后等服务利润的分流,也被认为摊薄了经销商的利润。

到目前为止,格力电器的渠道改革仍在继续,格力电器与经销商的博弈之争还在进行。总之,外部环境的变化始终会影响公司渠道的设计与管理,渠道成员之间的利润分配又是公司渠道管理的重要内容。

资料来源:华夏时报. 一个格力大经销商的倒戈:董明珠渠道改革动蛋糕[EB/OL].[2022-08-23]. https://baijiahao.baidu.com/s?id=1741959422347301864&wfr=spider&for=pc.

问题:

1. 结合案例分析渠道非可控因素对渠道的影响。

2. 渠道的功能在案例中如何得到体现?

第二章　数字化渠道战略

学习目标

从外部环境来看,营销战略的制定关乎企业的目标定位以及可持续发展能力;从内部环境来看,渠道作为营销的一项重要内容,既承担了分销任务的职责,又基于供应链、产业链、价值链赋能企业的核心竞争力,直接影响企业战略布局及目标。为此,要全面理解渠道的地位与作用,必须从战略层面予以认知,并加以思考与应用。

通过本章的学习,掌握以下知识:

- 理解渠道战略的含义;
- 了解数字化渠道战略的必要性;
- 掌握数字化渠道战略的制定流程。

素质目标

通过本课程的学习,培养学生的批判性思维和创新能力,提高学生的创新精神,使其发掘数字化渠道战略的潜力和优势,具有市场洞察力和敏感性,强化战略规划和实施能力,推动数字化和渠道管理的有机融合,为企业转型升级和持续发展做出贡献,推动社会经济的繁荣。

第一节　渠道战略的含义、特点及意义

战略管理理论对现代企业的经营活动具有重要的指导作用。面对复杂多变的市场环境,为了科学谋定经营使命和发展远景,形成可持续竞争力,企业必须从战略层面上进一步理解和认识渠道,以便在实际操作过程中更好地实施渠道战略。

▶一、战略含义的演变

"战略"的含义主要是指对战事的谋划。清朝末年,北洋陆军督练处于1906年编出我国第一部《军语》,把"战略"解释为"筹划军国之方略也"。在现有的西方文献中,尚没有对"战略"一词形成统一的定义:"战略"一词源于希腊语"stratgos",意为军事将领或地方行政长官。公元579年,东罗马皇帝毛莱斯用拉丁文写了一本名为"Stratejicon"的书,有人认为它是西方第一本战略著作。也有学者提出,现代对"战略"含义的理解起源于法国人颉尔特1772年的著作《战术通论》,该书提出"大战术"与"小战术"的概念,"大战术"相当于今天所说的战略。19世纪,瑞士人约米尼在《战争艺术》著作中提出,战略是在地图上进

行战争的艺术,它所研究的对象是整个"战场",而在地面上实际调动军队和作战的艺术就是战术。总体来说,"战略"一词属于军事方面的概念。在我国,它起源于兵法,指将帅的智谋,后来指军事力量的运用;在西方,它起源于古代的战术,原指将帅本身,后来指军事指挥中的活动。

战略管理理论起源于20世纪的美国,它萌芽于20年代,形成于60年代,在70年代得到发展,在80年代受到冷落,在20世纪90年代重新受到重视,主要包括战略规划学派、环境适应学派、战略定位学派、资源基础论与核心能力学派、动态能力学派等。因此,学术界对战略管理的理解是多元化的,代表性的观点有以下几种。

(一)安德鲁斯的定义

安德鲁斯认为,企业总体战略是一种决策模式,决定和揭示企业的目的和目标,提出实现目的的重大方针与计划,确定企业应该从事的经营业务,明确企业的经济类型与人文组织类型,以及决定企业应对员工、客户和社会做出的经济与非经济的贡献。

(二)魁因的定义

魁因认为,战略是一种模式或计划,它将一个组织的主要目的、政策与活动按照一定的顺序结合成一个紧密的整体。

(三)安索夫的定义

安索夫认为,战略是决策的基准。战略由如下要素构成:①产品市场范围,即寻求新领域的范围;②成长向量,在该项范围之内的行动方向;③竞争优势,即明确在该范围内所具有的有利竞争地位和特性;④协力效果,即判断进入新领域后是否有获取利益能力的衡量标准。

(四)明茨伯格的定义

明茨伯格认为,战略是一种计划,具有两个基本特征:一是战略在企业发生经营活动之前制定,以备人们使用;二是战略是有意识、有目的地开发。战略是一种计策,可对竞争对手构成威胁。战略是一种模式,它反映企业的一系列行动,只要有具体的经营行为,就有战略。战略是一种定位,是一个组织在自身环境中所处的位置。对企业来讲,就是确定自己在市场中的位置,把战略看成一种定位,通过正确地配置企业的资源,形成企业强有力的竞争优势。战略是一种观念,它需要通过组织成员的期望和行为而形成一种共享。

▶二、渠道战略的含义及特点

(一)渠道战略的含义

随着社会文化和市场环境的不断变化,企业越来越重视战略思考,制订战略计划,选择适合企业发展的战略类型。战略是与战术相对而言的。美国管理学家彼得·德鲁克曾经将管理者的职责区分为"做正确的事"和"正确地做事"两种类型。高层管理者,即战略制定者的职责在于前者,而后者是战术制定者,即战略贯彻者的任务。这就是说,战略是关于"做正确的事"的规划。对于一个企业来讲,战略计划和战术计划是达到企业目标的两个部分。战略计划是面向未来的整体指导方针,战术计划是面对现实的应对措施。这两个计划的制订应该分两步走:首先制订战略计划,然后在战略计划的蓝图下开发战术计划。战略的制定强调权衡利弊、估算优劣、识别机会、规避风险。

从当前的国内外经济发展形势来看,市场竞争越来越激烈,企业既要关注自身发展,又要理解和把握市场发展趋势。这意味着渠道的管理者既要设计好渠道体系、构建渠道模式、加强渠道管理,又要"抬头看路",为企业探寻一条合适的渠道战略之路。如果战略制定有偏差,意味着企业正驶向错误的方向,计划执行得越好,工作效率越高,越偏离正确的航向,将导致南辕北辙的结局。

那么,什么是渠道战略呢?根据企业战略的内涵,可以将渠道战略简单地理解为,企业为了实现渠道目标而确定的总的原则方针。它的使命在于贯彻市场营销战略,总的目标是要最大限度地发挥渠道和产品、价格以及促销的协同作用,创造渠道价值链的竞争优势,为企业树立持久的竞争优势奠定基础。这一定义包含以下两层含义。

1. 明确的战略目标

渠道战略目标是企业在一定时期内渠道活动所要达到和实现的主要目标。战略目标必须通过一定数量的指标来实现,包括渠道任务与渠道效益指标、渠道业绩指标、渠道规模指标等。由于市场外部环境的不断变化,特别是在市场交换过程中,潜在的交换方——目标客户是否最终愿意和企业进行交换,不是一个企业所能控制的。因此,企业必须面对不断变化的市场环境,依据自己拥有的资源和目标客户的需要来确定企业的渠道目标和通过努力可以完成的渠道任务。

2. 可行的战略方案

企业不仅需要确定长期的渠道任务和目标,还需要在可能实现目标的诸方案中,选定在一定的环境条件下相对最好的方案,也就是需要为达到预定的渠道目标确定一个使企业的资源能被充分合理地利用,能使目标客户在一定时期的需要被充分满足的行动方案。

根据上述定义,渠道战略的本质是在动态的市场和作业环境内做出正确的渠道决策,在特定的时间和限定的资源范围内,通过系统的程序获得生存和发展的可持续竞争优势。

（二）渠道战略的特点

渠道战略与企业其他战略具有一些共同特点,还具有自身的特点。

1. 长远性

渠道战略既是企业谋取长远发展的反映,又是企业对未来较长时期内如何瞄准市场、赢取市场,从而获得生存和发展的全盘筹划。

2. 指导性

渠道战略对企业的渠道设计与管理活动具有指导意义。渠道战略一旦制定,渠道体系中的各部门、各环节、各岗位就都要为实现这个战略而努力,特别是对企业渠道模式的安排以及渠道管理的重点方向起着重要的指导作用。

3. 权变性

渠道战略在制定后并不是一成不变的,而是应该根据企业外部环境和内部条件的变化,适时地加以调整,以适应变化后的环境情况,符合市场实际发展需要。

4. 具象性

渠道战略的表述不是长篇大论,也不是数学模型,而是关键性的简明语言。通过这种观念使企业形成一种奋发向上的群体意识,以及这种群体意识所产生的企业整体行为规范,使企业内部的物质制度和精神要素达到动态平衡和最佳结合,从而促进企业的发展。

5. 竞合性

企业与市场力量之间的关系是竞争与合作的复杂统一体。渠道战略的焦点在于达成企业目标。随着市场环境动荡的加剧与新经济时代的到来,仅凭一己之力孤军奋战的企业在市场上已经举步维艰,有你无我、势不两立的竞争战略更使诸多企业陷入重重困境。20 世纪 80 年代以来,竞争战略越来越被竞合战略所替代,战略联盟、虚拟企业、战略外包等竞合策略日益成为企业战略选择的重要内容。渠道战略也要强调竞合性,要纵横捭阖,合纵连横,既竞争,又合作,选准竞争或合作的时机与对象,随机应变。

6. 导向性

渠道战略是以客户为导向的战略。它从发现和分析市场的需求出发,进而根据市场需求做出渠道体系设计、渠道成员选择、渠道模式选择以及渠道管理策略等。

▶三、渠道战略的意义

在许多企业的实践中,企业渠道部门成员的大部分时间和精力都用在处理与经销商、代理商、零售商等的关系上。因此,人们往往将分销管理的重要性错误地理解为如何长期处理好与渠道成员之间的关系,以及及时解决渠道中各类矛盾、冲突等问题,却忽略了最根本的是战略问题。俗话说"凡事预则立,不预则废",多进行一些战略层面上的思考可以让企业事半功倍,反之却可能事倍功半。

随着科学技术的日新月异和经济的迅猛发展,消费者的需求越来越复杂多样,变化也越来越快,面对着这种不确定性增强的市场环境,企业需要在对未来市场需求作出预测的基础上,制定整体的指导性方针,而不仅仅是制定各类销售计划或方案。同样,要实现渠道目标,也需要对未来的渠道变化形势进行调查研究,审时度势地调整渠道,制定渠道行动方案。当今,越来越多的企业认识到渠道战略对渠道设计与管理的意义,以及对企业发展的价值。总体来看,渠道战略的意义如下。

▌(一)有助于企业实现更好的市场效益

渠道战略可为市场营销组合的其他部分提供配合。要为目标市场有效地传递产品,需要产品、价格、渠道和促销策略的相互配合,缺一不可。即使企业有好的产品、合适的价格、良好的促销和有趣的创意,也是不够的。例如,外国的大米在日本卖不动,为什么呢?主要原因是不能同日本产的大米一样,进入日本的主流粮店。也就是说,没有渠道,再好的产品也进入不了市场。

（二）可以促进企业价值链延伸

渠道战略可以促进企业价值链延伸。例如,加油站可利用其遍布全国的网络,提供餐饮、住宿、洗浴等服务。银行可利用其网络,出售保险,代收水电费、电信费,实现业务扩展,增加收入。银行不仅提供传统的金融服务,还是重要的分销商。这些都是渠道所带来的增值。

（三）对企业树立竞争优势具有更大的潜力

事实表明,营销"4P"（产品、价格、渠道和促销）中的其他"3P"——产品、价格和促销,都渐渐缺乏"张力",难以形成竞争优势。首先,通过技术领先和创新使产品具有竞争力,变得越来越难。其次,伴随技术优势丧失的是价格优势,企业难以获得超低水平的低成本优势。最后,指望促销来赢得市场,也因其易效仿性而变得"稍纵即逝"和"不堪一击"。但渠道可以提供更多、可持续的优势。渠道战略是一项长期的谋划工作,只有假以时日,才能真正建立起一个分销体系。因此,渠道战略具有隐蔽性,从建立初期至最后显出成效,很难被竞争对手察觉。待到渠道登台亮相之日,竞争对手想模仿却不能,优势得以凸显。

（四）可使企业在更大的范围内进行资源配置

渠道创造的资源对企业发展有辅助作用。渠道体系中的中间商是市场营销组合中唯一的外部资源变量,其成员都是独立于制造商的商业企业,这些渠道成员都有自己的经营目标、方针政策和发展战略,要赢得这些成员的大力配合,并确保他们的行为促进本企业的发展,显然是对企业渠道管理的挑战。然而,正是这些独立的外部资源可以给本企业制造特别的协同效应。如果制造商修筑渠道并与合适的商业企业缔结"联姻"关系,则可以相得益彰;如果渠道成员具有制造商缺乏的知名度和声望,与这种渠道成员"联姻"可以使企业的产品形象得到大幅提升,这是单凭广告促销活动或定价策略所不能创造的。另外,即使是世界知名企业,也应该力求与渠道成员形成通力合作的紧密关系。因为向目标市场提供产品的活动离不开渠道成员的合作。合作成功,可以获得 $1+1>2$ 的效果;反之,则可能造成内耗,无法实现企业的经营目标。

（五）有助于企业实施关系营销模式

渠道作为服务的传递者,在市场营销组合中扮演着重要角色。关系营销本质上是一种观念,这种观念旨在通过对客户和最终消费者的一系列承诺和履行,建立、维持和促进与客户及其他合作伙伴的长期互利关系,而不是只想做"一锤子买卖"。其核心在于对客户服务的承诺和履行,而要实现这一点,达到客户满意,必须通过分销体系来传递这些服务。因为,客户对制造商满意与否来自客户与渠道成员的互动关系。

第二节　数字化渠道战略的含义及意义

战略管理理论对现代企业的经营活动具有重要指导作用。面对复杂多变的市场环境,为了科学谋定经营使命和发展远景,形成可持续竞争力,企业必须从战略层面上进一步理解和认识数字化渠道,以便在实际操作过程中更好地实施数字化渠道战略。

▶一、数字化渠道战略的含义

随着数字技术的快速发展和普及,消费者行为发生变化,越来越多的人开始使用数字化渠道获取信息、交流、购物等,如社交媒体、搜索引擎、电子邮件等。这使企业意识到数字化渠道在推广品牌、获取销售和提高用户体验方面的重要性,并创造了数字化营销的机遇。但是,数字化营销并不仅仅是将传统营销活动移植到数字化环境中,而是需要按照数字化渠道的特点和用户行为制定和实施数字化渠道战略。

数字化渠道战略是指在数字化转型的背景下,利用互联网、物联网、大数据和人工智能等新技术手段,构建以数字化销售渠道、数字化客户服务、数字化营销为核心的全新商业运营模式。数字化渠道战略主要包括优化网站和移动应用的设计与功能,使其更符合消费者的习惯和需求;通过数据分析技术获取和分析消费者数据,为企业的产品设计和营销策略提供有力支持;通过社交媒体、电子邮件、短信等数字化渠道进行多渠道营销;增加数字化渠道的服务,如在线客服、自动回复等,以提高客户满意度。数字化渠道战略旨在利用数字技术为企业提供更高效、便捷的销售、服务和营销渠道,以更好地满足消费者需求,提高企业的市场份额和盈利能力。同时,数字化渠道战略需要企业结合自身特点和市场需求,提出针对性的数字化渠道战略规划和实施方案,并加强数字化渠道的管理和优化,不断迭代和改进,以更好地适应市场和消费者的需求,实现数字化转型和升级。

▶二、数字化渠道战略的意义

数字化渠道是数字化时代渠道升级的产物,通过数字技术来支持企业的运营和销售,提高企业的市场份额和竞争力,进一步推进数字化时代的发展和进步。数字化渠道战略带来的意义不仅局限于企业层面,更将对市场和社会的发展产生深刻的影响。

（一）企业层面

渠道是企业营销战略中的重要组成部分,对企业的市场份额、销售收入和客户忠诚度等关键指标都具有决定性影响。数字化渠道战略在企业层面具有深刻意义,主要体现在企业智能化、数字化和智慧化三个方面。

1. 推动企业智能化

数字化渠道战略可以让企业通过信息技术和数字化工具实现全流程智能化和数据化管理,提高企业运营效率和管理水平。例如,在数字化营销中,企业可以通过大数据分析和 AI 技术等手段研究用户的需求和行为,制定更精准的营销策略。数字化渠道可以帮助企业更好地掌握用户数据,优化产品和服务,提高客户体验和用户忠诚度。

2. 推动企业数字化

数字化渠道战略可以使企业在数字市场中占据领先地位。通过数字化渠道,企业可以在互联网数字平台上发展销售业务,实现更广泛的消费者覆盖。同时,数字化渠道也可以大大降低企业的运营成本和营销费用,提高企业的盈利水平。

3. 推动企业智慧化

数字化渠道战略可以让企业实现智慧化发展,提高企业的智慧化管理水平和服务水平。例如,在零售领域,通过数字化渠道战略,企业可以实现智慧化销售和积累消费者的购物经验,提升购物体验和提高消费总值。

（二）市场层面

数字化渠道战略是现代营销战略的重要组成部分,在市场层面带来了很多积极影响,主要体现在精准挖掘客户需求、优化企业营销服务、提高营销效率和盈利水平三个方面。

1. 精准挖掘客户需求

通过数字化工具,企业可以收集与分析客户的数据和信息,深入了解客户的消费习惯、品位、偏好等信息。企业可以根据这些信息来制定更加精准的营销策略,满足客户的需求和期望,提高顾客满意度和忠诚度。同时,数字化渠道还提供了交流平台,让企业和客户进行更加及时和直接的互动沟通,有利于更深入地了解客户。

2. 优化企业营销服务

企业可以根据客户需求量身定制价格、服务和营销策略,通过数字化渠道将营销活动转化为有效的销售机会。例如,数字化渠道可以提供个性化推荐和定制化服务,提高客户黏性,为其提供更好的购买体验。此外,数字化渠道还可以优化产品和服务的供应链,以便在最短的时间内将商品发送到客户手中,提高客户满意度。

3. 提高营销效率和盈利水平

数字化渠道战略利用先进的技术和个性化的营销方式深入挖掘客户需求,提供个性化、定制化的产品和服务,实施精准营销,使营销活动转化为高效销售机会。数字化渠道战略借助技术要素的强大力量,提供更便捷的供应链管理,使产品能够快速送达,提高客户满意度,从而促进口碑的传播。通过细致而准确的数据记录,数字化渠道战略能为企业制定指导性的营销和市场策略,提高营销精度和效率。长远来看,数字化渠道代表了大量潜在的市场商机,企业可以通过数字化渠道战略在全球范围内快速拓展业务,扩大规模和提升盈利能力。

（三）社会层面

数字化渠道战略在社会层面的影响非常广泛,主要体现在促进数字经济发展、推动产业数字化转型和推动流通业数字化转型三个方面。

1. 促进数字经济发展

随着数字化技术的不断发展,数字经济已成为世界经济的新动能,涉及多个领域和产业。数字化渠道战略可以促进数字经济的创新和发展。通过数字化渠道,企业可以将自身的产品、服务或信息传递到全球各地,提高产业在数字经济时代的竞争力和领先地位。同时,数字化渠道还可以帮助国家和地区打造数字经济生态圈,吸引更多企业和人才集聚,促进数字经济发展。

2. 推动产业数字化转型

目前,数字化渠道可以被应用于传统行业领域的数字化转型中,如智能制造、智能物流、智慧农业等。数字化渠道可以协同多方资源,优化传统产业链,提升产业服务水平和运营效率。同时,数字化渠道可以提高库存周转率、订单满足率和送货速度等指标,使企业运营更加智能化和高效化。

3. 推动流通业数字化转型

数字化渠道可以为流通业提供更多便捷和快速的服务,如数字化支付、智能物流和智能供应链等。数字化渠道还能与社交媒体等数字化交流工具结合,加强在线商务和社交媒体的融合,促进人们生产、消费和社交模式的创新和发展。数字技术不断进步,流通业数字化转型的未来发展前景更加广阔。

综上所述,数字化渠道战略对企业、市场、社会的发展具有重大意义。数字化渠道战略有助于从企业到产业,再到整个社会的数字化转型,推进数字经济和数字化社会建设,因此,企业应该积极采取数字化渠道战略,优化渠道管理,培育数字化竞争优势,实现可持续发展;社会应该积极推动数字化渠道战略的发展,共同打造数字化时代。

第三节 数字化渠道战略的制定流程

数字化渠道战略对企业经营活动具有重要的意义。为此,必须制定适合企业实际的数字化渠道战略。数字化渠道战略制定应遵循以下流程。

▶一、制定数字化渠道战略的一般理论框架

数字化渠道战略是一个连续决策过程,其目的是确保实现企业使命与目标。其基本思想是:企业负责数字化渠道的高层管理者根据企业相应的数字化渠道战略的使命与目标,分析企业数字化渠道设计与管理的外部环境,确定数字化渠道设计与管理存在的外部机会与威胁;审视自身内部条件,明确企业数字化渠道建设的优势与弱点。在此基础上,确立数字化渠道战略的方案。根据不同层次战略方案的要求,管理者应该配置合适的资源。在数字化渠道战略实施过程中,还要对数字化渠道战略实施的成果与效益进行评价,同时,将数字化渠道战略实施中的各种信息及时反馈到战略管理系统中,确保对数字化渠道设计与管理整体活动进行有效控制,并根据环境变化及时修改原有战略,或者重新制定新战略。因此,数字化渠道战略管理是一个不断调整、不断发展的过程。根据这一思路,作为具体的职能战略,可以从战略管理的过程角度总结出数字化渠道战略的一般理论框架(见图 2-1)。

▶二、制定数字化渠道战略的核心内容

战略是实现目标的原则和基本方针,主要涉及组织某一运作层面上总体的范围和远期的发展方向,致力于使资源与变化的环境,尤其是它的市场、消费者或客户相匹配,以便达到战略制定者的目标。一般来说,战略包括使命、目标、具体目标、行为或任务、控制措施等几部分内容。因此,数字化渠道战略相应地包括数字化渠道的使命、目标体系、总体的行动计划和控制措施。

数字化渠道战略的使命是贯彻和服从企业战略以及营销战略,其总体目标主要是以

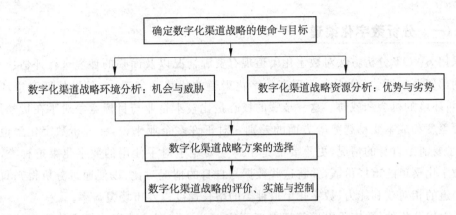

图 2-1　数字化渠道战略的一般理论框架

最快的速度、最低的成本将一定的产品或服务传递给目标客户,创造尽可能多的客户让渡价值。具体的目标和行动计划则需要结合产品和市场的现实情况,以及现有的可能采用的数字化渠道来加以选择、制定。具体地说,数字化渠道战略应回答下列问题。

(1) 为使终端客户满意,数字化渠道一般需要提供哪些服务?

(2) 可以通过何种渠道策略来提供这些服务?

(3) 由哪一类机构提供这些服务,可以做得更好,效率和效益更高?

此外,数字化渠道战略还要回答控制数字化渠道绩效的总的原则方针。例如,是侧重事前的、事后的还是事中的控制,使用何种评估手段,出现问题后的处理原则等。化解数字化渠道冲突和进行数字化渠道整合这些工作,都要反映在数字化渠道战略里面。

▶三、制定数字化渠道战略的基本流程

制定数字化渠道战略包括五个步骤:分析数字化渠道、制定数字化渠道目标、选择数字化渠道战略类型、评估数字化渠道决策绩效以及优化调整数字化渠道战略(见图 2-2)。从制定的思路来看,与企业总体战略以及市场营销战略一样,数字化渠道战略处在一个动态变化的环境之中,其制定必须有效地与经营环境联系起来,因此,SWOT 分析对数字化渠道战略的制定必不可少。数字化渠道的 SWOT 分析主要包括从内部资源现状来评估公司的优势、劣势和从外部竞争环境识别机遇和挑战,从而扬长避短、发挥优势、规避威胁。然后,根据数字化渠道分析制定数字化渠道目标,依据数字化渠道目标选择适合企业发展的数字化渠道战略类型。数字化渠道战略实施后,为了检验实施效果,必须进行数字化渠道决策绩效评估。最后,依据评估的情况,企业进一步优化调整数字化渠道战略。

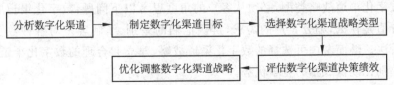

图 2-2　制定数字化渠道战略的基本流程

（一）分析数字化渠道

采用 SWOT 分析方法对数字化渠道现有资源情况以及面临的环境进行评估：一是做企业内部资源的评估，分析企业现有数字化渠道的优势和劣势；二是做外部竞争环境分析，分析环境的机会和威胁。这一步骤的核心是比较本企业与目标竞争对手在货物周转、市场覆盖度和成本变动趋势等方面的差别。对于许多企业来说，在分析数字化渠道现状时，除了要清楚自身的情况，更重要的是了解主要竞争对手使用的数字化渠道种类，以及每条数字化渠道的市场份额，并将这些数据与自身的情况对比，以便通过分析得知每条数字化渠道的相对获利能力、数字化渠道种类的增长速度以及市场覆盖率。

除上述分析外，数字化渠道管理者还要密切关注与制定数字化渠道战略相关的一些趋势，包括客户购买方式可能的变化、数字化渠道的新进入者、增加的进入市场的新技术、从数字化渠道中获取利润的压力等。

这些变化都会对数字化渠道的未来吸引力产生重大影响。例如，早期阶段，阿里巴巴通过传统渠道进行销售，但随着业务的迅猛发展，阿里巴巴摆脱传统销售渠道的限制，开始投入数字化渠道。阿里巴巴优化了网站设计，提高了智能搜索和推荐服务的水平，基于大数据分析，实现了个性化和定制化的服务，使购物体验更加畅快。同时，阿里巴巴还发展了数字化支付服务，如 Alipay，提供针对多种支付需求的安全和便捷服务，极大地提高了企业的销售转化率。此外，阿里巴巴还开展全球物流网络建设，让商品更快地送达客户手中，提高了客户满意度。可见，数字化渠道战略被阿里巴巴视为企业转型的重要部分，它改变了传统的销售渠道，提高了营销效率和盈利水平，更好地满足了客户需求。现在，阿里巴巴已成为全球最大的跨境电子商务零售商之一，数字化渠道战略成功地推动了该公司的蓬勃发展。

（二）制定数字化渠道目标

进行 SWOT 分析后，企业便面临着制定数字化渠道目标的任务。对于不同企业来讲，其数字化渠道目标各不相同。有的企业追求高水平的市场覆盖率，有的企业追求高水平的市场渗透率。选择不同的数字化渠道目标，直接影响数字化渠道结构的设计和选择，关于数字化渠道结构，第三章将详细阐述。

（三）选择数字化渠道战略类型

选择数字化渠道战略类型，必须从客户的角度思考以下问题：数字化渠道中提供的服务项目的价值是什么，细分客户的需求，辨认他们的差别，了解客户对各种数字化渠道战略类型的看法。继而考虑可选择的数字化渠道战略，建立起合理的数字化渠道体系，目标则是树立差别化或低成本的竞争优势。

数字化渠道战略尤其适合趋于饱和的市场。一般来说，对于竞争激烈的产品市场，除非是早期的进入者，后来者是无法觅得一席之地的。但如果借助数字化渠道，情形就不同了。

（四）评估数字化渠道决策绩效

在比较不同数字化渠道的获利能力时,必须判断不同组合的收入、成本和资金需求情况。一方面,企业可以通过中间商削减固定成本;另一方面,企业可以对工厂和仓储设施进行先期投资,以尽可能保持与客户直接联系。具体来讲,须考虑交易成本、资产特性以及大量交易可能带来的经济价值。

（五）优化调整数字化渠道战略

数字化渠道战略是在一个广泛的背景中做出的。因此,理想的数字化渠道还必须在战略责任、可用资源、数字化渠道战略的历史等限制条件下实施。这一步的目的是把前面步骤中识别出的最优数字化渠道展现在这些现实条件中。数字化渠道战略实施后,根据数字化渠道决策绩效评估结果,企业可以进一步优化调整战略内容,以寻找出更适合企业发展的战略路径和模式。

基本概念

渠道战略　数字化渠道战略　企业数字化　企业智慧化　企业智能化

思考题

1. 什么是渠道战略?
2. 简述制定数字化渠道战略的必要性。
3. 制定数字化渠道战略的基本流程是什么?

案例分析

数字化渠道战略的模式创新

数字化渠道战略模式创新是运用现代技术成果和管理知识,全方位调整渠道以及整个经营过程,促使其更加有效地适应市场环境的企业行为。与策略性调整相比较,战略性调整是涉及渠道所有方面的、以运用现代技术成果和管理知识为标志的、根本性的渠道创新。

1."订货—制造—销售"一体化

"订货—制造—销售"一体化是以现代信息沟通技术的应用为基础的,典型代表是定制销售。美国有一家服装店,店内安装了一套由摄影机和计算机组成的系统。对每位前来光临的顾客,摄影机首先拍摄其数码相片,再将拍摄结果交由计算机处理,计算出顾客的身高、胸围、腰围等基本数据，接着在屏幕上显示出顾客身着新衣服的视觉效果，包括从正面、侧面、后面等不同角度观察新衣服的得体性、美观性和舒适性。计算机可以提供150多种样式的新衣服供顾客选择，有关顾客选中的衣服式样的数据被传送到生产车间，几天后，顾客就可以拿到成衣。

2. 无缝渠道模式

无缝渠道又称关系型渠道，是指为了提高渠道的质量和效率，在保证生产厂商、中间商双赢的情况下，生产厂商从团队的角度来理解和运作厂家与商家（批发商、零售商）的关系，以协作、双赢、沟通为基点来加强对销售渠道的控制，为消费者提供更具价值的服务，并最终达到本企业的战略意图。

宝洁公司是运用无缝渠道的典型。在我国的化妆洗涤用品市场中，宝洁公司产品的市场占有率名列前茅。宝洁公司之所以能在中国市场上取得骄人成绩，其中一个重要原因是在渠道管理上实施了无缝渠道。为避免因职能上的重复而造成资源浪费，它与渠道成员根据各自所长进行合理分工，并加强沟通与合作，从而保证了渠道的畅通高效。

问题：

新技术背景下，面临消费者的多样化需求，数字化渠道战略如何进一步创新？

第 二 篇

数字化与渠道体系

第三章 数字化与渠道结构

学习目标

对于生产企业来说,渠道设计是至关重要的,它关乎产品的销售通道,直接影响企业的生存与发展。随着数字经济的发展,数字化对渠道结构将会产生什么影响,以及数字化背景下渠道结构将如何演变,回答这些问题对渠道结构设计具有重要的意义。

通过本章的学习,掌握以下知识:

- 了解渠道结构的主要框架体系内容;
- 理解影响渠道的长度、宽度及广度决策的因素;
- 理解数字化对渠道结构的影响;
- 熟悉数字化背景下渠道结构的演变趋势。

素质目标

通过本课程的学习,培养学生的创新思维,提高学生的管理和领导能力,使其充分认识发挥各渠道作用的意义,积极推动数字化渠道结构的发展和应用;培养学生的思政素养,提高学生的社会参与意识,在数字化与渠道结构变革的背景下具有社会责任感,不断创造商业价值并服务社会。

第一节 渠道结构的主要框架体系

决策是针对存在的问题,找出各种解决方案,并从中选择出最佳方案的过程。渠道的长度、宽度、广度决策是渠道决策的重要内容,企业需要在综合分析各种制约因素的基础上,对渠道体系架构进行设计,以保证分销的畅通、经济、适应。

▶一、渠道长度

渠道长度是指产品(服务)从生产企业(制造商)转移至消费者过程中所经过的中间环节的数量多少。从定性描述来看,环节越多,表明渠道越长,称之为长渠道;环节越少,表明渠道越短,称之为短渠道;从定量描述来看,环节可以用数量表述,如经过一个环节,渠道长度称为一级渠道;经过两个环节,渠道长度称为二级渠道,以此类推,具体见图 3-1。

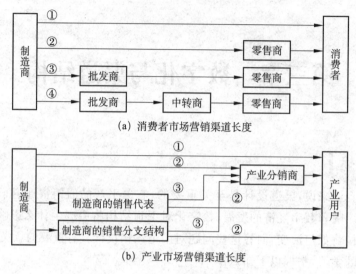

(a) 消费者市场营销渠道长度

(b) 产业市场营销渠道长度

图 3-1　渠道长度

①零级渠道；②一级渠道；③二级渠道；④三级渠道

（一）定性描述

1. 长渠道

长渠道是指生产商在产品销售过程中利用两个或两个以上的中间商分销商品的渠道。

1）长渠道的优点

（1）中间商具有庞大的销售网络，利用这样的网络能使生产商的产品具有最大的市场覆盖面。

（2）充分利用中间商的仓储、运输、保管作用，减少了生产商的资金占用和耗费，并可以利用中间商的销售经验，进一步扩大产品销售。

（3）对生产商来说，减少了花费在销售上的精力、人力、物力、财力。

（4）由于分销任务分摊给多个市场主体，降低了生产商的分销风险。

2）长渠道的缺点

（1）流通环节多，销售费用增多，也增加了流通时间。

（2）生产商获得市场信息不及时、不直接。

（3）中间商对消费者提供的售前售后服务，往往因不掌握产品技术等而不能使消费者满意。

（4）生产商、中间商、消费者之间的关系复杂，难以协调。

2. 短渠道

短渠道是指生产商仅利用一个中间商或自己销售产品的渠道。短渠道类型主要有两种，即零级渠道和一级渠道。

零级渠道是指制造商的产品直接销售给消费者或用户的渠道。其特点是没有中间商参与转手，也称直销，其主要方式有上门推销、邮寄销售、互联网销售及厂商自设机构销售等。大型设备、专用工具及需要提供专门服务的工业用品几乎都采用直销渠道。随着科技手段的完善,消费品直销渠道也在迅速发展。

一级渠道是指商品的销售经过一个中间环节的渠道。在消费品市场,这个中间商通常是零售商;在工业品市场,它通常是代理商或经销商。

1) 短渠道的优点

(1) 生产商能及时、具体、全面地了解消费者需求和市场变化情况,及时调整生产经营决策。

(2) 分销环节少,商品可以很快到达消费者手中,从而缩短商品流通时间,减少流通费用,提高经济效益。

(3) 减少分销环节与分销时间,节省费用,产品最终价格低,市场竞争力强。

(4) 分销环节少,生产商和中间商较易建立直接而密切的合作关系。

2) 短渠道的缺点

(1) 生产商增设销售机构、销售设施和销售人员,这就相应增加了销售费用,也分散了生产商的精力。

(2) 由于生产商自有的销售机构总是有限的,致使产品市场覆盖面过窄,容易失去部分市场。

(3) 渠道短,生产商承担的分销风险也大。

（二）定量描述

1. 零渠道

零渠道通常叫直接渠道,指产品从制造商转移到消费者或用户的过程中不经过任何中间商转手的渠道。其主要形式有上门推销、邮寄销售、家庭展示会、电子通信销售、网络营销、电视直销、制造商自设商店或专柜等。其主要优点是:能缩短产品的流通时间,使其迅速转移到消费者或用户;减少中间环节,降低产品损耗;制造商拥有控制产品价格的主动权,有利于稳定价格;产需双方直接见面,便于了解市场,掌握市场信息。

2. 一级渠道

一级渠道是指生产者和消费者或用户之间介入一级中间环节的渠道。在消费者市场,其中间环节通常是零售商;在生产者市场,大多是代理商或经纪人。

3. 二级渠道

二级渠道是指生产者和消费者或用户之间介入二级中间环节的渠道。在消费者市场,通常是批发商和零售商;在生产者市场,则通常是代理商和批发商。

4. 三级渠道

三级渠道是指在生产者和消费者或用户之间介入三层中间环节的渠道。一般来说,三级渠道多见于消费者市场,通常包括两种情况:一是在批发商和零售商之间设有专业批发商,三者的关系为一级批发至二级批发(专业批发)到零售商;二是在批发商之前有一个总经销商或总代理商,其关系是总代理(总经销)到批发商到零售商。

一级渠道、二级渠道、三级渠道与直接渠道相对应,可统称为间接渠道。

▶二、渠道宽度

渠道宽度是指渠道的每个层次使用同种类型中间商数目的多少。多者为宽渠道,意味着销售网点多,市场覆盖面大;少者则为窄渠道,市场覆盖面也就相应较小。渠道宽度是根据经销某种产品的批发商数量、零售商数量、代理商数量来确定的。如果一种产品通过尽可能多的销售点供应尽可能广阔的市场,就是宽渠道;否则,就是窄渠道。一般来说,渠道的宽度主要有三种类型:密集型渠道、独家渠道、选择型渠道。

▍(一)密集型渠道

密集型渠道是指生产商尽可能通过负责任的、适当的批发商、零售商销售其产品的渠道。消费品中的便利品通常采取密集渠道,以便广大消费者和用户能随时随地买到这些产品。另外,较多的中间商来分销商品,可以扩大市场覆盖面或快速进入一个新市场。

密集型渠道的优势是:生产商产品的市场覆盖面大,产品的市场扩展迅速;消费者对产品的接触率高,能有效地提升销售业绩;可有效地使用中间商的各类资源。

密集型渠道的缺点是:生产商分销成本高;生产商对渠道的控制程度低;各中间商之间竞争激烈,横向冲突不可避免,生产商的管理难度大。

▍(二)独家渠道

独家渠道是指生产商在某一地区仅选择一家中间商销售其产品的渠道,通常双方协商签订独家经销合同,规定经销商不得经营竞争者产品,以便控制经销商的业务经营,调动其经营积极性,占领市场。

独家渠道的优势是:保证交易安全,让消费者购买到货真价实的产品;能避免渠道终端成员之间的竞争和摩擦;能有效地节省分销费用;由于独此一家,生产商的市场策略能受到中间商的全力支持,如广告价格控制、信息反馈等。

独家渠道的缺点是:市场覆盖面小,消费者购买很不方便;由于过于依赖中间商,会加大中间商的议价能力。

▍(三)选择型渠道

选择型渠道是生产商在某一地区仅通过少数几个经过精心挑选的、最适合的中间商销售其产品的渠道。选择型渠道适用于所有产品,但相对而言,消费品中的选购品和特殊品最适合选择型渠道。选择型渠道关注的是消费者的选择机会。消费者愿意花费时间和精力来反复挑选商品,他们对商品的如意性的重视超过便利性。

选择型渠道的优点是:生产商较易控制渠道,市场覆盖面较大,消费者接触率较高。

选择型渠道的缺点是:合格的中间商选择比较困难,由于选择性渠道的终端具备展示功能,所以必须进行差异化的装潢布置,且拥有相当的面积,否则很难达到预期的效果。

▶三、渠道广度

渠道广度是指生产制造企业选择渠道条数的多少。条数少(如生产制造企业仅利用一条渠道进行某种产品的分销),表明渠道窄;条数多,表明渠道广。两条和两条以上的渠道又称多渠道组合。

(一)多渠道组合的主要类型

1. 集中型组合方式

在单一产品市场组合多条渠道,这些渠道互相重叠,彼此竞争。例如,某企业在个人消费者的现货购买,小公司的大规模定制市场采取了无差异的人员推销、电话营销、网上分销三种渠道形式。

2. 选择型组合方式

对产品市场进行细分,对不同的市场选择不同的渠道,这些渠道互不重叠,也不存在竞争关系。例如,某企业将市场分割为个人消费者的现货购买、小公司的大规模定制和大公司的独特解决方案三个子市场,分别采用网上分销、电话分销和区域销售队伍推销三种方式,各负其责、互不干扰,如图 3-2 所示。

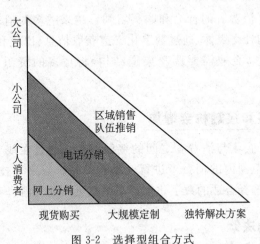

图 3-2 选择型组合方式

3. 混合型组合方式

综合运用了集中型和选择型两种组合方式。一般的情况是选择型渠道用于某种优先权市场,集中型渠道用于较大规模的市场。例如,某航空公司业务拓展的多条渠道组合,对大型业务活动的客户服务由人员推销单一渠道去开拓;对团体业务中的订票、度假规划经营,则采用了旅行社、互联网、电话营销、旅游商店等多条渠道组合的方式;对个体旅游者也采用的是互联网、电话营销、旅游商店等多条渠道的组合。

（二）广渠道的利弊分析

1. 广渠道的优势

（1）增加市场覆盖面，如增加乡村代理商开拓农村市场。

（2）降低渠道成本，如增加新渠道以节省销售费用。

（3）更好地满足客户的需要，如使用专业推销员销售复杂的设备。

（4）提高产品交易量。不少企业销售量的 70%～80% 是由两三条渠道实现的。

2. 广渠道的劣势

（1）当两条以上渠道对准一个细分市场时，容易产生渠道冲突。

（2）新渠道独立性较强，合作困难，不易控制。

第二节　数字化对渠道结构决策的影响

▶一、数字化对渠道结构决策的影响原因

数字化技术的出现和应用改变了消费者的行为方式，对渠道结构决策产生了很大的影响。具体来说，数字化对渠道结构决策产生影响的原因体现在以下几个方面。

（一）消费者行为变化

数字化技术改变了消费者的行为和购买习惯。越来越多的消费者选择在线购物，使用移动应用程序和参与社交媒体，通过数字化渠道获取信息、比较和购买产品。为了满足这种变化的消费者需求，企业需要调整渠道结构，将更多的资源和注意力投入数字化渠道。

（二）市场覆盖和接触机会增加

数字化技术扩大了企业与消费者之间的接触范围。通过在线渠道，企业可以跨越空间和时间限制，与全球范围内的消费者进行互动和交易。数字化技术提供了更多的市场机会，使企业可以通过选择合适的数字化渠道来触达更广泛的消费者群体。

（三）数据驱动决策

数字化技术提供了丰富的数据和分析工具，帮助企业了解消费者行为、偏好和需求。通过数据分析，企业可以更准确地了解不同渠道的表现和效果。这使企业能够基于数据做出更明智的渠道选择，优化资源分配，提高市场反应速度和效果。

（四）渠道效率和成本优势

数字化渠道通常具有更高的效率和较低的成本。相对于传统的实体渠道，数字化渠道可以更快地传递信息、处理交易，并且具有更低的物流和运营成本。这使企业在渠道选

择时更倾向于数字化渠道,以提高效率、降低成本,提供更好的用户体验。

▶二、数字化对渠道结构决策的影响路径

(一)数字化对渠道长度的影响

1. 缩短渠道长度

数字化技术消除了传统渠道中的中间环节,直接将产品或服务提供给消费者。传统的长渠道可能包含多个中间商,如批发商和零售商,而数字化技术使消费者可以直接从生产商购买产品,缩短了渠道长度。这种直接的短渠道模式有助于提高效率并降低产品价格。

2. 减少渠道层级

数字化技术使渠道层级减少。传统的渠道可能存在多个层级,如生产商、批发商、零售商等。数字化技术使生产商可以直接通过在线销售渠道将产品提供给消费者,减少了层级中的中间商。这种减少渠道层级的趋势有助于提高效率和降低成本。

3. 创新渠道形式

数字化技术创造了全新的渠道形式,如电子商务平台、移动应用程序、社交媒体等。这些渠道通过互联网和移动设备连接生产者和消费者,可以实现直接的短渠道模式。数字化技术的出现为消费者提供了更多选择,改变了传统渠道长度的结构。

总的来说,数字化技术对渠道长度产生了显著影响。它缩短了渠道长度,减少了渠道层级,并引入了新的渠道形式。这些变化有助于提高效率、降低成本,并为消费者提供更多的购买选择。数字化技术为企业和消费者创造了更灵活、高效和多样化的渠道环境。

(二)数字化对渠道宽度的影响

1. 更广泛的密集性分销

数字化技术为密集性分销带来了新的发展机会。传统上,密集性分销将产品通过尽可能多的渠道和销售点销售给消费者。数字化技术提供了在线销售渠道,使企业可以通过电子商务平台、在线市场等途径直接向消费者销售产品,无须依赖传统的实体渠道。这种变化使企业可以通过在线渠道实现更广泛的密集性分销,既可以利用自有渠道,也可以与第三方平台合作。

2. 更灵活的独家分销

数字化技术对独家分销产生了积极影响。数字化技术为企业提供了更多的选择,如通过在线平台与独家合作伙伴建立合作关系,通过社交媒体和个人网店等渠道进行独家分销。数字化技术还提供了更好的合作伙伴筛选和管理工具,使独家分销更灵活和高效。

3. 更有效的选择性分销

数字化技术对选择性分销产生了深远的影响。数字化技术为选择性分销提供了更多的渠道方式和分销工具。企业可以通过在线渠道进行精确的渠道选择,将产品提供给符合特定标准的合作伙伴。同时,数字化技术使企业可以更好地追踪渠道合作伙伴的表现和销售情况,并进行管理,提高选择性分销的效果和效率。

总体而言,数字化技术使渠道宽度发生了变化。它通过提供在线销售渠道、改变合作伙伴选择标准和加强合作伙伴管理等方式,扩展了渠道宽度的可能性。数字化技术使企业可以更灵活地选择和管理不同类型的渠道,以适应不断变化的市场需求和消费者行为。

（三）数字化对渠道广度的影响

1. 增加渠道选择

数字化技术为企业提供了更多的渠道选择。传统上,企业可能依赖单一的渠道来销售产品或服务。数字化技术引入了在线销售平台、移动应用、社交媒体等多种渠道形式,使企业可以采用多渠道组合的方式,通过不同的渠道触达不同的消费者群体。

2. 拓展集中型组合方式的核心渠道

数字化技术促进了集中型渠道组合的发展。数字化技术使企业可以选择在线销售平台或电商网站作为核心渠道,通过集中资源和精力进行营销和销售。这种方式可以提高企业对核心渠道的专注度和效果。

3. 使选择型组合方式更灵活

数字化技术为选择型渠道组合提供了更多机会。数字化技术为企业提供了更多的选择,如通过在线销售平台、实体店铺、社交媒体等多个渠道进行销售。企业可以根据消费者偏好和市场趋势,灵活选择渠道组合。

4. 推动新混合型组合方式的发展

数字化技术推动了新混合型渠道组合的兴起。数字化技术使企业可以将线上和线下渠道无缝连接,提供一体化的购物体验。例如,企业可以通过在线渠道展示产品,然后引导消费者到实体店铺进行试用和购买。

总的来说,数字化技术为企业提供了更多的渠道选择和组合方式。它促使企业从单一渠道转向多渠道组合,包括集中型组合方式、选择型组合方式和新混合型组合方式。数字化技术的发展使企业能够更好地满足消费者需求、提高销售效果,并形成更灵活和多样化的渠道广度。

第三节　其他因素对渠道结构决策的影响

其他影响渠道的长度、宽度及广度决策的因素很多,其中主要因素有以下几种。

▶一、产品因素

产品的特性不同,对渠道的长度和宽度的要求也不同。

（一）价值

一般而言,商品单价越小,分销路线越长,渠道越宽,规模效益越大;反之,商品单价越高,分销路线越短,渠道越窄。

（二）体积与重量

体积庞大、重量较大的产品,如建材、大型机器设备等,通常要求采取运输路线最短、搬运过程中搬运次数最少的渠道,这样可以节省物流费用。

（三）保质期

易腐烂、保质期短的产品,如新鲜蔬菜、水果、肉类等,一般要求采用较直接的分销方式,因为拖延时间和重复搬运会造成程度不同的损失。同样,对款式变化快的时尚商品,也应采取短而宽的渠道,避免不必要的损失。

（四）标准化程度

产品的标准化程度越高,采用中间商的可能性就越大。例如,毛巾、洗衣粉等日用品,以及标准工具等,单价低、毛利低,往往通过批发商转手。一些技术性较强的产品或一些定制产品,企业要根据客户要求进行生产,一般由生产商自己派员直接销售。

（五）技术性

产品的技术含量越高,渠道越短,常常是直接向工业用户销售。因为,技术性产品一般需要提供各种售前售后服务。在消费品市场上,技术性产品的分销是一个难题,生产商不可能直接面对众多的消费者,通常直接向零售商推销,通过零售商提供各种技术服务。

（六）产品生命周期阶段

许多新产品都需要在初上市阶段采用大规模、强有力的促销活动,以初步建立市场需求。通常情况下,渠道越长,越难通过所有渠道成员达到促销目标。因此,在初上市阶段,简短的渠道常常能使产品更好地为市场所接受,并且对新产品的选择度也较高。

▶ 二、市场因素

市场是影响渠道设计的重要因素之一,主要包括以下方面。

（一）市场类型

不同类型的市场,要求不同的渠道与之相适应。例如,因为生产消费品的最终消费者购买行为与生产资料用户的购买行为不同,所以就需要有不同的渠道。

（二）市场规模

一个产品的潜在用户比较少,企业可以自己派销售人员进行推销。如果市场大,渠道就应该长些、宽些;相反,如果市场较小,则尽可能避免使用中间商。

（三）市场密度

在用户数量一定的条件下,如果用户集中在某一地区,则可由企业派人直接销售;如果用户比较分散,则必须通过中间商才能将产品转移到用户手中。

（四）市场行为

如果用户每次购买数量大、购买频率低,则可采用直接渠道;如果用户每次购买数量小、购买频率高,则宜采用长而宽的渠道。例如,一家食品生产企业会向一家大型超市直接销售,因为其订购数量庞大,但是这家企业会通过批发商向小型食品店供货,因为这些小型食品店的订购量太小,不宜采取过短的渠道。

（五）市场竞争者

在选择渠道时,应考虑竞争者的渠道。如果自己的产品比竞争者有优势,可选择同样的渠道;反之,则应尽量避开竞争者的渠道。

▶三、企业自身因素

企业自身因素是渠道选择和设计的根本立足点。

（一）规模、实力和声誉

企业规模大、实力强,往往有能力担负起部分分销职能,如仓储、运输、设立销售机构等,有条件采取短渠道。规模小、实力弱的企业无力销售自己的产品,只能采用长渠道。声誉好的企业,希望为之推销产品的中间商就多,生产商容易找到理想的中间商进行合作;反之则不然。

（二）产品组合

企业产品组合的宽度越宽、深度越深,越倾向于采用较短渠道。反之,企业产品组合的宽度越窄、深度越浅,生产商只能通过批发商、零售商来转卖商品,其渠道较长而宽。产品组合的关联性越强,则越应使用性质相同或相似的渠道。

（三）营销管理能力和经验

管理能力较强和经验较丰富的企业往往可以选择较短的渠道,甚至直销;而管理能力较差和经验较少的企业一般将产品的分销工作交给中间商去完成,自己则专心于产品的生产。

（四）渠道控制能力

生产商为了实现其战略目标,往往要对渠道实行不同程度的控制。如果控制能力强,就会采取短渠道;反之,渠道可适当长些。

▶（五）目标与策略

市场和整体目标与策略可能会限制中间商的使用。强调有力促销和对市场条件的变化迅速做出反应的策略会使相关企业渠道结构的选择范围变得较为狭窄。

▶四、环境因素

环境因素可能影响渠道设计与建设的各个方面，社会及文化背景、经济、竞争、技术和法律环境等因素都会对渠道结构产生重要影响。例如，科学技术发展可能为某些产品开辟出新的渠道；食品保鲜技术的发展使水果、蔬菜等的销售渠道有可能从短渠道变为长渠道；经济萧条时，企业会缩短渠道等。

▶五、中间商因素

不同类型的中间商在执行分销任务时各有优势和劣势，渠道设计应充分考虑不同中间商的特征。对技术性较强的产品，一般要选择具备相应技术能力或设备的中间商进行销售。有些产品需要一定的储存条件（如冷藏产品、季节性产品等），需要寻找拥有相应储存能力的中间商进行经营。零售商的实力较强，经营规模较大，企业就可直接通过零售商经销产品；零售商的实力较弱，经营规模较小，企业只能通过批发商进行分销。与渠道结构相关的主要中间商因素可概括为可得性、成本及服务。

▶六、渠道成员行为因素

在选择渠道结构时，渠道管理者应该预测渠道成员在各种情况下可能采取的行为、行为产生的后果及如何应对等。只有给各渠道成员安排合适的职责，才能减少冲突的发生次数。同时，渠道管理者才能保证最终设立的渠道结构能有效地管理好渠道成员。

第四节 数字化背景下渠道结构的演变趋势

▶一、渠道结构扁平化

渠道结构扁平化就是通过缩减渠道中不增值的环节或者增值很少的环节，降低渠道成本，实现生产商与最终消费者的近距离接触，实现企业利润最大化目标，并有效地回避渠道风险，从而实现企业可持续性发展。厂家—总经销商—二级批发商—三级批发商—零售店—消费者，这种渠道层级是传统渠道中的经典模式。传统渠道呈金字塔形，因其广大的辐射能力，曾为厂家占领市场发挥了巨大的作用。但是，在供过于求、竞争激烈的市场营销环境下，传统渠道存在许多不可克服的缺点。面对这些问题与挑战，许多企业正将渠道调整为扁平化的结构，即渠道越来越短、同一层次上的销售网点越来越多。渠道短，增强了企业对渠道的控制力；销售网点多，则增大了产品的市场覆盖面和销售量。例如，一些企业由多层次的批发环节变为单层批发，即厂家—经销商—零售商；一些企业则在大城市设置销售公司和配送中心,直接向零售商供货。

渠道结构扁平化是渠道发展的趋势,但企业渠道结构扁平化的目标不是唯一的、固定的,而是多向的、可变的,不同企业具体的发展策略是由渠道结构扁平化的目标所确定的。对单个企业而言,其扁平化的轨迹和模式多种多样,但从当前渠道结构扁平化发展的趋势来看,其发展方向将包括以下几点:传统渠道层级的压缩;商场与专卖渠道的加入;直销渠道,尤其是网络渠道的迅速发展。

▶ 二、渠道成员国际化

世界经济一体化进程中,各国经济之间的融合程度日益加深,国内市场与国际市场的联系越来越紧密。当今的企业不再只是面对国内市场的需求,而是要进入国际市场,满足全球消费者的需求,同时面临全球市场竞争的压力。企业要想在未来的市场竞争中站住脚,只有主动地适应和变革,走出国门,走国际化营销的道路,积极开展国际分销体系建设。

20世纪50年代初,美国与欧洲的销售方式存在天壤之别,但今天的情况则大不相同,超级市场、连锁商店和直复营销等形式在工业发达的国家和地区普遍存在并发展。一些巨型零售机构正把自己的销售网扩大到世界各地,如西尔斯在墨西哥、南美、西班牙和日本设立了自己的网点;马狮集团在欧洲市场零售网络中的影响也久负盛名。这种零售商业的国际化发展,反过来进一步增强了生产商开拓国际市场的能力。生产的国际化更加依赖渠道网络的国际化,各种全球化的垂直渠道网络应运而生。

▶ 三、渠道体系一体化

买方市场格局的出现,使生产—分配—交换—消费中各个环节的相对重要性发生了历史性的变化,生产商更加依赖批发商和零售商所能提供的有限市场,出现了纵向一体化的模式。为了应付日益复杂的环境,许多生产商、批发商和零售商组成统一的系统,以降低交易费用、开发新技术确保供应和需求。但市场竞争往往表现为整个渠道系统之间的竞争。尤其是随着新技术广泛应用,当线下渠道各个环节的数据壁垒打通,全渠道的线上线下或许就实现融合,生产商也将实现全渠道营销一体化和全渠道供应链一体化。供应链一体化后,线上订单可以实现门店自提,门店也可以销售线上的商品。零售终端还可以直接跟生产商合作,客户下单之后可由生产商直接发货,降低库存成本和损耗。

20世纪90年代后期,企业大多还是通过对总经销商的管理来开展分销工作的。当市场转为相对饱和的状态时,这种市场运作方式的弊端就表现得越来越明显。企业把产品交给经销商,由经销商一级一级地分销下去,由于网络不健全、通路不畅、终端市场铺开率不高、渗透深度不足等因素,中间商无法将产品分销到企业所期望的目标市场上,结果企业产品的广告在电视上天天与消费者见面,而消费者在零售店里却难觅产品的踪影。针对这一弊病,一些成功企业开始以终端市场建设为中心来运作市场。企业一方面通过对代理商、经销商、零售商等各环节的服务与监控,使自身的产品能够及时、准确而迅速地通过各渠道环节到达零售终端,使消费者能方便地买到;另一方面在终端市场上进行各种各样的促销活动,以激发消费者的购买需求。

▶四、渠道内容数字化

在网络经济时代,越来越多的企业开始关注如何利用互联网提供更多的消费者价值,将网络与传统的产业结合在一起。随着网络时代的到来,网络营销的出现对传统的分销模式、分销理念形成了巨大的冲击,分销商不得不尽快调整思路以跟上新的变化。从发展态势来看,网络终端将成为分销商的核心工具。分销商可以借助原有的渠道,继续巩固自身承上启下的地位。承上,可以迎合供应商实行网上交易的需要;启下,可以更好地发展二级供应商和经销商,建立广泛的扁平化渠道。如果分销商能够把网络系统和企业内部的信息系统结合起来,就能完全实现管理电子化。

传统的渠道关系使每一个渠道成员都成为一个独立的经营实体,以追求个体利益最大化为目标,甚至不惜牺牲渠道和厂家的整体利益。在伙伴式销售渠道中,厂家与经销商一体化经营,实现厂家对渠道的集团控制,使分散的经销商形成一个整合体系,渠道成员则为实现自己或大家的目标共同努力,追求双赢或多赢。

▶五、渠道整合有机化

随着数字化技术的不断发展,企业将会更加重视数字化渠道,如电子商务平台、移动应用程序、社交媒体等。这些渠道通过互联网和移动设备,将企业的产品和服务直接推送给消费者。企业可以通过搜索引擎优化、社交媒体宣传和在线广告投放等手段,将品牌和产品信息传播给更广泛的受众。这扩大了企业的市场覆盖范围,提供了更多的销售机会,也提供了实时数据和分析功能。企业可以实时监测销售数据、消费者行为和市场趋势,做出更快速和更准确的决策。这有助于优化销售策略,调整产品定位,并及时应对市场变化。相比传统渠道,数字化渠道具有更低的运营成本和更高的效率。企业无须承担高额的门店租金、人员成本和库存成本,可以通过在线销售和自动化流程实现成本节约和运营效率提升。

企业趋向于采用多渠道整合的策略,依靠数字化技术的支持和相应的平台建设。企业可以建立集成的电子商务平台,将线上和线下渠道进行有机结合。消费者在购买过程中可能会利用多个渠道进行信息获取、比较,形成购买决策,因此,企业需要通过整合不同渠道,提供更好的购物体验和一致的品牌形象,这包括线上线下库存的整合、线上线下营销活动的协同等。

基本概念

渠道长度　渠道宽度　渠道广度　密集性渠道　独家渠道　选择性渠道　市场规模
市场密度　扁平化

思考题

1. 影响渠道的长度、宽度、广度决策的因素有哪些？
2. 数字化为什么会影响渠道结构决策？
3. 数字化对渠道长度的影响有哪些？
4. 渠道结构未来发展的趋势如何？

案例分析

酒仙网：数字化渠道体系

酒仙网创办于2009年，进入酒类电商行业，成为中国领先的酒类零售网；2014年开始试水O2O、B2B，2018年开始大力扩张酒类智能新零售，布局万亿级的中国酒类市场全渠道，从B2C到O2O和B2B直至实现新零售转型。酒仙网基于其在供应链和线上零售的多年积累，借力互联网，以"国际名酒城"为契机，实现由线上到线下的全面打通的过程。酒仙国际名酒城以消费者需求为导向，主打"品质好酒＋名品折扣＋人气聚集"的复合概念。在布局的过程中，酒仙网深度参与商品的生产、销售、配送、客服等各个环节和流程，通过与行业和用户产生更多互动来提升用户体验，并以此解决后流量时代的盈利难题。酒仙网拥有1 800万个会员，和国内500多家酒企建立深度合作关系，与天猫、京东、苏宁易购等十余家国内知名电商平台实现深度合作。

酒仙国际名酒城通过对传统门店运营模式进行创新型改造，与传统的夫妻门店、连锁酒行和超市大卖场相比更加智能化。

资料来源：金融界. 线上线下深度融合 酒仙网数智化赋能酒业生态圈[EB/OL]. [2022-04-07]. https://baijiahao.baidu.com/s?id=1729438706917538439&wfr=spider&for=pc.

问题：

1. 酒仙网数字化渠道体系有什么特点？
2. 酒仙网数字化渠道体系构建有哪些启示？

第四章　数字化与渠道设计

学习目标

渠道是生产企业(制造商)实现产品销售的通道,数字化渠道设计则是将先进的人工智能与信息技术应用于传统渠道之中,从而设计出更为智能与高效的数字化渠道。因此,必须掌握数字化渠道设计的原理与流程,科学设计渠道体系,从而提高整个社会的商品流通效率。

通过本章的学习,掌握以下知识:

- 了解数字化对渠道设计的影响;
- 理解数字化渠道设计的原则与程序;
- 了解数字化渠道设计的目标;
- 掌握数字化渠道设计的方案。

素质目标

通过本课程的学习,培养学生的社会实践能力,提高学生解决实践问题、合理利用数字技术和创新设计的能力,促进数字技术与渠道设计的融合,推进数字化渠道的普及和应用,使学生成为具有市场洞察力和协调掌控能力的数字化渠道设计专业人才,为企业的转型升级和社会经济的发展做出贡献。

第一节　数字化对渠道设计的影响

明确数字化影响渠道设计的原因与路径是设计数字化渠道的基础工作。

▶一、数字化影响渠道设计的原因

(一)传统渠道需要进行数字化改革

在目前互联网高速发展、数字化不断深入的背景下,设计新的流通渠道需要添加数字化元素以弥补传统渠道的不足。对品牌商尤其是快消品行业而言,产品销量基本上是靠渠道来驱动的。传统的渠道销售模式是基于市场的扩容,通过工业化生产降低成本,不断地下沉市场,利用深度分销、通路精耕等方式实现销量增长。但这样的模式在市场达到饱和后便出现许多问题,包括订货效率低、对账回款较难、营销信息传达不畅通、供应链上下游缺少协同等,这些问题导致品牌厂商无法直接发力于终端,进而衍生出因信息不对称而资金无法及时回笼、审核无法精准定位的新问题。因此品牌厂商需要升级改革传统渠道,借助互联网搭建品牌自有的数字化渠道体系,打通与经销商的壁垒,整体提升渠道营销的效率。

(二)数字化带来了巨大的消费需求

手机、平板电脑等数字产品为当代人们娱乐、学习与社交搭建了广阔的平台,它们包揽了消费者的衣食住行,缩短了人们与商品在时间与空间上的距离,改善了人们的消费体验,并带来了巨大的线上消费需求。为了满足用户需求,当代数字化渠道在设计时必须结合数字技术,体现在线与精准的特点。当线上迁移的用户越来越多时,企业也必须迁移到线上,实现机器联网、数据在线,通过这些措施优化渠道管理,让自己的供应链能够更快地响应用户的需求;同时将消费者需求与商品数据化,在精准的大数据支持下,准确地判断用户的具体需求,当一个企业可以通过互联网,去满足用户无限颗粒化场景下的潜在需求的时候,品牌商不仅仅可以满足用户个性化的需求,更可以满足用户定制化的需求,以数字化渠道去及时匹配供需,从而最大化数字技术的优势。

▶二、数字化影响渠道设计的路径

(一)以渠道云设计出高度协同的流通渠道

渠道云是一款支持多种渠道业务模式,多品牌、多类别、多层级经营的数字化渠道进销存管理系统,主要依靠先进数字化技术对信息流、资金流和物流进行整合,为大中型集团企业提供全渠道营销能力共享的云服务,以提升企业全渠道业务效率与协同运作质量,实现品牌企业营销的数字化转型升级。在渠道设计过程中,渠道云的价值体现在聚焦下级运营商,实现业务闭环管理;赋能终端零售,提升运营及服务能力;以数据为基础,为品牌商渠道战略提供决策支持,并促使渠道整体保持动态平衡等。基于渠道云平台,数字技术得以融入渠道设计过程中,并促使高度协同的渠道运转体系的形成。

(二)以多种模式设计出便捷高效的交互渠道

数字技术积极探索多种用户交互模式,旨在打造出多类型多功能便捷高效的交互渠道,具体的模式类型包括开放银行、App式、交互式。其中,开放银行是面向生态的银行商业模式,主要将金融和非金融产品与银行服务能力组合嵌入合作方场景中,以解决终端用户的痛点问题,通过标准化的产品服务设计,支撑合作项目的快速、高效对接;App式是品牌商数字渠道建设最为普遍的模式,App渠道同其他电子渠道一样承担信息中介的角色,同时秉持便携方便的理念,为客户提供在线服务与新式产品,利用数字能力储存用户数据,同时构建零售业务堡垒;交互式则以智能机器人为典型,为客户提供新型交互服务,交互式机器人作为一类新型科技营销渠道活跃在各大商场、公司与银行之中,以客户需求为出发点,帮助品牌商实现轻量化作业和差异化服务,兼顾了效率、体验与安全。

（三）以交付能力提升设计出需求驱动型流通渠道

数字化交付即通过数字化集成平台,有效收集、管理、共享流通信息,并将设计与采购等阶段产生的文档与模型以标准数据格式提交给品牌商。以市场和用户需求为导向,利用数字化交付技术打造消费者需求渠道,将消费者信息更为迅速地贯穿整个供应链,可以提升渠道运营效率和管理效率,同时为满足终端客户需求提供增值性创新服务。面对消费者日益增长的需求,应利用数字技术优势,将云计算、区块链、大数据等新兴数字技术在流通渠道中深度应用,促进产、销、供等多方紧密合作与高效协调,提升供应链交付能力,以及时准确匹配市场需求。数字化交付可以为渠道交付提供良好环境,建立多渠道伙伴关系,促进优势、劣势互补,提高流通渠道的柔性和缓冲能力,以降低生产风险、运营风险对流通渠道的冲击力。

第二节　数字化渠道设计的目标、原则及程序

数字化渠道设计的目标、原则及程序是渠道设计的理论依据,需要结合企业的营销战略对这些内容进行更为细致的归纳与分析。

▶一、数字化渠道设计的目标

从生产商的角度出发,数字化渠道设计的目标是实现企业的分销目标。分销目标的设立或者调整的原则是与其他营销目标相一致。衡量整体目标的指标主要有市场占有率、产品销售额、利润量等,衡量区域目标的指标主要有市场拓展区域范围等,衡量体系目标的指标主要有经销商数量、零售商网点规模等。此外,目标制定可以分为年度、季度、月度等。渠道设计目标必须明确具体、切实可行、具有激励作用。

（一）目标明确具体

目标明确具体就是目力可达、可识、可辨的标记。只有明确具体的目标,才会让人采取明确具体的行动。明确的目标不仅意味着结果明确,还意味着目标制定过程逻辑清晰、思路得当、有策略水平;具体的目标就是数字化的目标,反映了目标的科学性和严谨程度,便于在操作中进行均衡把握。为此,分销目标要尽可能定量化,如明确指出市场占有率达到多少,产品销售额达到多少。目标明确具体类似市场上的电子秤,称什么,摆在盘子里,清清楚楚;称多少,显示在刻度上,明明白白。

（二）目标切实可行

制定数字化渠道的目标要结合企业面临的实际情况。当企业建立了确定的理想和决定要达到某个分销目标时,还有一个值得注意的问题就是这个目标是否切实可行。不切实际地估计自己的能力,总对自己要求过高,总想做到最好,有时是不现实的。例如,一个人想成为一位伟人,可又没有具备成为伟人的能力和实力,这个目标与现实条件差距太

大,只能沦为空想。因此,确立分销目标时认清现实环境是非常重要的。

（三）目标具有激励作用

制定数字化渠道的目标是为了更好地激励渠道成员完成分销任务,因此目标要有一定的挑战性,即在合理的范围内,需要渠道成员通过努力和挑战才能达到的目标,也就是既能突破原有的能力范围,又是力所能及的最大范围,俗称"逃离舒适区"。如果把目标设在原有的舒适圈内,就无所谓挑战,也不存在给自己的压力。没有压力,就不会有动力。正是压力的存在,才会对目标有了挑战的欲望,并让潜能最大限度地发挥出来。所以设定目标之前,需要先知道设定目标的目的和动机是什么。只有理解了目标的动机,才能更好地完成目标,并且超越自己。同理,分销目标的设立是提升销售能力和优化销售方法的最好策略之一,企业想提升数字化渠道能力,就需要为自己制定具有激励作用的目标。

▶二、数字化渠道设计的原则

（一）客户导向原则

数字化渠道体系服务于市场交易,客户是市场交易的主体之一。交易的时间、地点、方式不仅取决于企业的策略,也取决于客户的需求。在市场经济条件下,交易的条件是双方共同需求的契合点。所以,数字化渠道创建作为企业主动性的活动,只有坚持以客户为导向,才能实现渠道的任务。这首先要考虑客户的需要,对其进行认真分析,建立以客户为导向的设计思路。通过缜密、细致的市场调查研究,不仅要提供符合客户需求的产品,还必须使数字化渠道满足客户在购买时间、购买地点以及售前、售中、售后服务上的需求,从而提高客户满意度,培养客户对企业的忠诚度,促进企业产品的销售。做好了终端销售工作,实际上就是掌握了客户的需求,有助于提升客户的信任度与忠诚度。

（二）经济效益原则

取得经济效益是数字化渠道设计的目标,即通过数字化渠道体系的创建有效地完成企业产品的销售任务,从而实现公司的销售收入和利润目标。另外,渠道的创建是需要成本的,包括创建成本、管理成本、运行成本等。所以,数字化渠道设计必须遵循经济效益原则。企业如果选择了较为合适的渠道模式,便能够提高产品的流通速度,不断降低流通费用,使分销网络的各个阶段、各个环节、各个流程的费用趋于合理化。总之,数字化渠道设计方案应能够降低产品的分销成本,使企业能够在获得竞争优势的同时获得利益的最大化。

（三）发挥优势原则

企业在选择数字化渠道方案时,应注意先选择那些能够发挥自身优势的渠道模式,将数字化渠道模式设计与企业的产品策略、价格策略、促销策略结合起来,增强企业的整体优势,维持自身在市场中的优势地位。如今,市场的竞争是整个规划的综合网络的整体竞争,而不是过去单纯的渠道、价格、促销或产品上的比拼。企业依据自己的特长,选择合适的渠道网络模式,能够实现最佳的经济效益,并获得良好的客户认可。

(四)协调平衡原则

各渠道成员之间的密切协调与合作对渠道的顺利畅通、高效运行起着至关重要的作用。然而,渠道成员间常常会产生一些利益或决策方面的分歧、冲突与摩擦,不可避免地存在竞争,企业在制订数字化渠道计划时,应充分考虑这些因素,在鼓励渠道成员间进行有益竞争的同时,创造良好的合作氛围,以加深各成员之间的理解与沟通,从而确保数字化渠道的高效运行。数字化渠道的协调与合作会反映在合理分配利益上。无论是何种类型的渠道模式,都会存在各渠道成员间利益的分配或各个成员工作绩效的评估及资源在各个部门间的分配等问题。因此,企业应制定一套合理的利益分配制度,根据各渠道成员所担负的职能、投入的资源与精力,以及取得的绩效,对渠道所取得的利益进行公平、合理的分配,从而避免因利益分配不均而引起渠道冲突。渠道管理者应对渠道成员之间的合作、冲突、竞争关系有一定的协调控制能力,以有效地引导渠道成员充分合作,鼓励渠道成员之间的有益竞争,确保总体目标的实现。

(五)稳定可控原则

数字化渠道是企业营销活动的重要组成部分,如何利用好数字技术直接关系企业的产品销售状况,控制了渠道就等于控制了市场的交易体系,为销售奠定了基础。渠道是企业其他营销活动,如价格、促销的承载体,也是实现企业理念的重要途径,掌控渠道有利于实现企业的价格定位与营销理念。在数字化渠道确定后,需要花费一定的人力、物力、财力去建立和巩固,不可轻易改变,尤其要注意渠道应具有一定的稳定性。只有保持渠道的相对稳定,才能进一步提高渠道的效益。畅通有序、覆盖适度是数字化渠道稳固的基础。由于影响数字化渠道的各个因素总是在不断变化的,一些原来固有的数字化渠道难免会出现某些不合理的问题。这时,就需要数字化渠道具有一定的调整功能,以适应市场的新情况、新变化,保持渠道的适应性和生命力。调整时,应综合考虑各个因素的协调一致,使渠道始终在可控制的范围内保持基本的稳定状态。

(六)适度覆盖原则

随着市场环境的变化与互联网的高速发展,传统的分销模式及原有渠道已不能满足企业对市场份额及覆盖范围的要求,而且消费者购物习惯和偏好也在发生变化,他们要求购买更便捷、更物有所值,或更有选择余地。在这种情况下,企业应深入考察目标市场的变化,及时把握原有渠道的覆盖能力,并审时度势,对渠道结构进行相应调整,积极拓展线上渠道,不断提高市场占有率。当然,在数字化渠道选择中,也应避免扩张过度、分布范围过宽过广,从而导致沟通和服务的困难、市场管理的失控。

(七)精耕细作原则

市场覆盖只有与精耕细作相结合,其价值才能体现出来,否则,就像一张破网,看起来挺大,真要去捕鱼,一条鱼也捕不上来。所以,要抛弃粗放经营的观念,对数字化渠道各个环节进行精耕细作,准确地划分目标市场区域,对渠道中所有销售网点定人、定域、定点、定线、定时、定任务,实行细致化、个性化服务,全面监控市场。

(八) 畅通高效原则

任何正确的渠道决策都应符合物畅其流、经济高效的要求。商品的流通时间、流通速度、流通费用是衡量分销效率的重要标志。畅通的数字化渠道应以消费者需求为导向,利用好数字技术,将产品尽快、尽早地通过最短的路线,以尽可能优惠的价格送达消费者方便购买的地点。畅通、高效的数字化渠道模式,不仅要让消费者在适当的地点、时间以合理的价格买到满意的商品,而且应努力提高企业的分销效率,争取降低分销费用,以尽可能低的分销成本,获得最大的经济效益,赢得竞争的时间和价格优势。

(九) 利益兼顾原则

渠道是一个综合体,不仅有生产商,还包括经销商、代理商等中间商。在市场经济条件下,尽管渠道的源头掌握在生产商手中,但是竞争化的市场环境逐步剥夺了生产商的这种控制性。所以,渠道的体系设计必须兼顾渠道所有成员的整体利益。

▶三、数字化渠道设计的程序

数字化渠道设计的程序通常包括消费者需求分析、分销目标确定、渠道方案设计、渠道方案评估与选择四个环节。

(一) 消费者需求分析

企业在进行数字化渠道设计时,必须以营销目标为基础,营销目标的确定必须以消费者的服务需求为前提。

在买方市场的条件下,企业的一切营销活动必须以消费者需求为核心,否则会在激烈的市场竞争中被淘汰。以消费者为核心,不仅仅要在营销活动前期进行消费者研究和目标市场选择,更重要的是在产品设计、价格确定、渠道选择和促销策划活动中满足消费者的需求。如果说产品是满足消费者的效用需求,价格是满足消费者的价值需求,促销是满足消费者的信息需求,那么渠道则是满足消费者购买时的便利需求即服务需求。这是建立渠道的永恒目标。数字化渠道的目标也是如此,即尽可能满足目标客户的服务需求,因此研究服务需求的具体内容及其趋势具有非常重要的意义。

(二) 分销目标确定

渠道目标是渠道设计者对企业渠道功能的预期,体现着渠道设计者的战略意图。对数字化渠道而言,无论是制定全新的分销目标,还是修改现有的分销目标,很重要的一点都是对分销目标进行检验,看它是否与企业其他营销组合(产品、价格和促销)的战略目标相一致,以及是否与企业的策略和整体目标相一致。

渠道是所有参加者有机结合而成的一个经济共同体,目的是获取各自所需的盈利和投资收益。所以,数字化渠道目标可以从销售、市场份额、营利性、投资收益等方面进行衡量。如果从渠道运作的角度来探讨,就会衍生出三个目标:市场覆盖率、渠道控制和可变性。

（三）渠道方案设计

在确定分销目标之后,数字化渠道计划的设计者在开发备选的渠道结构时,要考虑渠道级数、各等级的密度及各等级的渠道成员类型等因素。数字化渠道的设计者可以通过这些方面得到可供选择的渠道结构数量。

（四）渠道方案评估与选择

企业所选择的数字化渠道通路,在长度、宽度、广度和系统方面都要有利于分销目标的实现。最终选择一条或几条合适的渠道通路远比列出备选方案更复杂、更困难,因此要对备选渠道方案进行评估。假定企业已确定了几个数字化渠道的备选方案,现在要从中选取一个最能实现本企业长期目标的渠道方案,那么对每个备选方案都要从经济性、可控性和适应性等方面加以评估。

理论上,数字化渠道的设计者都希望能够选择最佳的渠道结构。为了选出最佳渠道,要求渠道设计者考虑所有渠道结构,并且根据某些标准,计算出每种渠道结构的确切利益,然后选择能够提供最大利润的渠道结构。可是,管理部门对可能的渠道结构的了解有一定局限性。管理部门了解所有可能的渠道结构是不可能的,即使能够明确地说明所有可能的渠道结构,计算所有渠道结构的确切利润的方法也是不存在的。另外,影响渠道因素的参数数目很多,并且这些参数是不断变化的。这些因素决定了选择最佳渠道结构是不现实的,也是不可能的。

▶四、数字化渠道提供的服务

数字化渠道的设计始于消费者。渠道可以被认为是一个消费者价值的传递系统。在这个系统中,每一个渠道成员都要为消费者增加价值。一家企业的成功不仅依赖它自己的行动,而且依赖它的整个数字化渠道与其他企业的数字化渠道进行竞争的状况。例如,将福特汽车公司与消费者连接起来的送货系统中就包括几千家经销商。如果竞争者拥有更优越的经销商网络,即便福特汽车公司制造出了更好的汽车,它也有可能输给其他公司。同样,如果福特汽车公司供应劣质汽车,世界上最好的汽车中间商也可能破产。因此,一家公司应该设计出一种一体化的数字化渠道系统,这一系统能把附加在产品上的高价值传递给消费者。明确目标市场上消费者购买什么、在哪里购买和怎样购买,是设计数字化渠道的第一步。市场营销人员必须明确目标消费者需要的服务水平。一般来说,数字化渠道提供以下五种服务。

（一）产品数量

产品数量是数字化渠道在购买过程中提供给消费者的数量,包括线上与线下售卖总数量。例如,对于日常生活用品,小商户喜欢到仓储商店批量地购买,而普通百姓偏爱到大型超级市场或者网上店铺购买。因此,购买批量的差异,要求企业设计不同的渠道。渠道销售商品数量的起点越低,表明它所提供的服务水平越高。

（二）等待时间

等待时间即渠道的消费者等待收到货物的平均时间。消费者一般喜欢快速交货渠道,快速服务要求较高的服务产出水平。例如,普通邮件比航空邮件慢,航空邮件又比特快专递邮件慢。消费者往往喜欢反应迅速的渠道,因此企业必须提高服务水平。对数字化渠道而言,品牌商响应与物流配送越迅速,则收入回报的水平越高。

（三）空间便利

空间便利是渠道为消费者购买产品提供方便。一般而言,消费者更愿意在附近完成购买。显然,消费者购物出行距离长短与渠道网点的密度相关。密度越大,消费者购物的出行距离就越短;反之则长。

（四）产品种类

产品种类是渠道提供的商品花色、品种的数量。一般来说,消费者喜欢较多的花色、品种,因为这能满足更多的选择需要。如果不是单一的品牌崇拜者,消费者不愿意去专卖店购买服装,而愿意到集众多品牌的服装店或商场购买。数字化渠道提供的商品花色、品种越多,表明其服务水平越高。

（五）服务支持

服务支持是渠道提供的附加服务(信贷、交货、安装、修理)。服务支持越强,表明渠道提供的服务工作越多。消费者对不同的商品有不同的售后服务支持的要求,数字化渠道的不同也会产生不同的售后服务水平。数字化渠道设计者必须了解目标用户需要的服务支持。提供更多、更好的线上与线下服务意味着渠道开支的增大和消费者所支付价格的上升。

第三节　数字化渠道的方案及选择

企业确定数字化渠道目标后,就要考虑选择哪些渠道方案来实现这些目标。这方面的工作主要有以下内容。

▶一、设计数字化渠道结构

设计数字化渠道结构要根据企业实际情况和所处的具体环境,从渠道设计的基本要素(即长度、宽度和模式等)进行分析、研究和决策。

（一）确定渠道的长度

渠道的长度通常根据纵向渠道的分销商数量来划分，长、短渠道的比较如表 4-1 所示。

表 4-1 长、短渠道的比较

类 型	优 点	缺 点
长渠道	市场覆盖面广；生产商可以将渠道优势转化为自身优势；一般消费品销售较为适宜；可以减轻企业的费用压力	生产商对渠道的控制程度较低；增加了渠道服务水平的差异性和不确定性；加大了对中间商进行协调的工作量
短渠道	生产商对渠道的控制程度较高；专用品、时尚品较为适用	生产商要承担大部分或全部渠道功能，必须具备足够的资源方可使用；市场覆盖面较窄

不管选择长渠道还是短渠道，都要分析市场、产品、企业等各种因素，并根据市场情况予以调整。

（二）确定渠道的宽度

通常以渠道同一层级的分销商数量、竞争程度及市场覆盖密度来划分渠道的宽度。在宽渠道中，同一层级中的中间商数量较多，彼此之间的竞争较为激烈，市场覆盖密度较高；在窄渠道中，同一层级的中间商数量较少，彼此之间的竞争激烈程度较低，市场覆盖密度较低（甚至很低）。根据渠道宽度可以将渠道分为独家渠道、密集性渠道和选择性渠道，三者比较如表 4-2 所示。

表 4-2 独家渠道、密集性渠道和选择性渠道的比较

类 型	优 点	缺 点
独家渠道	市场竞争程度低；生产商与中间商的关系较为密切；适用于专用产品的分销	因缺乏竞争，用户满意度可能会受到影响；中间商对生产商的反控制能力较强
密集性渠道	市场覆盖率高；比较适用于快速消费品的分销	中间商之间的竞争容易使市场陷入混乱（如"窜货"），甚至会破坏企业的分销意图；渠道管理成本相对较高
选择性渠道	优、缺点通常介于独家渠道和密集性渠道之间	

（三）确定渠道的模式

设计数字化渠道时，除了考虑渠道的长度和宽度，还要考虑渠道的模式。按渠道成员相互联系的紧密程度和关联方式不同，渠道可以形成不同的分销模式，而数字化渠道则是在这些模式的基础上融入数字技术以提高模式运行效率。现今数字技术在渠道中的应用尚未普及，当企业需要了解组织中数字化渠道的模式时，首先应了解基本渠道模式，再参

考现有数字化渠道模式将渠道进一步升级改造。

1. 基本渠道模式

(1) 传统渠道模式。由于传统渠道模式的每个成员均是独立的,没有哪个成员拥有足以支配其他成员的能力,它们往往各自为政、各行其是,都为追求自身利益的最大化而激烈竞争,甚至不惜牺牲整个渠道系统的利益。

在传统渠道模式中,几乎没有一个成员能完全控制其他成员。传统渠道模式在中小企业中是最常见的。它不具备组织系统的实质,而只是在某一特定时间、特定地点、针对某一特定商品形成的即时性交易关系,不具有长期性、战略性,无法充分利用渠道的积累资源。

(2) 垂直渠道模式。垂直渠道模式是由生产商、批发商和零售商纵向整合组成的统一系统,是近年来渠道发展中最显著、效益最好的一种形式。垂直渠道模式中的渠道成员或属于同一家公司,或将专卖特许权授予其合作成员,或有足够的能力使其他成员参与合作,有利于控制渠道行动,消除渠道成员为追求各自利益所造成的冲突。

垂直渠道模式有三种主要形式。其一,公司式垂直渠道系统,即由一家公司拥有和管理若干工厂、批发机构和零售机构,控制渠道的若干层次,甚至整个数字化渠道,综合经营生产、批发和零售业务。其二,管理式垂直渠道系统,即通过渠道中某个有实力的成员来协调整个产销通路的渠道系统,如名牌产品制造商宝洁,以其品牌、规模和管理经验优势出面协调批发商、零售商的经营业务和政策,采取共同一致的行动。其三,契约式垂直渠道系统,即不同层次的独立的制造商和中间商,以契约为基础建立的联合渠道系统,如批发商组织的自愿连锁店、零售商合作社、特许专卖机构等。

(3) 水平渠道模式。面对一个新出现的市场机会,有时单个企业或因资本、生产技术、营销资源不足,无力单独开发市场;或因惧怕承担风险;或因与其他企业联合可实现最佳协同效益,因而组成共生联合的渠道系统,这便是水平的渠道系统。

这种联合,可以是暂时的或是永久的,也可以是联合创办一家新的独立的企业,国外称其为共生营销,这是在同一层次的若干生产商之间,或若干批发商之间,或若干零售商之间采取的横向联合经营方式。国外企业进入中国市场通常采用这种方式,寻求合适的企业进行合资,借助中方企业的营销资源和优势推销它们的产品。

(4) 多渠道营销模式。多渠道营销模式是对同一或不同的细分市场,采用多条渠道的分销体系。例如,美国通用电气公司不但经由独立的零售商(百货公司、折扣商店),而且直接向建筑承包商销售大型家电产品。

多渠道营销模式大致有两种形式:一种是生产商通过两条以上的竞争性数字化渠道销售同一商标的产品;另一种是生产商通过多条数字化渠道销售不同商标的差异性产品。此外,还有一些公司通过同一产品在销售过程中的服务内容与方式的差异,形成多条渠道以满足不同消费者的需求。

多渠道营销模式为制造商提供了三个方面的利益:扩大产品的市场覆盖面、降低渠道成本和更好地适应消费者的要求。但该系统也容易造成渠道之间的冲突,给渠道控制和管理工作带来更大难度。随着经济的发展,会有很多细分市场供生产商选择,生产商将会越来越多地采用多渠道营销模式。

2. 数字化渠道模式

根据数字技术在实际渠道设计中的应用情况,数字化渠道模式可大致分为平台型模式、全链路连接型模式、BC 一体化运营模式等。其中,平台型模式主要表现在借助数字技术,行业龙头和大型企业都有了自己的订单系统,如 B2B 系统等;同时仓配系统也开始转向平台化,拥有自己的仓配系统,充分发挥数字平台的规模优势与集成配送优势。全链路连接型模式即全渠道环境全部在线模式,渠道环节包括生产商、经销商、零售商与用户,即"三方一体"的 F2B2B2C 连接模式。这类模式结合了产业链与互联网,从批发到零售,全程贯通,打造出了一个中心化+分布式数字化体系。BC 一体化运营模式即 BC 一体,线上线下融合,厂、商、店三方共享用户,在传统渠道基础上,将本来各管一段交易系统的厂、商、店三方形成数字化一体,同时在利益分配时选择按流量分配而不是交易分配,即"流量分润体系"。这是数字技术与渠道结合的典型,极大地提高了渠道运营效率。

总之,数字化渠道是在基本渠道的基础上建立和发展起来的,不同的企业可以选择不同的数字化渠道模式,同一企业在不同的发展时期也可以选择不同的数字化渠道模式,选择的关键在于数字化渠道的模式是否适合该企业,是否有利于该企业的发展。

▶ 二、界定渠道等级层次

数字化渠道可能包括企业(生产商)、一级批发商、二级批发商、零售终端等多个中间环节,各渠道成员的地位也不尽相同,它们分别扮演以下角色。

▌（一）渠道领袖

渠道领袖是指在一条数字化渠道中发挥领导作用的企业或组织。渠道领袖通常是渠道的主宰。微软、沃尔玛、通用等实力很强的企业往往扮演着渠道领袖的角色。渠道领袖的职责通常包括制定标准、寻找渠道成员、制定渠道运作规划、负责解释渠道运作规则、为渠道成员分配任务、监控渠道成员以及优化渠道。

▌（二）渠道追随者

渠道追随者是渠道的核心成员,它们参与渠道决策,是渠道政策的主要实施者、渠道领袖的忠诚追随者和助手、渠道资源的主要受益者、现有渠道格局的坚决维护者。渠道追随者往往是一些与渠道领袖一同创业的"兄弟",可能为企业的发展、壮大立下了汗马功劳。但是,作为现在渠道游戏规则的主要受益者,它们往往不希望渠道格局发生剧烈变化。因此,它们往往是渠道创新的最大障碍。

▌（三）力争上游者

力争上游者同样是渠道的主要成员,但与渠道追随者相比,它们处于核心层之外。因此,立志成为核心渠道成员是它们追求的目标之一。在渠道运作中,力争上游者具有如下特点:能严格遵守渠道政策与规则;不易获得渠道的主要资源;与渠道领袖谈判能力较弱。力争上游者往往希望通过自己的努力和为渠道多做贡献来获得渠道领袖的青睐,渠道决策层应将渠道优惠政策尽可能向它们倾斜。力争上游者经常会为渠道提供合理化建议，是渠道的创新者。

（四）拾遗补阙者

拾遗补阙者分布于主流渠道之外，其主要特点如下：数量众多，无权参与渠道决策，缺乏参与热情；经销小批量商品，承担边缘市场分销任务；谈判能力最弱，能够遵守渠道规则。

（五）投机者

投机者非渠道固定成员，徘徊于渠道边缘，其特点如下：以获取短期利益为行动准则，有利便进，无利则退；缺乏渠道的忠诚度，是否遵守渠道规则视收益情况而定。对此类成员，企业须提高警惕：渠道顺畅之时问题不大，一旦有危机，它们极有可能反戈一击，出卖渠道的利益。

（六）挑战者

挑战者是渠道的最大威胁者，它们往往试图通过发展全新的渠道运作理念来代替现有模式。在消费者眼里，挑战者是受欢迎的，但既得利益集团会企图阻止挑战者的创新行为。挑战者的"破坏"行为如果成功，往往会引发一场"革命"，使整个渠道发生翻天覆地的变化。

▶三、明确渠道成员职能

不同的渠道成员在渠道体系中承担着不同的任务，为此，生产企业必须根据渠道成员的特点以及功能定位明确其在渠道体系中的职责。一般来说，在渠道体系中，渠道成员的主要职能包括以下几个方面。

（1）销售包括铺货、促销、陈列、理货、补货、开发客户、市场推广等销售职能。

（2）广告包括广告策划、广告预算、媒体选择、广告发布、广告效果评价等传播职能。

（3）实体分销包括订货、订单处理、送货、提货、运输、库存等职能。

（4）财务包括融资、信用额度、保证金、市场推广费、折扣、预付款、应收款等职能。

（5）渠道支持包括经销商选择、职责分配、培训、技术指导、店面指导、售后服务、市场调研、信息交流、协调渠道冲突、经验研讨、产品创新、紧急救助等职能。

（6）客户沟通包括需求调研、客户接触、产品推介、消费咨询、客户回访、意见处理、产品维修、处理退货、客户档案建立与管理等职能。

（7）渠道规则包括合同管理、信誉保证、经销商利益保障、谈判、实施、监控、执法、渠道关系调整、品牌维护等职能。

（8）奖惩包括制定标准、额度、等级提升、优惠政策倾斜、特权授权、处罚、申诉等职能。

▶四、评估数字化渠道方案

企业一般会确定几种备选渠道方案,并从中选取一个最能实现企业长期目标的数字化渠道方案。这就需要从经济性、可控性和适应性三个方面来评估。

(一)经济性评估

生产商生产经营的动机在于追求经济利益的最大化,因此,对不同的渠道方案进行评价,首先应进行经济性评估,即以渠道成本、销售量和利润来衡量渠道方案的价值。

(1)考虑哪一方案可以产生更多的销售量。有人说企业的销售队伍可以产生更多的销售量,也有人讲利用代理商可以增加销售量。实际上,两种情况都是存在的,为什么呢?因为不同情况有着不同的条件与背景。

(2)评估不同渠道结构在不同销售量下的分销成本。一般来说,当分销量较小时,利用企业销售队伍进行分销的成本高于利用中间商的成本。随着销售量的增加,企业的销售队伍成本的增加率低于中间商成本的增加率,当销售量增加到一定限度时,利用中间商的成本就会高于利用企业销售队伍的成本。

(3)比较不同渠道结构下的成本与销售量。由上一步可知,直接渠道与间接渠道下不同的销售量存在不同的销售成本,而渠道的设计又不能经常进行变动,所以企业应该首先预测产品的销售潜力,然后根据销售潜力的大小确定直接渠道与间接渠道的成本。在预期销售量确定的情况下,选择成本最小的渠道结构。

(二)可控性评估

产品的流通过程是企业营销过程的延续,从生产商出发建立的数字化渠道,如果生产商不能对其运行有一定的主导性和控制性,数字化渠道中的物流、商流、促销流、信息流、付款流就不能顺畅、有效地进行。因此,评估渠道方案,还要兼顾对渠道控制能力的评估。一般来说,采用中间商可控性较小,企业直接销售可控性较大;数字化渠道长则控制难度大,数字化渠道短则控制较容易。企业必须进行全面比较、权衡,选择最优方案。

由于中间商是一家独立的商业企业,它只对如何使本企业的利润最大化感兴趣,故利用中间商会产生更多的控制问题。中间商可能会把精力集中在那些从商品组合角度(而不是从对特定的生产商的产品角度)来说最重要的客户身上。另外,中间商的销售人员可能没有掌握有关企业产品的技术细节,或者不能够有效地运用企业的促销材料。

对数字化渠道的适度控制,是确立企业竞争优势的重要武器。在市场环境迅速变化和竞争日趋激烈的情况下,很多企业的生存发展情况在很大程度上取决于其数字化渠道系统的协调与效率,以及能否更好地满足最终消费者的需求。可以说,如果企业不能对数字化渠道进行有效的管理和控制,就无法有效地保护现有市场和开拓新市场,也无法获得比竞争对手更低的成本,无法获得创造具有独特经营特色的竞争优势。

（三）适应性评估

生产商是否具有适应环境变化的能力，与其建立的数字化渠道是否具有弹性密切相关。每个渠道方案都会因生产商某些固定期间的承诺而失去弹性。例如，当某生产商决定利用中间商推销产品时，可能签订 5 年的合同，这段时间内即使采用其他销售方式更有效，生产商也不得任意取消与中间商的合作。因此，生产商在选择和设计数字化渠道时必须考虑数字化渠道的环境适应性和可调整性问题。

企业与数字化渠道成员常常有一个较为长期的合作关系，并通过一定的形式固定下来。这种长期经销的约定会使渠道失去调整与改变的灵活性。如何实现稳定性与灵活性的统一，就是渠道设计者要考虑的适应性标准。从趋势上看，由于产品市场变化迅速，渠道设计者需要寻求适应性更强的渠道结构，以适应不断变化的营销战略。

▶五、选择渠道方案

在对数字化渠道备选方案进行评估后，生产商需要根据企业自身的实际，选择适合的数字化渠道方案。选择适合的数字化渠道方案的方法有财务法、经验法、平行系统法。

（一）财务法

财务法包括财务评估法和交易成本分析法两种。

1. 财务评估法

财务评估法是兰伯特在 20 世纪 60 年代提出的一种方法。他指出，财务因素是决定选择何种渠道结构的最重要的因素。这种方法需要比较使用不同的渠道结构所要求的资本成本，以得出的资本收益来决定最大利润的渠道。这种方法提出了财务因素在渠道设计中的重要性，渠道投资与渠道收益的测算符合经济性原则。但是，这种方法难以实际操作，完全理想的财务预算方法寻找困难，成本及收益测算不易。

2. 交易成本分析法

交易成本分析法最早由威廉姆森提出。这种方法的重点在于企业要完成其数字化渠道任务所需的交易成本。交易成本分析法的经济基础是：成本最低的结构就是最适当的分销结构，其关键就是找出渠道结构对交易成本的影响。在交易成本分析法中，威廉姆森将传统的经济分析与行为科学概念以及由组织行为产生的结果综合起来，考虑渠道结构的选择问题。因此，交易成本分析法的焦点在于企业要达到其分销任务而进行的必需的交易成本耗费。交易成本主要是指分销中活动的成本，如获取信息、谈判、监测经营以及其他有关的操作任务的成本。

为了达成交易，需要有特定的交易资产。这些资产是实现分销任务所必需的，包括无形资产与有形资产。无形资产是指为销售某个产品而需要的专门知识和销售技巧；有形资产包括销售点的有形展示物品、设备。如果需要的有形资产很多，那么企业就应该倾向于选择一个垂直一体化的渠道结构；如果需要的有形资产不多（或许这些资产有许多其他用途），特定交易成本不高，生产商就不必担心将它们分配给独立的渠道成员。如果这些独立的渠道成员的索要条件变得太高，那么可以非常容易地将这些资产转给那些索要条件比较低的渠道成员。

交易成本法的重点在于企业要完成其分销任务所需的交易成本。从根本上讲,交易成本与完成诸如信息收集、洽谈、监督表现等任务所需的成本相关联。企业需要交易特定资产,包括一系列有形资产和无形资产。例如,产品销售,终端设计是有形资产,服务及品牌塑造是无形资产。交易特定性显著,说明资产需要高投资,在渠道外产生的价值极少,甚至没有。因此,企业可以依靠自身完成销售任务,采取垂直组合的渠道结构。如果独立的渠道成员控制了绝大多数或所有交易特定资产,就会提升其渠道控制性,提高企业的交易成本。如果该交易特定资产的管理要求低,则企业可以将其分配到渠道成员中。

交易成本法是一种新颖的渠道设计选择方法,但是,在实用性上存在以下局限。

(1)只涉及总体渠道结构中的两个相对独立的部分。

(2)过分强调投机行为和谋求私利。

(3)资产特定性难以界定。

(4)只考虑了一种因素。

(二)经验法

经验法是指依靠管理上的判断和经验来选择渠道结构的方法,主要包括权重因素记分法和直接定性判定法。

1. 权重因素记分法

由科特勒提出的权重因素记分法是一种更精确地选择渠道结构的直接定性方法。这种方法使渠道管理者在选择渠道结构的判断过程中更加结构化和定量化,其基本步骤如下。

(1)列出影响渠道选择的相关因素。

(2)每项决策因素的重要性用百分数表示。

(3)每个渠道选择依各项决策因素按1~100的分数打分。

(4)通过权重(A)与因素分数(B)相乘,得出每个渠道选择的总权重因素分数(总分)。

(5)将备选的渠道结构总分排序,获得最高分的渠道选择方案即为最佳选择。

2. 直接定性判定法

直接定性判定法是渠道管理者根据个人的经验对数字化渠道的选择直接做出判断。在进行渠道选择的实践中,这种定性的方法是最粗糙但也是最常用的方法。使用这种方法时,管理者根据他们认为比较重要的决策因素对结构选择的变量进行评估。这些因素包括短期与长期的成本及利润、渠道控制、长期增长潜力以及许多其他因素。有时这些因素没有被明确地界定,它们的相关重要性也没有被清楚地界定。然而,从管理层的角度看,选出的方案是最适合决策因素的内、外在变量。

经验法也使渠道设计者能将非财务标准与渠道选择相结合。非财务标准包括对特定渠道的控制程度及渠道的信誉等,可能是非常重要的因素。在直接量化决策方法中,这些因素都是隐性的;而在权重和因素分析中,控制程度及信誉可作为明确的决策因素,并且通过高权重表示其相对重要性;即使在分销成本方法中,非财务因素,如控制程度和信誉,也只能通过经验做出判断。

（三）平行系统法

平行系统法是由阿斯平沃尔在 20 世纪 50 年代末提出的,这种方法主要强调产品特性在渠道结构设计中的重要性。产品特性主要包括:更新率,即消费者购买和使用频率;毛利,投入成本和销售价格差额;调整,即配套服务;消费期,即产品生命周期;搜寻期,即对零售店间的平均间隔距离与所费时间的计量。根据上述五大特性,可以将产品分为红色产品、橙色产品和黄色产品。根据一般规律,红色产品适合长渠道,橙色产品适合中渠道,黄色产品适合短渠道。

平行系统法对渠道设计者的主要价值在于,它提供了一系列描述产品特性与渠道结构关系的方法。由此,渠道设计者可以更好地处理各项重要的产品因素。这种方法的问题在于,它过分强调了产品特性对渠道结构的决定性作用,对其他因素考虑不足。在实际应用中,获取相关信息方面所存在的问题往往导致对产品特性的判断不够准确。

基本概念

市场覆盖率　渠道控制度　产品数量　等待时间　空间便利　财务评估法
交易成本分析法　权重因素记分法　直接定性判定法

思考题

1. 数字化渠道设计应遵循哪些原则?
2. 数字化渠道设计的方向是什么?
3. "以客户需求为导向"的数字化渠道设计的一般程序是什么?
4. 如何明确数字化渠道成员的职能?
5. 如何进行数字化渠道的评估与选择?

案例分析

龙牌酱油的渠道设计

一、调味品行业传统渠道结构分布情况

调味品行业的客户类型主要包括家庭、餐饮业、食品加工业,需求量占比分别为 30%、40%、30%。其中,家庭作为主要的消费主体,对调味品的购买终端既有现代渠道模式,如网购,又有传统渠道模式,如商超。目前,国内调味品企业正处于渠道网络扩张阶段。例如,调味品生产企业海天已形成比较完善的渠道网络体系。海天 2021 年年报显示,公司在全国范围内设有 5 个营销中心、20 个销售大区、110 多个销售部、350 多个销售组或销售办事处,建立起 2 100 多家经销商、12 000 多家分销商/联盟商的销售客户网络,网络覆盖31 个省级行政区域,320 多个地级市,2 000 多个县份市场,产品遍布全国各大连锁超市、

各级批发农贸市场、城乡便利店、零售店,并出口全球 80 多个国家和地区。

二、调味品电商新渠道

越来越多的调味品品牌开始开拓线上渠道,希望通过新的消费场景来触达更多的消费者。例如,京东超市入驻的调味品品牌已超过 1 000 家,并以年复合增长率超过三位数的速度高速增长,超过 20 个品牌年交易额超过 2 000 万元。总体来看,目前调味品线上(电商)销售额仅占全部销售的 1.5%,相对于粮油、饮料等快消品类而言,调味品的单价低、购买频次低、平均购买量小且属于捎带购买产品,虽然业内有不少品牌通过开设网上旗舰店或自建电商平台进行网络营销,但受制于包装、物流等因素,实际销售效果不温不火。

三、龙牌渠道优化思考

1. 现状

龙牌食品股份有限公司(以下简称"龙牌")成立于 2011 年,2019 年经股权改造变更为国有和民营共同参股、民企控股的混合所有制股份有限公司。龙牌 2011 年被评为"湖南省农业产业化龙头企业",2018 年 12 月被评为"高新技术企业",主打产品龙牌酱油有 280 年的传统酿造工艺,具有深厚的历史底蕴,是国家商务部认定的"中华老字号"。龙牌最初发展的十年间,以传统渠道模式为主,依托批发市场与商超进行产品分销,2013 年销售额约为 1.7 亿元,2014 年销售额下降至 1.2 亿元左右,2015 年至 2018 年保持为 1 亿元左右。由此可见,龙牌的销售业绩处于连续多年下降状态。与此同时,原料成本、人力成本、营销成本又逐年上涨。在此情境下,扩大销售量、提升盈利能力成为亟须解决的问题。

2. 困境

新厂投入,产量翻倍,现有销售通路面临困境,销量稳中有降,对于经销模式认可和创新,销售队伍不太理想,团队整体素质急需提升。同时,龙牌经销商在与超市负责人沟通时积极性不够,导致龙牌产品往往错失了优势的摆放位置,新产品也往往不能大规模上架及促销;龙牌产品在产品宣传方式上有待创新,搭配销售、改善产品包装都值得进一步学习;龙牌在夺取年轻消费主力的关注度上做得不够,还未培养出新一代的"龙牌迷"。

资料来源:海天味业怎么了?——2021 年报分析之二. https://xueqiu.com/4825443079/218331039.

问题:

1. 龙牌渠道是否需要优化调整?
2. 龙牌渠道优化调整的方向是什么?

第五章　数字化与渠道模式

▌学习目标▐

渠道模式体现了生产企业与分销商之间的合作关系，是渠道体系结构运行的内在机制，直接影响渠道体系的效果及效率。从企业实际的经营活动来看，数字化对渠道模式产生了多方面的影响。因此，要全面了解数字化对渠道模式的影响，深刻理解和掌握数字化渠道模式的含义及分类。

通过本章的学习，掌握以下知识：

- 了解渠道模式的内容与特点；
- 熟悉数字化对渠道模式的影响；
- 掌握数字化渠道模式的含义及分类。

▌素质目标▐

通过本课程的学习，培养学生的创新思维，提高学生的创新能力，使其打破传统渠道模式的束缚，推动数字技术与渠道模式的融合，成为具有远瞻精神和领袖潜质的数字化渠道模式专业人才，持续优化数字化渠道模式，共创更加繁荣、公正和可持续的社会经济环境。

第一节　渠道模式

任何一条渠道体系都包括若干成员，它们共同努力完成商品的流通过程。这些成员的关系状况就表现为渠道模式。按渠道成员相互联系的紧密程度，渠道模式可以分为传统渠道模式、现代渠道模式和新型渠道模式。

▶一、传统渠道模式

传统渠道模式中各成员之间是一种松散的合作关系，以买卖交易为核心，以追求各自利益最大化为目标。某些情况下，渠道成员之间为追求自身利益最大化而进行激烈竞争，甚至不惜牺牲整个渠道系统的利益，最终使整个渠道效率低下。这种渠道关系表现为松散式、简单式、买卖式。麦克·康门把传统渠道模式描述为："高度松散的网络，其中制造商、批发商和零售商松散地联系在一起，相互间进行不亲密的讨价还价，对销售条件各持己见，互不相让，所以各自为政，各行其是。"

（一）传统渠道模式的优点

从严格意义上来讲，松散型渠道关系还算不上一种较为定型的模式，但对实力较弱的中小企业来说，参与其中要比单枪匹马、独闯天下强得多。传统渠道模式具有以下优点。

（1）渠道成员有较强的独立性，无太多义务需要承担，谁都可以凭借实力谋求"老大"位置。

（2）进入或退出完全由各个成员自主决策，根据形势需要可以自由结盟。

（3）由于缺少强有力的"外援"，促使企业不断创新，增强自身实力。

（4）中小企业由于缺乏知名度、财力和销售力，在进入市场时可以借助这种模式迅速地成长，拓宽市场范围。

当然，想要做大做强的企业，就不应满足于这种松散的市场交易方式，而应该积极地构建更稳定、更持久、更可靠的关系网络体系，因为松散型渠道关系缺乏渠道整体运行目标引导，难以形成渠道合力。

（二）传统渠道模式的缺点

传统渠道模式具有以下缺点。

（1）临时交易关系，缺乏长期合作的根基。

（2）成员之间的关系不涉及产权和契约关系，不具有长期性、战略性，无法充分利用渠道积累资源。

（3）渠道成员对安全保障机制易盲目信任。

（4）渠道安全系数小，缺乏有效的监控机制，渠道的安全性完全依赖成员的自律。

（5）没有形成明确的分工协作关系，广告、资金、经验、品牌、人员等渠道资源无法有效共享。

（6）缺少渠道建设的积极性，渠道成员最关心的是自身利益能否实现及商品能否卖得出去或者能否卖高价，而较少考虑渠道的长远发展问题。

要克服上述缺点，企业运作的关键就是要加强控制能力，不断积聚力量，使众多的企业自觉地向自己靠拢。

（三）传统渠道模式的适合范围

比较适合选择传统渠道模式的企业有以下两种。

1. 小型企业

小型企业资金实力有限，产品类型与标准处于不稳定状态，不适合采取固定的分销系统形式。例如，小型企业今年生产服装，明年就有可能生产床垫；今年卖米面，明年有可能卖蔬菜，必然要求渠道灵活变化。

2. 小规模生产企业

小规模生产企业由于产品数量太少，不可能形成一个稳定的分销系统。因为大分销商不会与一个经营规模相差悬殊的企业形成紧密型关系，而小分销商也常常寻找与大生产商合作。在市场营销不发达的时期，传统渠道模式非常流行，在生产较为分散的日常用品、小商品生产领域,也普遍采用传统渠道模式。

▶二、现代渠道模式

（一）公司型垂直渠道模式

1. 公司型垂直渠道模式的内涵

公司型垂直渠道模式也称产权型垂直渠道模式或"刚性"一体化渠道模式。所谓公司型垂直渠道模式,是指一家公司通过建立自己的销售分公司、办事处或通过实施产供销一体化及横向战略而形成的一种关系模式。公司型渠道关系是渠道关系中最为紧密的一种,是制造商、经销商以产权为纽带,通过企业内部的管理组织及管理制度建立起来的。相对于松散型和管理型渠道关系而言,公司型渠道关系根基更为牢固,这与它所采取的"步步为营"的渠道拓展战略有关。

2. 公司型垂直渠道模式的方式

企业可以通过以下两种方式建立公司型垂直渠道关系。

（1）制造商设立销售分公司、建立分支机构或兼并商业机构,采用工商一体化的战略而形成的销售网络。

（2）大型商业企业拥有或统一控制众多制造性企业和中小商业企业,形成贸工商一体化的销售网络。相对于前者,贸工商一体化具有更为强大的信息及融资优势。

3. 公司型垂直渠道模式的优点

（1）行动一体化,在公司型渠道关系中从生产到销售的各个环节都在总公司的严密控制之下,统一指挥,公司的经营战略能够很好地被贯彻,减少了渠道变动的成本和风险。

（2）品牌统一化,有利于树立统一的公司形象。

（3）最大限度地接近消费者。

（4）将市场交易成本内部化,减少了流通环节,节省了成本。

（5）摆脱大零售商的控制。

4. 公司型垂直渠道模式的缺点

（1）制造商的控制范围有限。

（2）销售渠道体系稳定后,创新性不足。

（3）零售店缺乏独立性。

（4）渠道管理成本增加。

（5）渠道矛盾增加。

（二）管理型垂直渠道模式

1. 管理型垂直渠道模式的概念

管理型垂直渠道模式,是指以某一家规模大、实力强的企业为核心,由处于价值链不同环节的众多企业自愿参与而构成的,在核心企业的控制下运作的渠道系统。管理型垂直渠道模式是由相互独立的经营实体构成的,渠道成员之间存在着紧密的联系和共同协调。渠道领袖对其他渠道成员进行分销计划管理。分销计划是一个专门管理制造商和分销商共同需求的垂直分销系统计划。

2. 管理型垂直渠道模式的特点

（1）系统会形成一个核心。管理型垂直渠道模式形成的基础是将规模大、实力强的企业作为系统核心，分销策略、规划、方向都出自这个核心，各个渠道成员围绕着这个核心从事各种各样的分销活动，自然地构成一个相对紧密、团结互助的分销系统，与松散型的渠道相比，有更高的分销效率。

（2）渠道成员之间的关系相对稳定。无论是渠道关系，还是渠道系统，一旦建立之后，最好都保持相对的稳定性，除非到了非改不可的程度。因为每一次渠道的调整与变革都会带来一些损失，甚至出现渠道阻塞。管理型垂直渠道模式是围绕着一个核心企业建立的，核心企业对每一个渠道来说，都有一定的信誉度和盈利能力，形成了一种互相依存的平衡关系，只要核心企业没有发生大的变化，就会保持相对稳定的成员关系。

（3）渠道成员的目标趋于一致。管理型垂直渠道由多个环节组成，整体分销效率的高低不仅取决于每个成员的分销效率，更取决于每个成员之间的合作效率。在传统的松散型渠道模式中，各个成员都在追求自己利益的最大化，最终导致整条渠道效率受到影响，使每个成员无法实现利益最大化。管理型垂直渠道模式的效率，不是以个别成员和短期收益为标准，而是以全体成员和长期收益为标准，以此来保证各成员都实现利益最大化。

（4）实现社会资源的有机组合。并不是每一种产品和服务都适合由制造商自己投资建立分销网络的方式，因为这样可能会增加投资风险，陷入多元化发展的泥坑，使产品的分销范围变小。聪明的银行家是用别人的钱来赚钱，聪明的商人也应学会用别人的网络来分销自己的产品，这样会化解一部分分销风险。管理型垂直渠道模式，就是利用他人网络分销产品，而渠道各成员背靠大企业之树也可获得稳定的业务。

3. 管理型垂直渠道模式的要素

（1）龙头企业。由于成员之间没有所有权关系，所以龙头企业必须具备强大的资源、市场影响力和管理协调能力，并正确运用自己的影响力。龙头企业可以是制造商企业，也可以是中间商企业。

（2）组织体系。需要由生产、营销、物流、广告、分销等各个环节形成一个高效运行的组织体系。

（3）营销策略。由龙头企业供应商品、统一规定价格、统一促销策略等。

4. 管理型垂直渠道模式的特征

（1）渠道成员的地位相差悬殊。在管理型分销模式中，通常存在一个或少数几个核心企业，这些企业由于拥有强大的资产实力、生产规模、良好信誉及品牌声望，在渠道体系中具有优越的地位，对其他网络成员具有巨大的影响力。正因为如此，一批中间商愿意接受核心企业的指导，成为渠道成员，围绕核心企业及其产品开展分销活动。

（2）渠道成员具有相对的独立性。渠道各成员在产权上是相互独立的实体，他们都有自己的物质利益。为此，核心企业可以避免公司型分销模式构建渠道需要巨大投资和渠道灵活性差的问题。

（3）渠道成员间的关系相对稳定性。管理型渠道模式成员的关系是建立在由核心企业统一管理和协调的分工协作基础上的，在遵从核心企业的管理、协调和指导的前提下，能形成较高程度的合作关系、统一的分销目标和共享的信息资源,使渠道具有相对稳定性。

(4)分销目标趋向协调。由于核心企业的影响以及各成员关系的稳定,成员间的利益目标由分散、相互矛盾的个体利益最大化,转向渠道的长期利益最大化,各成员的利益目标服从于整体利益最大化的目标。

5. 管理型垂直渠道模式的优点

(1)对核心企业和其他生产企业而言,管理型垂直渠道模式能极大地提高产品的销售量和盈利能力;避免或降低了企业间的竞争;生产和分销规模扩大,规模经济效益显著,并可持续、稳定、有计划地进行促销活动;便于控制和掌握各种分销机构的销售活动,极大地方便了生产调度和库存管理。

(2)对各种分销商而言,管理型垂直渠道模式能及时、充分地获得商品的供给;更好地安排经营资源;减少库存商品及资金占用;获得生产商的质量保证和各种服务;学到核心企业的管理经验。

(3)管理型垂直渠道模式产生的一个重要原因是它比生产商自己的销售队伍具有更高的效率。目前,许多行业分销商已经足以管理渠道,他有足够的经济力量来独立行动,而不是作为生产商销售力量的延伸;他们在营销战略、协同宣传、物流管理等方面比生产商更有能力;他们拥有一流的信息系统,具备强大的金融能力和分销能力。

(三)合同型垂直渠道模式

1. 合同型垂直渠道模式的概念

作为"柔性"一体化渠道模式的一种形式,合同型垂直渠道又称契约型渠道,是指生产商与分销商之间通过法律契约来确定分销权利与义务关系,形成一个独立的分销系统。它与公司型垂直渠道的最大区别是成员之间不形成产权关系,而与管理型垂直渠道的最大区别是用契约来规范各方的行为,而不是用权利和实力。合同型纵向分销系统的成员有不同的目标,存在一些为内在目标服务的正式组织,但其决策的制定是从内在结构顶端做出的,并得到渠道成员们的认可。合同系统中的成员虽然独立运作,但通常会同意承担某一部分的渠道功能。在这种渠道中,存在系统稳定的标准。可见,合同型系统的内部结构比管理型系统更为紧密。

2. 合同型垂直渠道模式的优点

(1)系统建立容易。对许多生产企业来说,自己投资组建渠道系统并非一件容易的事,同时涉及产权关系的兼并、收购,也相对复杂。合同型垂直渠道模式则是在不改变各方产权关系的基础上实行的一种合作,并用契约这种"胶合剂"使其稳定化,是建立渠道系统的一种快速而有效的方法,组建成本较低。

(2)系统资源配置较优化。合同型垂直渠道模式可以实现较优化的资源配置,使有钱的人出钱、有经验的人出经验、有场地的人出场地。这不是通过新增加生产资料而增加社会财富,而是对现有社会资源进行排列组合,通过这种排列组合实现最优的效益和"1+1>2"的效果,最终由社会和系统各成员分享。

(3)系统具有灵活性。随着生产、消费和渠道本身的变化,必然会引起企业自身分销系统的调整。由于合同型垂直渠道模式不涉及产权关系,调整起来相对容易,变更起来也具有一定的灵活性,可以及时修改和补充契约的有关条款,以适应不断变化的市场和分销要求。

3. 合同型垂直渠道模式的类型

(1)以批发商为核心的自愿连锁。在实践中,许多批发商将独立的零售商组织起来,批发商不仅为零售商提供各种货物,还在许多方面提供服务,如销售活动的标准化、共同店标、订货、共同采购、库存管理、配送货、融资、培训等。这种分销网络往往集中在日杂用品、五金配件等领域。这种自愿连锁和一般连锁商店的差异在于以下几点:一是独立性不同,自愿连锁是若干个独立的中小零售商为了和连锁商店这种大零售商进行竞争而自愿组成的联营组织,参加联营的各个中小零售商仍然保持自己的独立性和经营特色,而连锁商店则隶属于一个大零售公司,在经营上要服从总部的指导;二是职能不同,自愿连锁实行联合采购分别销售,即联购分销,执行的是批发职能,而连锁商店的总公司虽设有批发机构,但其本身是零售组织;三是目的不同,自愿连锁通常由一个或一个以上独立批发商倡办,通过帮助与其有业务往来的一群独立中小零售商组成自愿连锁,统一进货推销其经营的产品,从而达到与大制造商、大零售商竞争,维护自身利益的目的。

(2)零售商合作社。在这一网络中,网络成员通过零售商合作社这一商业实体进行集中采购、共同开拓市场、共同广告策划。成员间最重要的合作是集中采购,这样可获得较大的价格折扣,所得利润按采购比例分配。相对于以批发商为核心组织起来的销售网络,这种关系网络成员间的联系程度要松散一些,合作事项也少一些。

▶三、新型渠道模式

▌(一)水平渠道模式

1. 水平渠道模式的概念

水平渠道模式又称共生型营销渠道关系,是指由两个或两个以上成员联合在一起,共同开发新的营销机会,其特点是两家或两家以上的企业横向联合形成新的机构,发挥各自的优势,实现分销系统有效、快速地运行。例如,可口可乐公司和雀巢咖啡公司合作,组建新的公司,雀巢公司以其专门的技术开发新的咖啡及茶饮料,然后交由熟悉饮料市场分销的可口可乐公司销售。

2. 水平渠道模式的类型

(1)生产商水平渠道模式。生产商水平渠道模式是指同一层次的生产企业共同组建和利用的渠道,或共同利用的服务及维修网、订货程序系统、物流系统、销售人员和场地等。例如,2003年年末,由格兰仕牵头,全国11家知名家电生产企业加盟,在北京推出了一项联合促销计划——消费者购买联盟内任一企业的任一产品,均可获赠优惠券,消费者凭优惠券到指定地点购买产品,可享受与优惠券同等面值的折扣。虽然这是"一场短命的联合促销",却是国内家电生产企业建立生产商水平渠道模式的一次尝试。

(2)中间商水平渠道模式。中间商水平渠道模式的组织表现形式为连锁店中的特许连锁和自愿连锁、零售商的合作组织等。连锁店中的特许连锁是指特许专卖授权者(批发商或服务企业)与接受者之间,通过契约或合同建立起来的一种连锁组织。连锁店中的自愿连锁即自愿加入连锁体系的商店。这种商店原已存在,并不是由连锁经营公司孵化成立的,也不符合"特许加盟条件",但为了借助连锁经营公司成熟的连锁经营体系以及经验,而申请成为连锁经营公司自愿加入。零售商的合作组织是由零售商自行组织且共同拥有、共同经营的批发组织。合作组织的会员零售商向合作组织购买大部分的货品,也共同制作广告,并依购买量分享利润。

(3)促销联盟合作渠道模式。促销联盟是指产品或业务相关联的多家企业,共同开展促销活动或其他有助于扩大销售的活动,主要形式有共同做广告、共享品牌、共享推销队伍和场所、交叉向对方的顾客销售产品、互相购买产品、共同开展营业推广和公关活动等。促销联盟能使多家企业共享资源,节省渠道成本,提高渠道效率。

根据联盟企业提供的产品或服务之间的关系,促销联盟合作渠道模式又可分为以下四种。

① 同类产品的促销联盟。例如,由同类产品共同举办的产品展销会、共同做品牌宣传广告等。这类促销联盟可以由企业自行组织,也可以由中介机构、行业协会组织。

② 互补产品的促销联盟。计算机与外置设备、相机与胶卷、洗衣机与洗衣粉等都属于互补产品。例如,小天鹅与广州宝洁公司曾建立促销联盟,在高校组建"小天鹅碧浪洗衣房"。

③ 替代产品的促销联盟。替代产品的促销联盟是一个由多家公司或品牌组成的联盟,旨在推广替代产品并提升其市场占有率。替代产品通常是指某一种商品或服务的替代品,它们可能更便宜、更环保、更健康、更持久或者拥有其他的优势。替代产品的促销联盟会联合推广这些替代产品,让消费者了解它们的优点,并鼓励他们在购物时选择替代产品。

④ 非直接相关产品的促销联盟。两种产品没有直接关系,但是两种产品都有以销售优惠为促销方式的意图,于是两家企业自愿联系在一起,一家企业的产品或服务成为另一家企业提供产品或服务时给予消费者的消费优惠。例如,可口可乐在做有奖销售时,以联想电脑的新款机型为奖品。

水平渠道模式的优点是通过合作实现优势互补和规模效益,节省成本,快速地拓展市场。但水平渠道系统也具有一定的缺陷,其合作有一定冲突和困难。因此,水平渠道系统比较适合于实力相当而营销优势互补的企业。

(二)合作渠道模式

大多数企业通常采用"企业+经销商"的方式运作市场。这种方式对有一定实力的企业是较为合适的,但对实力较弱的企业来说,完全依赖经销商,基本受制于自然销售,市场难以拓展。现实中,不少企业规模小、资金实力有限、管理水平低下,但在某些技术(产品)方面具有独特的优势。这些企业如何化技术(产品)优势为市场优势呢?

1."企业+经销商+广告商"合作渠道模式的内涵

(1)企业在某一特定区域(省级市场)选择一个合适的经销商,承担企业产品完全流向销售终端分销及费用。

（2）企业在该特定区域（与经销商相对应）选择一家合适的广告公司，承担企业产品的营销策划、广告宣传、推广促销工作及相应费用。

（3）企业提供产品，并以一定比例的销售收入（回款）向经销商支付返利，广告公司的收入一部分来自经销商，一部分来自企业以销售收入的固定比例支付的返利。

（4）成立产品专营小组，由企业派驻一名营销代表，广告公司派驻部分工作人员，经销商选定产品专营人员共同成立产品专营小组。企业营销代表负责产品推广指导、市场管理、厂商联络、监督回款等工作；广告公司的工作人员负责营销企划、产品推广等工作；经销商提供办公场所及仓储设施，并由指派的专营人员负责具体的业务洽谈、铺货、促销、回款等实施工作；产品专营小组采取经销商指导下的企业代表负责制，广告公司人员协助。

2."企业＋经销商＋广告商"合作渠道模式的特点

生产企业的产品优势、经销商的网络优势、广告公司的专业传播优势三者有机整合，形成优势互补、风险共担、利益共享的利益机制和约束机制，成立战略联盟，合作营销，共同开发市场。模式带有"前向一体化"的性质。

3."企业＋经销商＋广告商"合作渠道模式的条件

（1）政策的稳定性和长期性。这是三方合作的基石。合作渠道模式产生的作用和效果是长期的、累积式的，最大效果在于后期。短期行为、政策不稳、合同承诺不能兑现，将挫伤三方合作的积极性。保持政策的稳定性和长期性也不是一成不变的，可根据市场的发展变化对其做适当的调整，使之更趋合理，推动三方合作向前发展。

（2）合作的条件与标准。合格的经销商应具备合法的营业执照和固定办公场所及仓储设施；具备项目所需的专营资金；具备经营该产品类别的市场经验；具有使该产品覆盖终端网络的能力；经营者有稳健的经营风格和营销思想。评价经销商的标准是市场覆盖率、销售量、回款率、市场开拓进程等指标。合格的广告公司应具备合法的营业手续和从事广告传播的经验；对该市场有比较全面的了解和独特的见解，能够把握行业动态、时态、业态、市场趋势等；具有该产品类别成功的推广经验和个案；在行业内具有实力和声望。

（3）合作的利益机制和约束机制。这是合作的关键点。如何合理地分配三方的利润，如何采取有效的措施约束三方，前期投入如何部署，如何具体地安排分工与协作，如何界定业务范围，以及三方有一方被排除或退出合作如何应对等都需要关注，都必须在合作协议里加以明确。合作协议明确后，可采用类似独立公司的形式，进行单独的经营核算，也可采用其他简化形式，以投入计算成本，以产出计算利润。

（4）产品及价格。在该模式下，企业应该把"产品"和"价格"这两个"可控因素"控制好。根据不同的市场、同一市场不同阶段，进行科学的配货，保持合理的库存，以减少企业的资金占用。企业应设计合理的价格垂直体系和横向体系，严格管理返利、赠品和各项宣传促销费用的发放，避免窜货、盲目铺货等扰乱市场、侵害其他经销商利益的行为发生，否则会导致市场通路阻滞、销路不畅。

4."企业＋经销商＋广告商"合作渠道模式的利弊

合作渠道模式主要适用于市场及渠道资源匮乏的中小企业，是阶段性策略选择。该模式的优点是：①有利于企业迅速拓展市场；②有利于降低企业的渠道成本；③有利于减少企业的经营风险。该模式的缺点是：①生产企业的收益受到限制；②经销商、广告商选择较难；③三方合作机制具有不稳定性。

（三）"拉动式"供应链运作模式

1. "拉动式"供应链运作模式的内涵

目前，国际上有两种不同的供应链运作方式，一种称为"推动式"，另一种称为"拉动式"。"推动式"供应链运作方式以生产商为核心，生产商向供货商购买原材料生产产品，产品生产出来后从分销商逐级推向用户。在这种运作模式中，分销商和零售商都处于被动接受的地位，各个企业之间集成度较低，通常采取提高安全库存量的方法来应对市场需求的变动。"拉动式"供应链运作方式的原动力产生于最终用户，由用户的需求拉动上游的生产行为，进而拉动整条供应链。在这种运作模式中，供应链的集成度高，信息交换迅速，缓冲库存量低，能够实现对市场的快速反应。

2. "拉动式"供应链运作模式的特点

"拉动式"供应链运作模式以客户为中心，以市场需求为原动力，强调真正的客户导向。它将客户分为大客户和中小客户，大客户由一个部门专门负责，提供一对一的服务；中小客户由专门人员全程服务，满足客户多样化、个性化的需求。根据客户的需求，从采购服务逐步发展一系列的增值服务，并扮演简单代理商、增值代理商、贸易供货商、虚拟生产商等多种角色。

"拉动式"供应链运作模式的管理思想是企业核心能力要素组合优化的最佳实践。即使生产商自己拥有某个物流公司，但是对小批量短途运输，也是决定外包给当地最好的短途物流公司，而不是大包大揽。"拉动式"供应链运作模式只提供高附加值的前后价值链的产品和服务，绝对不自己生产产品，它强调供应商、生产商、零售商等能力要素互补，强调价值链的互补，是供应链和价值链交集思想的体现，是企业能力要素组合的体现，并且将企业的价值创造与成本交集网络化和系统化，构成了自己的竞争优势，几乎无人可以打破。

3. "拉动式"供应链运作模式的利弊

"拉动式"供应链运作模式主要适用于大中型企业，整合资源能力较强。该模式的优点是：①形成以"客户需求"为中心的体系；②有利于增强产品的核心竞争力；③有利于渠道体系的渗透。该模式的缺点是：①渠道成员之间合作的深度不够；②链条中大企业主导，利益分配不均；③中小企业进入门槛高和获得收益受到限制。

（四）共享渠道模式

2000年之后，随着互联网Web2.0时代的到来，各种网络虚拟社区、论坛开始出现，用户可在网络空间上向陌生人表达观点、分享信息。但网络社区以匿名为主，社区上的分享形式主要局限在信息分享或者用户提供内容（UGC），并不涉及任何实物的交割，大多数时候也不带来任何金钱报酬。2010年前后，随着Uber、Airbnb等一系列实物共享平台的出现，共享开始从纯粹的无偿分享、信息分享，走向以获得一定报酬为主要目的，基于陌生人且存在物品使用权暂时转移的共享经济。

1. 共享渠道模式的主要形式

（1）国外共享形式。Uber 虽没有一部车，却通过移动应用建造了一个共享经济的平台，打破了传统由出租车或租赁公司控制的租车领域。Airbnb 虽没有自己的房子，却能通过一个网站在全世界 192 个国家、30 000 座城市为旅行者提供 300 万套房间，而且都是各具特色的民宿。旅行意味着享受生活，在 Airbnb 平台上选择民宿或短租房，不仅价格比星级酒店更低廉，还能体验当地风土人情的特色。

（2）国内共享形式。中国的共享自行车市场中，以美团、青桔、哈啰为首的 15～20 家共享单车品牌共同组成了"彩虹家族"。共享办公空间方面，优客工场通过在一些租金较为便宜的地区租用楼面，并进行二次设计，将楼面设计为风格时尚、可定制且社交功能较齐全的办公空间，打破了原有的办公室整体租赁的习惯，按需出租工位，这种办公空间的共享因高效、低成本、便利化再次引领了当今共享经济的潮流。在共享餐饮方面，爱大厨、好厨师、烧饭等应用软件已纷纷上线，利用社区内闲暇中年人的烹饪能力共享家庭厨师，将菜肴以外卖的形式送到办公场所，类似邻里"搭伙吃饭"，比餐馆的价格更便宜，菜式更丰富，品质更安全。

2. 共享渠道模式的利弊

共享渠道模式的主要优点是：①极大地丰富和方便了个人生活；②是一个风口，不仅可以通过参与共享经济获利，还可以通过共享经济为自家产品引流；③有利于社会环境的优化；④还促进了政府的管理思维发展。

共享渠道模式的主要缺点是：①商业模式还不够成熟；②商业模式的创新有待提升；③消费者共享意识仍不足，共享消费环境的培育还有待于进一步加强。

第二节　数字化对渠道模式的影响

数字化对渠道模式的影响不可忽视。数字化作为一种科技手段，可以帮助企业改变渠道模式，提高生产效率、降低成本，并增强渠道管理能力。

▶一、数字化影响渠道模式的原因

（一）虚拟渠道的兴起

虚拟渠道的出现是数字化技术对渠道模式最明显的影响之一。数字化技术使企业所拥有的渠道变得更加多元化，可以通过电商平台、社交媒体、移动应用等渠道直接与消费者沟通，解决了传统渠道中的时间、空间和地域限制。虚拟渠道的运作模式相对实体店铺更加简单，可以降低企业的运营成本，也使产品的销售更加便捷和高效，为消费者带来更好的购物体验。通过互联网技术，消费者可以直接在电商平台上购物，而无须通过传统实体店获得商品。这就使电商平台变成了新的销售渠道，实体店和传统渠道不再是仅可选择的销售方式。

（二）数据化营销

数字化技术使企业可以用更加精准的方式定位和分析消费者需求，从而实现更加精准的营销活动。例如，通过社交媒体、移动应用等方式直接与消费者沟通，提供更加个性化的产品和服务。数据化营销主要是利用数字技术收集和分析消费者的历史数据和行为数据，从而更好地了解消费者的需求和行为习惯，实现精准的营销活动。数字化技术尤其在精准营销方面发挥了重要作用，包括通过社交媒体、广告投放平台等方式精准定位和推广产品。这种方式不仅可以为企业节省广告成本，而且可以与消费者建立更加紧密的关系，增强消费者对企业的信任度和忠诚度，从而提高销售转化率和收益。

（三）供应链数字化

数字化技术为供应链管理提供了更加便捷和高效的工具，也提高了供应链的透明度和可监控性，如智能物流、供应链管理系统等。从原材料供应到制造环节，再到销售和售后等环节都可以实现数字化的管理，利用数据进行分析和调整，大大提高了供应链的质量和效率。

（四）客户体验提升

消费者对购物的期望越来越高，他们希望可以随时随地地购买想要的产品，也希望可以获得更加优质、体贴的服务。数字化技术使企业可以更好地了解消费者需求，为消费者提供更加便利、快捷的服务，从而提高消费者的满意度和忠诚度。数字化技术使消费者能够更好地了解和体验产品，在购物、售后等方面更加便利和快捷，这为企业赢得了良好口碑和品牌形象，从而带来更多的销售机会。

（五）人机交互

人工智能等技术的发展，使人和机器之间的交互变得更加自然和智能，从而提供了全新的用户体验和销售渠道。例如，通过智能家居设备的语音控制购买产品，或通过智能音箱等设备实现在线客服。人机交互可使消费者通过语音、物体感应原理和脸部识别等方式直接与计算机进行交互，使消费体验更加便利和自然。

总之，随着数字化技术的不断进步，渠道模式也在不断变革和完善。企业只有不断研究数据和市场动态，把握不同的销售机会，不断营造良好的客户体验，才能在日益激烈的市场竞争中获得更大的优势。

▶ 二、数字化影响渠道模式的路径

当数字化技术逐渐成为企业发展的重要趋势之一时，企业应该认识数字化技术对渠道模式、市场营销和消费者体验的影响。数字化将会在服务、销售和经营模式等多个方面为企业带来革命性的变革，企业应该积极应对数字化变革，从而获得更大的市场竞争优势。

（一）数字化对渠道模式的影响

传统的渠道模式相对单一，在面对全新的消费者需求和购物习惯时，往往难以满足消费者的需求。数字化技术的出现，特别是电商平台和移动应用的普及，为企业开辟了新的销售渠道，也为消费者提供了多元化的购物途径。相对于传统实体店铺，数字化渠道不受地域、时间和空间的限制，使消费者可以更加方便地购物，扩大了企业的销售渠道和市场覆盖面。数字化对渠道模式产生了巨大的影响。数字化技术的发展使企业能够探索新的分销模式和渠道，以满足现代消费者的需求。数字化对渠道模式的影响主要体现在以下方面。

1. 电子商务的兴起

随着互联网的普及和电子商务的兴起，消费者可以在自己的计算机或手机上直接在线购物。这种销售方式省去了实体店的租金和其他一些成本，能够增加企业的销售额并拓展其客户群，由此构建了一种基于互联网的销售渠道。同时，一些电商平台如淘宝、京东，通过打造符合消费者需求的交互式平台，吸引了大量的消费者。

2. 社交媒体的使用

数字化技术使企业可以通过社交媒体与消费者直接互动。企业可以在社交媒体平台上发布广告，与消费者对话，及时了解消费者的反馈和意见，进行相关改进和调整。消费者可以通过社交媒体平台互相分享产品和服务的信息，从而扩大企业的影响力。企业通过社交媒体平台可以拓展业务，并与消费者建立更为紧密的联系。

3. 大数据的应用

大数据技术允许企业整合和分析海量数据，以便了解消费者的偏好和行为。企业可以通过大数据技术来追踪消费者的购买历史、偏好、交互行为等数据信息，并从中挖掘出市场机会的蛛丝马迹，发现消费趋势并将其转化为营销策略。大数据技术能够帮助企业在不断变化的市场环境中保持竞争力，并为消费者提供个性化的产品和服务。

电子商务、社交媒体和大数据技术是数字化对渠道模式影响的三个关键点，它们对传统的渠道模式造成了重大的冲击和变革，企业应该抓住这些机遇，采取更为灵活的销售渠道模式来促进其业务发展。

（二）数字化对渠道合作关系的影响

1. 加强协作

数字化技术可以提供精确、快速、实时的信息传递和交流。团队成员可以共享文件、文档、照片或视频，并且可以在任何地方随时进行讨论和协作，从而在时间和空间上提供了更大的弹性。数字工具还提供了一些实用的功能，如任务和进度跟踪、提醒功能，有助于更好地管理项目。

2. 提高生产力

数字化技术可以提供更多的自动化和流程化工具。例如，自动回复电子邮件、自动化数据报表等功能，可以帮助简化重复的工作，让团队成员更加专注于核心任务。与此同时，数字工具还可以通过快速解决问题、提供答案和数据来协助更快地制定决策。

3. 扩大合作范围

数字化技术消除了地理距离和时区差异的限制,团队成员可以来自不同的地区、不同的国家。这意味着更加多样化、多元化的合作伙伴可以聚集到一起,带来更多的创意和沟通方式。

4. 提高数据可靠性

数字化技术可以提供可靠、可追踪的数据,包括项目进度和成果等,也可以为合作伙伴之间的交流建立信任。数据可以让成员了解合作伙伴的需求和约束,也可以为合作关系提供更好的参考框架。

总的来说,数字化技术不仅可以提高合作伙伴之间的沟通和协作效率,也可以带来更好的合作质量。数字化将在合作关系中发挥越来越重要的作用,让合作伙伴更紧密地联系起来。

（三）数字化对营销策略的影响

数字化技术的出现已经彻底改变了营销方式,数据化营销成为新的趋势。企业可以收集并分析消费者信息和行为数据,以更精准的方式推销产品,如根据消费者的搜索历史和购买记录提供个性化的商品推荐,或是根据地理位置实现更精准的广告投放。此外,数字化技术还可以帮助企业建立自己的社交媒体平台和电子商务平台,通过线上获客、数据分析等方式提高品牌知名度与消费者忠诚度。

（四）数字化对消费体验的影响

数字化技术促进了消费者体验的提升。企业通过多个渠道与消费者直接沟通,为其提供个性化的服务和定制化的体验。消费者可以通过电子商务平台及移动应用程序获得更加优质和快捷的售后服务,大大提高了消费者满意度,加强了与企业之间的互动关系。

总而言之,数字化技术给企业带来了巨大的机遇和挑战。企业需要更新渠道模式,提升营销策略与数字技术的落地能力,实现更智能、更快捷、更优质的产品推广和服务,提高市场竞争力和品牌影响力。同时要着眼于数字化技术的未来发展,积极采用新兴技术创新,不断提高领导力和战略思维,在日益激烈的市场竞争中获得更好的发展机会。

第三节　数字化渠道模式

▶一、数字化渠道模式的产生背景

数字化渠道模式是随着信息技术的快速发展而逐渐产生的。数字化渠道模式的产生可以追溯到 20 世纪 90 年代末期,当时互联网刚刚进入商业领域,电子商务逐渐兴起。随着技术的不断发展,数字化渠道逐渐丰富和完善,包括社交媒体、移动设备、电子商务平台、云计算等。数字化渠道模式的产生背景可以从多个角度来分析。

（一）信息技术不断发展

在信息技术的推动下,各种新型的数字化渠道应运而生,这些数字化渠道可以实现实时互联、数据交换和访问等功能,为企业和消费者之间的互动提供了更加灵活的方式。同时,这些数字化渠道还可以通过大数据分析和智能化运营来提升企业的运营效率和决策能力,为企业打造创新的商业模式提供保障。

（二）市场需求和竞争压力变化

市场需求和竞争压力也是数字化渠道模式产生的推动力。在全球化竞争的大环境下,企业需要将其业务范围扩展到更广泛的市场,数字化渠道为企业创造了全新的商业机会。与此同时,与时俱进的企业也逐渐认识到,传统渠道已经无法满足市场和消费者的需求,数字化渠道是企业通过全渠道协同提升运营效率和客户策略的关键手段。

（三）消费者行为变化

随着互联网和手机的普及,人们开始在不同数字化渠道上消费产品和服务。消费者通过数字化渠道获取信息、进行交流,而不再局限于传统线下渠道。随着消费者对数字化渠道的使用熟悉度和依赖度提高,数字化渠道模式的价值也不断增加。

（四）数据化和智能化发展

随着数据挖掘、人工智能、5G 等新兴技术的发展和普及,数字化渠道的信息采集、分析、处理等各个环节不断得到优化和升级,数据化和智能化不断推动数字化渠道模式产生创新和变革。

总的来说,数字化渠道模式的产生背景是多方面的,既包括信息技术的发展,也包括市场需求和消费者行为的转变。数字化渠道模式是信息技术不断发展和深化对商业模式产生的改变,是市场和消费者行为的演化带来的新趋势。数字化渠道的兴起改变了人们的生活方式,并对商业模式产生了深远影响。数字化渠道让企业具备了更高效、灵活、个性化的运营方式。随着数字化技术的不断进步和推广,数字化渠道模式将继续发展壮大,并帮助企业实现更高效、优质和创新的业务运营。

▶ 二、数字化渠道模式的含义与特征

随着信息技术的快速发展和广泛应用,数字化渠道模式作为一种新的商业模式,得到了广泛的推广和应用,成为当今企业发展的重要趋势之一。

（一）数字化渠道模式的含义

数字化渠道模式是一种新型的商业模式,它利用现代信息通信技术,以数字化渠道为

基础,实现品牌宣传、产品销售、客户服务等业务活动的全方位数字化经营手段。这些数字化渠道包括网站、移动应用、社交媒体、电子邮件等多种数字渠道,旨在满足消费者在不同时间和地点的需求,并支持企业与客户之间实时交流和互动。数字化渠道模式的重要性越来越显著,尤其是在当今数字化经济的环境中,因为它提高了企业的便捷性、可达性和效率,推动了数字化转型和创新。

（二）数字化渠道模式的特征

1. 多样化

数字化渠道模式非常多样化,包括很多不同的数字化渠道,如电子邮件、社交媒体平台、搜索引擎、电子商务网站等。这些数字化渠道可以为企业提供不同的营销策略和方式。例如,电子邮件可以用于推广产品和服务,社交媒体可以用于增强品牌影响力和提升客户忠诚度,搜索引擎则可以用来提高企业的曝光率和网站流量。这些渠道可以根据客户的偏好来进行选择和组合,以最终实现最佳的沟通和服务效果。

2. 实时性

数字化渠道模式具有实时性,可以实现即时交互,有利于企业了解客户的实时需求和反馈,能够更快地解决客户的问题,以给用户提供更加及时且准确的反馈和服务,提高客户满意度,增强品牌忠诚度。同时,也能更好地把握市场动态,快速调整营销策略,更好地满足市场需求。这对提升客户体验非常有帮助,也可以提高运营的效率。

3. 个性化

数字化渠道模式还可以根据客户的需求和偏好,提供个性化的沟通、推荐和服务。通过分析客户的历史数据和实时数据,可以根据各种特征来精准推荐相关的产品、服务和信息,从而提升客户满意度和忠诚度。

4. 数据化

数字化渠道模式对数据的收集、分析和利用也非常重视。数字化渠道可以实时收集各种数据,包括客户数据、交易数据、行为数据等,有效地利用收集的数据并通过数据分析来发现潜在的商机或问题,为企业进行更准确的决策提供支持,有利于企业进行更好的市场分析和预测,优化服务流程,提高服务质量,增强企业竞争力。

5. 效率化

数字化渠道模式的效率化也很重要。数字化渠道模式通过智能化技术和自动化流程提高效率,自动化的沟通、销售和服务,可以节省企业人力资源,也可以降低物流成本和库存成本,从而提高运营效率,提升企业的竞争力。

6. 全球化

数字化渠道模式可以突破时空限制,可以帮助企业快速进入全球市场,扩大企业的业务范围和规模,为企业拓展全球市场提供机会。数字化渠道模式的实时性、个性化和数据化特点,可以满足不同国家和地区客户的需求,为客户提供更方便、快捷、实时的服务。无论是境内还是境外的客户,无论是合作伙伴还是供应商,均可通过数字化渠道进行交互和合作。

综上所述,数字化渠道模式的特点是多样化、实时性、个性化、数据化、效率化和全球化,它为企业提供了更加快速和精准的沟通和服务方式,也为客户提供了更加多样化和个性化的服务体验。这对企业来说是一个重大机遇,可以提高企业效率和竞争力,增强企业在市场中的地位和影响力。

▶三、数字化渠道模式的分类

(一)直销模式

直销模式是指企业通过自有网站或 App 等数字化渠道,直接销售产品或服务给客户。这种模式适用于高附加值和品牌较为重要的商品或服务。其优点在于企业可以自主控制销售流程、价格和营销策略等,从而实现更高的利润率和更好的客户关系管理。其缺点在于需要企业自行承担后端的物流、售后等工作,并且需要自建运营团队以及营销策略,初期投入较高。

(二)代理模式

代理模式是指企业通过与代理商合作,将产品或服务推广到更广泛的市场上。代理商通常会在自己的网站或 App 上销售产品或服务,而企业则向代理商支付一定的提成或佣金。这种模式适用于无法直接触达的市场,也可帮助企业通过代理商的推广手段,进一步增强品牌知名度和市场影响力。代理商通常具有较为完备的销售网络和渠道,可以拓宽产品销售的范围并且提供更好的客户服务,但企业对代理商的把控力相对较弱,代理商在经营过程中可能存在一些问题,企业需要通过准确的业绩考核等方式保障代理商的表现。

(三)平台模式

平台模式是指企业通过建立一个数字化平台,让生产商和消费者在平台上进行交易。在平台上,生产商将自己的产品或服务发布到平台上,消费者通过平台浏览和购买。平台通常会为生产商和消费者提供安全的支付、物流和客户服务等支持功能,从而促进交易的进行。这种模式适用于连接各方企业和客户的中介模式。此外,平台模式还可以提供更加精准的广告和推荐服务,从而更好地实现个性化推广和营销。这种模式的缺点在于平台自身需要积累足够的用户量,充分体现自身竞争力的特点和优势,进行充足的市场宣传和推广,确保市场份额。

(四)电商模式

电商模式是指企业通过自有网站或 App 等数字化渠道,销售包括商品和服务在内的各种产品。企业需要在数字化渠道上提供商品展示、在线购买、配送等服务,以满足不同层次客户的需求。这种模式适用于方便通过网络销售商品的行业。电商模式的优点在于可以大幅降低企业的运营成本,提供方便快捷的购物体验。相较于传统的实体店,电商模式运营成本更低,经营周期更长。消费者可以在不出门的情况下轻松购物并享受便捷的交易方式,提高购物体验,但在高度依赖互联网的情况下,如果电商平台在运营中出现了一些问题,如系统崩溃等,会对企业的声誉和品牌形象造成不利影响。此外,由于电商竞争激烈,市场份额大部分被几家头部企业瓜分,刚步入行业的新企业会面临很大的竞争压力。

(五)O2O 模式

O2O 模式是指企业通过数字化渠道将线下服务延伸到线上,并在数字化渠道上提供预约、支付、服务体验等服务。这种模式适用于通过线上渠道提供线下服务的行业。O2O 模式的优点在于可以提高服务的可达性和服务质量,从而让消费者更愿意选择企业的产品或服务。企业通过手机、网站等数字化渠道,为消费者提供预约、支付、服务体验等一系列配套设施,提高服务的可达性和满意度。此外,O2O 模式还可以让消费者在线上浏览和比较不同的产品或服务,从而更加了解企业的服务特点。O2O 模式的缺点在于需要建立完善的 O2O 生态圈,需要企业在线上和线下建立合作伙伴关系,这需要更高的初期投入和运营成本。另外,在执行过程中,O2O 模式需要企业具备更完备的技术信誉度、营销能力和用户体验能力,否则可能面临用户的大量流失。

基本概念

渠道系统　数字化渠道模式　O2O 模式

思考题

1. 试对传统渠道模式与现代渠道模式进行比较分析。
2. 数字化如何影响渠道模式?
3. 数字化渠道模式有哪些特征?
4. 数字化渠道模式有哪些类型?

案例分析

来伊份:全渠道模式的探索者

来伊份是国内休闲食品行业专业的品牌和全渠道运营商,2002 年创立于上海,截至 2023 年 6 月,全国百余座大中城市拥有近 3 600 家门店,会员超过 3 000 万人。来伊份一直专注于为消费者提供美味、健康的休闲食品和便捷、愉悦的一站式购物体验,满足消费人群随时、随地购买安心、好吃的零食需求。来伊份采取线上直购、社群卖货、App 外卖等营销方式,已经建立覆盖线上线下,包括直营门店、加盟门店、特通渠道、电子商务和自营 App 平台的全渠道营销网络体系。与此同时,来伊份同步进行产品的创新,在十大核心品类、800 余款产品基础上,以消费者需求为中心,加快产品研发的速度,进一步优化和完善全品类布局。

　　资料来源:今报在线. 从私域到全域,来伊份实现智慧零售数字经营新突破[EB/OL]. [2023-04-07]. https://digi. china. com/digi/20230417/202304171258486. html.

　　问题:

结合案例分析数字化渠道模式的内容与特点。

第 三 篇

数字化与渠道管理

第六章　数字化与渠道成员管理

📖 学习目标

渠道成员管理是渠道设计的关键一环,主要包括渠道成员标准制定、筛选及评估。
通过本章的学习,掌握以下知识:
- 理解渠道成员的特征、类型和数字化特征;
- 熟悉渠道成员选择的步骤、路径、标准及方法;
- 掌握数字化对渠道成员选择的影响。

📖 素质目标

通过本课程的学习,培养学生的文化素养,提高学生的社会责任感,使其掌握管理数字化渠道的技能,提高沟通和协调能力,把握渠道成员在数字化渠道中的角色,合理利用数字化渠道,成为具有社会责任感和领袖素质的数字化渠道成员管理专业人才,推动数字化渠道和数字经济的繁荣和发展。

第一节　渠道成员类型

由生产商、批发商、零售商、辅助商、消费者组建而成的渠道体系可以看作一个有机系统。在这个系统中,批发商、零售商、辅助商作为渠道成员,对渠道体系建设具有重要意义,选择合适的渠道成员及评估渠道成员是非常重要的工作。

▶ 一、批发商

批发商是指介于生产商与零售商之间从事产品的买卖交易及其他流通活动的流通机构(企业与个人)。批发商主要从生产企业购进产品,然后转售给批发商、零售商、生产用户或各种非营利性组织,一般不直接为消费者提供服务。

(一) 批发商的特点

批发商区别于零售商的主要标志是一端连接生产商,另一端连接零售商。批发商具有以下几个方面的特点。

1. 批量交易和按量定价

批发交易一般要达到一定的交易规模才能进行,通常有最低交易量的规定,即起批点。零售交易则没有最低交易量的限制,因此,批发交易比零售交易平均每笔交易量大得多。另外,从价格方面来看,批发交易的价格往往与交易量成反比,即批量越大,成交价格越低;批量越小,成交价格越高。

2. 批发交易的对象是各类用户

批发交易的对象大多为商业用户(或再售单位)和产业用户,其购买商品的目的不是供自己最终消费,而是进一步加工或转卖。一般而言,通过批发交易活动,商品主要仍停留在流通领域,没有完全进入消费领域。

3. 批发交易范围比较广

首先,批发交易的主体来源较广,包括商业用户、产业用户与业务用户三类采购者,而零售交易只有最终消费者这一类购买者;其次,批发交易机构数量少,但服务覆盖面广;最后,大批发商多集中在交通枢纽或大城市,并以全国为交易范围,零售交易因直接服务于最终消费者,故集中于中小城市,其交易地域范围要小得多。

4. 批发交易双方购销关系比较稳定

批发交易因其服务对象主要是专门的经营者和使用者,所以一般变化比较小,购销关系相对稳定,而零售交易中消费者购买行为随机性很大。

5. 批发交易专业化倾向日益明显

随着科技的进步和生产门类的增多,社会商品种类日益增多,采购者的选择余地也越来越大。为了满足客户的要求,批发商商品品种、花色、规格、型号、款式等必须比较齐全,以便供采购者任意挑选。但批发商又不可能备齐所有产品,只能有所侧重,这使批发交易的专业化倾向日益明显。

(二)批发商的职能

1. 销售与促销职能

批发商通过其销售人员的业务活动,可以使生产商有效地接触众多的小客户,从而发挥促进销售的作用。

2. 采购与搭配职能

批发商代表客户选购产品,并根据客户需要将各种品类进行有效的搭配,从而可以缩短客户选购产品的时间。

3. 商品集散职能

批发商整批地买进货物,然后根据零售商需要的数量批发出去,从而降低零售商的进货成本。

4. 仓储服务职能

批发商将货物储存到出售为止,可以降低供应商和零售商的存货成本与风险。

5. 运输职能

批发商一般距离零售商较近,能够很快地将货物送到零售商手中,可以有效地满足零售商的需要。

6. 融资职能

批发商可以直接向客户提供信用条件和融资服务,也可以通过提前订货、付款,为供应商提供间接融资服务。

7. 风险承担职能

批发商拥有货物所有权,可以为生产商分担商品销售中的各种风险。

8. 信息提供职能

批发商会向生产商和零售商提供有关的市场信息,可以减少生产商、零售商因盲目生产、盲目进货而造成的损失。

9. 咨询服务职能

批发商可经常帮助零售商培训推销人员、布置商店以及建立会计系统和存货控制系统,从而提高零售商的经营效益。

10. 市场调节职能

批发商通过商品运输和存储,可以起到调节产销关系的"蓄水池"的作用,有利于实现均衡生产和均衡消费,缓解社会经济运行中供求之间的矛盾。

（三）批发商的作用

1. 大规模的销售

批发商的销售力量使生产商能够以较低的成本接触更多的中小客户。由于批发商接触面比较广,常常比生产商更能得到买方的信任。

2. 产品的集与散

批发商通过广泛地接触不同的生产商,可以高效率地采购、配置多种产品,迅速把产品供应给零售商和生产企业,提高客户的采购效率。

3. 产品储存保证

批发商备有相当数量的库存,减少了生产商和零售商的仓储成本与风险。

4. 提供运输保证

由于批发商备有充分的库存,可以迅速发货,并提供相关的运输服务保证。

5. 帮助资金融通

批发商可以为客户提供便利的财务条件,如准许赊账,还可以为供应商提供供货等方面的资金保证。

6. 承担市场风险

批发商购进产品后,承担了经济风险,如生产供求和价格变动带来的风险、产品运输和保管中的风险、预购和赊账中的呆账风险。

7. 沟通产销信息

批发商可以向供应商和客户提供有关竞争者的产品、服务及价格变化等方面的信息。

8. 为零售商服务

批发商经常帮助零售商改进经营管理,为零售商提供服务,如培训销售人员,帮助零售商建立会计和存货控制系统。

（四）批发商的类型

现代批发商由三种主要类型的批发商组成,即商人批发商、代理批发商及生产商自营销售组织,如图 6-1 所示。

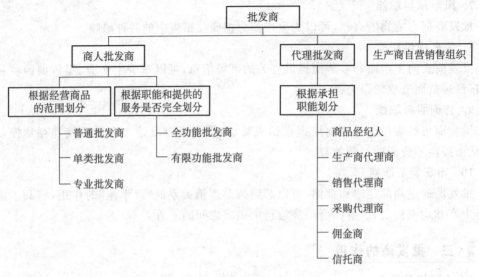

图 6-1　批发商的类型

1. 商人批发商

商人批发商即通常所说的独立批发商,是批发商的最主要类型。商人批发商不同于商品代理商,商品代理商对其经营的商品没有所有权,只是替委托人买卖商品;而商人批发商对其经营的商品拥有所有权,这一点也是商人批发商的一个重要特征。

1) 根据经营商品的范围划分

(1) 普通批发商。这种批发商经营的范围广,种类繁多,如经营织物、小五金、家具、化妆品、药品、电器、汽车设备等。这种批发商的销售对象主要是普通商店、五金商店、药房、电器商店和小百货商店等。工业品领域中的普通批发商是工厂供应商,这种批发商经营品种、规格繁多的附件和供应品。

(2) 单类批发商。这种批发商经营的商品仅限于某一类商品(如食品、服装等),经营的商品所涉行业单一,但这种批发商所经营的这一类商品的花色、品种、规格、品牌等非常齐全。与此同时,还经营一些与这类商品密切关联的商品。通常以行业划分商品品类,如酒类批发公司、专营汽车零配件的公司、仪器批发公司等。例如,单类食品杂货批发商通常不仅经营罐头、蔬菜、水果、粮食、茶叶、咖啡等各种食品,还经营刀片、肥皂、牙膏等食品杂货店通常出售的商品。在消费品市场中,单类批发商的销售对象是食品杂货、药品、小五金等行业的独立零售商;在工业品市场上,这种批发商又称工业分销商和整类商品批发商,经营电器元件、铅管、供热器材等,其销售对象包括大大小小的工业用户。

(3) 专业批发商。这种批发商的专业化程度较高,专门经营某一类商品中的某种商品,如食品行业中的专业批发商专门经营罐头食品,或者专门经营健康食品等。专业批发商的销售对象主要是专业零售商店;工业品的专业批发商一般专门从事需要一定的专业技术知识或专业技术服务才能有效进行销售的工业品批发业务。专业批发商之所以能在一个很小的经营商品范围内活动,是因为这类批发商一般对它的最终目标市场有一个比较充分的了解,并能有效地利用专业性的技术来服务于目标市场,扎根于某些专业化程度较高的商品领域,如电子产品等。专业批发商经营商品范围虽然窄而单一,但业务活动范围和市场覆盖面却十分大,一般是全国性的。

2)根据职能和提供的服务是否完全划分

(1)全功能批发商。这种批发商执行批发商的全部职能。也就是说,批发商的批购与批销、分销装配、储运服务、信息咨询和财务融通五大功能,这种批发商能够全部、同时提供。普通批发商、单类批发商和专业批发商都属于全功能批发商。这种批发商又称完全功能批发商。

(2)有限功能批发商。这种批发商执行批发商的部分职能。也就是说,对批发商的五大功能,这种批发商不全部或不同时提供给它的客户。有限功能批发商之所以只执行批发商的一部分职能和提供一部分服务,主要原因是这种批发商希望通过减少经营费用,降低批发价格,在激烈的竞争中站稳脚跟。

有限功能批发商又可以具体分为以下六种类型。

① 现购自运批发商。这种批发商既不赊销,也不送货,这是它的两个重要特点。客户要自备货车到这种批发商的仓库去选购货物,当时付清货款,自己把货物运回去。正因为如此,这种有限功能批发商的批发价格比全功能批发商的批发价格低一些。现购自运批发商主要经营食品杂货,其销售对象主要是小食品杂货店、饭馆等。

② 卡车批发商。这种批发商主要经营食品、糖果、香烟等易腐和半易腐商品。一般情况下,卡车批发商从生产商那里把货物装上卡车后,立即运送给各零售商、饭店、旅馆等客户。正因为这种批发商所经营的商品易腐或半易腐,送货快捷就成为其重要的特点。

③ 直运批发商。这种批发商主要经营煤炭、木材等笨重商品。直运批发商先拿到客户(包括其他批发商、零售商、用户等)的订货单,然后向生产商进货,并通知生产商将货物直运给客户。直运批发商不需要仓库和商品库存,减少了储存费用,也避免了转折运输,减少了运输费用,这大大降低了直运批发商的整体经营费用率。直运批发商有时又称写字台批发商,因为它不需要仓库和商品库存,只需要一间办公室或营业所就可以工作了。但是它与普通掮客有着本质的区别,这是因为直运批发商是商人批发商,它拥有所经营商品的所有权,并承担相关的风险。

④ 邮购批发商。这种批发商是指全部批发业务都采取邮购方式的批发商。这种批发商将商品目录寄给边远地区的零售和集体客户,不另派推销员,在获得订货后,以邮寄或其他运输方式交货。邮购批发商经营五金、珠宝、体育用品等商品,它的销售对象是边远地区的客户,特别是当地没有批发商的边远小镇中的工业消费者和零售商。

⑤ 生产者合作社。这种批发商在农业地区比较普遍,由农民组成,经营农民自己的产品。生产者合作社为客户提供的服务几乎与其他功能批发商一样,但其对农产品的分级、筛选功能表现更为突出,由此使农产品在市场中的质量信誉得以提高。一些生产者合作社甚至为其农产品标上品牌,然后在该品牌之下大力推销。生产者合作社有时还通过限产来提高农产品的价格,这是因为农产品的需求弹性较小,限产提价往往能实现。

⑥ 货架批发商。这种批发商是为适应非食品品种超级市场的经营需要而发展起来的。货架批发商送交一些商品给零售商,让它们代为放上货架,以供展销,商品卖出后,零

售商才将货款付给货架批发商。商品所有权归该批发商，属寄售性质，零售商代为出售，从中收取手续费。货架批发商经营的商品主要有家用器皿、玩具、化妆品等。由于需要充足的存货准备和存在零售商代售后拒绝付款的呆账等风险，这种批发商的经营费用率比较高。

2. 代理批发商

代理批发商是指从事购买或销售或二者兼备的洽谈业务，但不取得商品所有权的批发商。它与商人批发商的主要区别是代理批发商不拥有商品的所有权，而是促成交易，赚取佣金。根据承担职能的不同，代理批发商可以分为以下六种。

(1) 商品经纪人。商品经纪人替卖主寻找买主或者替买主寻找卖主，把卖主和买主结合在一起，介绍和促成卖主和买主交易；如果买卖成交，则由卖主把货物直接运给买主，商品经纪人向委托方收取一定数额的佣金。商品经纪人主要经营农产品、食品、矿产品、旧机器等商品。在西方国家，农场主、小型罐头生产商等生产者往往在一定时期委托商品经纪人推销产品，因为这些生产者的产品生产和销售存在季节性因素，它们只在某一季节或某几个月大量推销自己的产品。因此，这些生产者认为建立自己的固定推销力量是不值得的，也认为没有必要和生产商的代理商或销售代理商等建立长期的代销关系，商品经纪人反而更为实用灵活。此外，有些生产者，因为要推销新产品，或者要开辟新市场，或者市场距离产地太遥远，也利用商品经纪人推销自己的产品。

(2) 生产商代理商。生产商代理商通常与多个生产商签订长期的代理合同，在一定地区按照这些生产商规定的销售价格或价格幅度及其他销售条件，替这些生产商代销全部或部分产品，生产商按销售额的一定百分比付给代理商佣金，以鼓励这种代理商积极扩大推销，由此获得最大市场利益。生产商代理商虽然同时替多个生产商代销产品，但这些生产商的产品都是非竞争性的、相互关联的品种，而且代销的商品范围不广泛，因而生产商代理商比其他批发商能提供更专门的销售力量。从业务流程来看，生产商代理商与生产商的推销员非常相似，但前者是真正独立的中间商。生产商通常利用代理商推销机器设备、汽车产品、电子器材、家具、服装、食品等产品。生产商代理商在某些工业性用品市场和消费品市场起着很重要的作用。例如，在电子器材等工业用品的销售中，生产商代理商雇用了一些有技术能力的推销员直接向工业用户推销产品；在家具等耐用消费品的批发贸易中，生产商代理商雇用了一些推销员向零售商做访问推销。生产商代理商的主要服务是替委托人推销产品，但是它通常还负责安排将货物从厂家运送给买主，并且还有少数生产商代理商提供保管货物的服务。此外，由于生产商代理商与市场有密切的联系，它能向生产商提供相关的市场信息及市场所需要的产品样式、产品设计、定价等方面的建议。

(3) 销售代理商。销售代理商和生产商代理商一样，同时和许多生产商签订长期代理合同，为这些生产商代销产品，但是销售代理商和生产商代理商有着显著的不同，主要表现在以下两点。其一，通常情况下，每一个生产商只能使用一个销售代理商，而且生产商将其全部销售工作委托给一个销售代理商办理后，不得再委托其他代理商代销其产品，也不得再雇用推销员去推销产品；但是，每一个生产商可以同时使用多个生产商代理商，与此同时，生产商还可以设置自己的推销机构。其二，销售代理商通常为生产商代销全部产品，而且不限定只能在一定地区代销，同时，在规定销售价格和其他销售条件方面有较大的权力;而生产商代理商只能按照它的委托人规定的销售价格或价格幅度及其他销售条件,在一定地区内,为委托人代销一部分或全部产品。总而言之,生产商如果使用销售代理商,实际上是将其全部的销售工作委托给销售代理商全权办理,销售代理商实际上是委托人(生产商)的独家全权销售代理商,行使生产者的市场营销经理的职责。

(4)采购代理商。采购代理商是一种替买主寻找货源,采购所需物资(全部或部分)的购买性代理商。采购代理商不是代理批发某一类产品,而是专为一家或几家企业代理采购物品。采购代理商俗称"买手",通常熟悉市场,消息灵通,能向企业提供质量高、价格低的采购品。采购代理商通常要负责代理采购、收货、验货、储运并将货物运交买主等业务。

(5)佣金商。佣金商通常备有仓库,替委托人储存、保管货物。佣金商可以替委托人发现潜在购买者,获得最好的价格,分等、重新包装和送货。此外,佣金商还给委托人和购买者提供商业信用(如预付货款和赊销),提供市场信息等。佣金商对生产者委托代销的货物通常拥有较大的经营权,即佣金商在收到生产者运来的货物以后,虽然对这些货物不具有真正的所有权,但有权不经过委托人同意,而以自己的名义,按照当时的供求状况所决定的、可能获得的最好价格出售货物。因为佣金商经营的商品通常是蔬菜、水果等易腐商品,在经营过程中,必须因时制宜,根据当时的市场价格尽早脱手。否则,这些商品耽搁过久就会变质、腐烂,给委托人及佣金商带来更大损失。当然,在实际操作中也不排除由于有利的市场状况,佣金商以大大高于平均市场价格成交的情况。不过,佣金商在经营过程中拥有较大的经营权是相对而言的,因为各大相关平台都会及时公布这些市场中的成交价,委托人能够据此对佣金商加以监督。佣金商卖出货物后,扣除佣金和其他费用,将余款汇给委托人。佣金商的经营费用一般比较低,因为受托的产品往往是大宗商品,并且零售商总是主动找上门来购买,不需要佣金商做更多的努力去寻找客户。

(6)信托商。信托商接受他人的委托,以自己的名义向他人购销或寄售物品,并取得报酬。信托商具有法人地位,在交易活动中多选择远期合约交易,一般要签订信托合同,明确委托事宜及相应的权利。信托商的具体形式有以下几种:第一,委托商行,即面对消费者进行零售,主要以零售形式接受客户委托,代办转让出售;第二,贸易货栈,即从事批发业的信托商形式,是一种古老的居间性商人,主要功能是在买卖双方之间起代理作用,为客户买卖、代购、代销,同时兼具其他服务功能,如代存、代运等,委托人一般要支付一定的佣金。第三,拍卖行,即接受委托人委托,以公开拍卖的方式,组织买卖成交的信托商,这种形式在零售中较为少见,主要在批发行业中采用,而且通过拍卖行以公开拍卖的方式进行批发的主要是质量、规格等不够标准,不易分列等级的蔬菜、水果、茶叶、烟草、羊毛皮等农产品和工艺品。

3. 生产商自营销售组织

生产商自营销售组织是制造商或零售商从事商品批发业务的一种分支机构,不是独立商业企业,可分为两种形式。第一,销售分部和营业所。制造商为了加强存货控制,改进销售和促销工作,经常开设自己的销售分部和营业所。销售分部备有存货,而营业所没有存货。第二,采购办事处。一些零售商的采购机构或采购办事处被授权在保障零售商供应的前提下,可以从事商品批发业务,将采购或库存的部分货物批发给其他商人。此外,在某些特殊的经济领域,还有一些特殊的批发商,如棉花、谷物、苎麻、蚕丝等农产品的收购商,联合购买石油钻井公司石油的散装石油厂和石油站,拍卖汽车和没收物品给经销商或其他商人的拍卖公司等。

（五）批发商的发展趋势

1. 经营模式日趋多样化

通过几十年市场竞争的演化,除了传统的批发市场、经销商、代理商等经营模式,一些新的批发经营模式也相继出现。这些模式大多利用批发和零售经营边界模糊化的趋势,综合发挥批发商业和零售商业的优势而形成。例如,麦德龙模式是典型的货架自选批发商,它采取"会员制＋现金＋自运"的运作方式,其会员主要是中小零售商,通过现金交易和会员自我运输,使其运营成本极低。大规模的卖场、低价位加上自选的方式,对中小零售商具有较大的吸引力。又如,上海联华便利公司打出"10万元做个小老板"的广告,吸引一批业主加盟,公司统一组织货源,并相应提供选址指导、配送、广告、经营咨询等服务。上海联华便利公司利用这种特许经营方式,构筑了一个拥有800多家网点的相对稳定的批零一体化网络。

2. 分销服务不断完备化

批发商在促使商品更畅通、更经济地流通的同时,在商流、物流、信息流、促销流、资金流等方面提供各种服务。在现代产品分销过程中,分销服务已成为产品增值的主要来源之一,其比重呈不断上升趋势。目前,跨国采购公司采用的重要竞争策略之一就是提供销售过程中的各种服务,扩大份额,提高产品竞争力,使对手难以进入该领域。在分销服务中,现代批发企业必须具备完备的信息收集、加工、处理能力,并向生产商和零售商提供信息服务。传统批发商的经营模式是建立在产需信息沟通不畅、信息不对称的基础上的,通过对商品异地购销获取差价。在信息经济时代,批发商的传统信息采集优势基本上不复存在,专业批发商应利用自己的专业知识和技术,对市场信息进行梳理,提出最经济的商品流通模式和方案。从表面上看,批发商收益还是买卖差价,但实质已变为信息服务收费。

3. 行业利润呈现微利化

在经济体制转型初期,我国市场上产品供不应求,绝大部分都是典型的高利润行业,投入产出回报高。批发商只需拿到生产商的产品,然后转手卖给自己的几个下线,就可以赚取丰厚的利润。但是,随着市场经济的深入发展,新生品牌越来越多,市场竞争随之加剧,产品利润空间越来越小。生产商的投入产出比已经非常低,许多生产商甚至是亏本经营;原本占据垄断地位的批发商所得到的利润回报也越来越小。生产商要求生存、求发展,必然会千方百计地压缩批发商的利润空间;批发商即使拥有决定生产商命运的营销渠道,但在现实面前也必须低下头。这是整个市场环境所导致的,批发商既然是这个市场上的一员,就必须接受和适应这种改变,正面应对这种挑战。

4. 市场竞争日趋严重化

20世纪80年代,生产商对批发商的要求只有两点:提货、回款。至于产品是否真的发到了每一个终端零售商或被消费者购买,则不会过多关注。批发商各自掌握着数量不等的经销商、分销商和终端零售商,生产商直接与批发商联系。随着市场经济的成熟,市场竞争手段日益丰富,生产商纷纷开始强调终端销售。"渠道为王、决胜终端"被生产商当作市场营销的"制胜宝典",减少中间层(批发商层次)、节约营销成本、自建营销渠道、实施密集分销成了生产商"追捧"的营销改革方向。从最早的代理制到后来的经销制、助销制,再到密集分销、设经销商,乃至直接设办事处和销售分公司,生产商的手越伸越长,批发商的垄断经销区域越来越小,原有的垄断经销优势日渐削弱。生产商通过加大对渠道的掌控力度,逐步削弱了批发商的势力。

（六）批发商的数字化特征

在现代媒介的发展下,批发商已经具有不少数字化特征,这些特征不仅有助于提高销售效率和运作效率,也可以加强与客户的联系,带来更优质的服务和购物体验。批发商的数字化特征主要体现在以下方面。

1. 采用电子商务平台

大多数批发商都拥有电子商务平台,可以在网上销售商品,方便客户选择和购买商品。通过电子商务平台,批发商能够提供更便捷的购物体验、更快速的响应和服务、更安全的支付方式。

2. 数据分析能力

批发商需要对市场和客户进行深入分析,从而确定其销售策略,因此数据分析能力是必不可少的。数据分析能力可以为批发商提供全方位的经营支撑和决策支持,在面对市场变化和业务调整时具备更好的敏感性和应变能力,同时让渠道成员更加信任批发商并愿意与其进行更深入的合作。批发商的数据分析能力也能够极大地提高业务运营效率,降低成本,提升市场营销和商品采购决策的成功率。

3. 自动化仓储和物流

批发商通常需要在短时间内处理大量订单,因此自动化仓储和物流系统可以帮助它们提高效率,减少错误和成本。自动化仓储和物流可以提高批发商的物流运转效率,降低人力成本,提高准确性和及时性,同时提高渠道成员和客户的满意度。批发商可以根据自己的实际情况,选择合适的自动化仓储和物流技术,为企业发展提供技术支持。

4. CRM 系统

批发商需要管理大量不同的客户,因此客户关系管理(CRM)系统可以帮助它们跟踪客户需求和行为,提高客户忠诚度。批发商的 CRM 系统是提供贴近客户服务的重要手段,不仅能够提高客户满意度,还能为企业提供关键的数据支持,进一步优化企业经营方式并拓展市场。批发商的 CRM 系统是一种客户关系管理系统,它能够便批发商提供真正意义上的客户服务。

5. 移动端应用

移动端应用可以帮助批发商方便地处理订单和库存,以及快速响应客户问题。批发商的移动端应用具有非常重要的商业价值,可以帮助批发商抓住更多商机,提高客户黏性和满意度,同时可以优化整个供应链的流程,提高效率,进而扩大市场占有率并进一步提高盈利能力。批发商的移动端应用可以帮助批发商获得更广泛的市场,进行更高效的经营管理。

6. 社交媒体营销

批发商可以使用社交媒体来宣传和促销商品,吸引潜在客户和提高市场知名度。批发商应该建立健全的社交媒体营销策略,如规划营销内容、设定营销目标、量化营销效果等,以提高社交媒体营销的效益。与此同时,建立良好的品牌形象也是社交媒体营销的重要内容之一,批发商需要保持高质量的内容发布和优良的客户反馈服务,以树立积极的企业形象和品牌形象。

▶ 二、零售商

零售商是指将产品或服务直接销售给最终消费者、处于渠道最末端的中间商(包括企业与个人)。零售商主要从事零售活动,即把商品和劳务直接出售给最终消费者。零售是商品流通的最终环节,商品经过零售进入消费领域,是市场竞争最激烈的一个环节。

(一)零售商的特点

1. 向最终消费者提供

零售交易的目的是向最终消费者提供商品或劳务,购买者购买商品的目的是供自己消费,而不是用于转卖或生产。

2. 提供商品和附加服务

零售商品的标的物不仅有商品,还有各种附加服务,即为客户提供各种售前、售中和售后服务,如免费安装、送货上门等,这些服务已成为非常重要的竞争手段。

3. 交易额小且交易频繁

零售交易中平均交易额较小,但交易频繁。零售交易本身就是零散的买卖,交易对象众多且分散,这就决定了每笔交易量不会太大;同时消费者,每天都在不断地进行消费,这就决定了交易特别频繁。

4. 交易产品的品种丰富、富有特色

消费者购买商品时一般要"货比三家",力争挑选到称心如意、物美价廉的商品。因此,零售交易都非常注重经营特色,同时努力做到商品的花色、品种、规格齐全,以吸引消费者。

5. 交易受消费者购买行为的影响较大

零售交易的对象是最终消费者,而不同消费者因其年龄、性别、学识、经历、职业、个性、偏好等差异,购买行为不仅具有多种类型,而且具有很大的随机性。不同类型消费者的购买决策和购买行为的差异性将直接决定和影响具体购买活动。

6. 传统零售交易大多在店内进行,且网点较多

零售交易主要通过合理的商品布局和店内陈列来促进消费者购买,因此,交易也多在店内完成。同时,由于消费者的广泛性、分散性、多样性和复杂性,为满足广大消费者需要,在一个地区,仅靠少数几个零售网点根本不够,网点必须从规模和布局上满足消费者的需要。随着经济的发展,各种无店铺售货方式也有了长足发展,并显示出强劲的发展后劲。

（二）零售商的职能

零售商处于连接生产商、批发商和消费者的渠道中的最终业务环节。零售商提供商品分类及服务，为消费者提供购物环境，并为生产商、批发商提供市场信息，分担风险。其具体职能包括以下几个方面。

1. 组织商品职能

消费者为了生存和发展，需要衣、食、住、行、用、玩等多方面的商品。由于时间、空间、数量、质量、花色品种和信息沟通等原因，消费者不可能自己寻找生产商来购买自己所需要的商品。而每一个生产商只能生产其中较少的产品品种，即使数量较多，其产品也不可能一次性地全部售给某一消费者，因此必然存在产销之间的矛盾。为解决这一矛盾，零售商必须履行组织商品职能，首先代替消费者垫支资金，从生产商、批发商甚至其他供应商那里大量购进商品，并按照消费者的要求分类、组合，使消费者不仅能方便地购买，而且能在零售商店里得到需求的满足。

2. 储存商品及承担风险职能

零售商的采购是批量购进，但销售是零散的。为此，零售商为了满足消费者随时购买商品的需要，必须储备一定数量的各种商品。但是商品在储存期间会伴随着各种风险，如数量过多或过少引起的积压与脱销、商品的自然损耗、自然灾害、商品被窃以及商品更新和技术废弃等。这些风险及损失皆由零售商承担。

3. 服务职能

零售商必须服务于消费者。首先，零售商要及时、准确地掌握市场供求趋势，组织适销对路的商品，扩大花色品种，保证商品质量，使消费者能及时、充分地选购商品；其次，要正确贯彻商品销售政策，不断研究、改进商品的销售方式、方法，以良好的经营作风、文明语言，保证与消费者之间的良好关系；最后，提供与商品销售直接相关的服务，如包装、免费送货、电话预约、经营礼品、停车场、临时保管物品、为儿童提供游乐场、照看婴儿、提供休息椅等，真正把消费者视为宾客。只有周到的服务才能给消费者留下良好的印象，使消费者成为回头客，并带来新的顾客。

4. 信息传递职能

零售商处于商品流通的最终环节，能够较快地获得生产与消费的信息。通过广告、促销活动、POP 海报展示、商店人员销售等手段及时地将商品的有关信息传递给消费者，平等沟通，解决认知上的矛盾，激发购买欲，让顾客明明白白地消费。生产商、批发商及其他机构则可以对零售商反馈的市场信息进行分析，得出相应的市场营销结论，加强对市场营销的了解。零售商是消费者和生产商彼此了解的桥梁。

5. 娱乐职能

以顾客需求为导向是零售商经营活动成功的关键，零售商不仅要为消费者提供物质商品，还要为消费者提供精神需求的满足，如消费者对购物环境、文化氛围等的需求。零售商通过商品艺术性陈列、店堂布局装饰、音乐播放、灯光照明、环境绿化等创造出具有魅力的购物环境，为消费者提供娱乐和休息的去处，带来美的享受。作为最接近消费者的环节，零售商需要给消费者最直观的娱乐体验。

（三）零售商的类型

与零售商类型相关的概念是零售业态。根据我国零售业发展情况，我国先后出台了《零售业态分类》(GB/T 18106—2000)、《零售业态分类》(GB/T 18106—2004)(国标委标批函〔2004〕102号)以及《零售业态分类》(GB/T 18106—2021)。新版国家标准《零售业态分类》于2021年3月9日发布，同年10月1日起实施。按销售方式分，零售商主要有店铺零售商、非店铺零售商和零售组织三种类型。

1. 店铺零售商

店铺零售商是指设店经营的零售商，其特点是设有摆放商品、供消费者购物的店面，其商品（服务）购销活动主要是在商店内完成的。根据其经营的产品线、规模、价格和服务方式的差异，又可以进一步将零售商店划分为不同的类型，如百货商场、超级市场、便利店、折扣店、专业店、专卖店、购物中心。

（1）百货商场。百货商场又称百货公司、百货大楼，是指经营范围广泛、商品齐全，能提供多种服务的零售服务供应商。百货商场产生于18世纪中叶，它的产生是零售业的第一次革命。百货商场与传统店铺相比有以下四个方面的创新。

① 商品明码标价。这一做法的目的在于迅速沟通商品与消费者之间的联系，从"物有所值"角度便于消费者按各自的消费喜好与能力"对号入座"。商品明码标价也是零售业第一次规范了自己的价格行为。

② 商品敞开陈列。这一做法便于消费者直接接触商品，加深对商品的直观认识，保证了消费者选择商品的权利。

③ 商品价格低廉。这一做法意在最大限度地吸引不同层次的消费者，改变欧洲许多专业商场服务对象贵族化的倾向。

④ 在一个卖场内分设许多独立的商品部。这便于实行统分集合的管理，也便于各商品部进行专业的组货，达到百货齐全，种类繁多，使消费者的需求得到满足。

百货商场出现一百多年来，发展迅速，已成为零售商的主要类型之一。其优点是：拥有各式各样的商品供消费者选购，节省消费者的时间和精力；客流量大，商场气氛热烈、兴旺，可刺激消费者购买；资金雄厚，能网罗大量人才，分工合作，不断创新，提高管理水平；重视商誉，对出售商品的品质在采购时就慎重选择；有优良的购物环境，可吸引大批消费者购买。

（2）超级市场。超级市场又称自助商店或自选商店，是指实行敞开式售货，消费者自我服务，挑选后一次性结算的零售商店，其特征如下。

① 商品构成以食品、日用杂货等日常生活用品、必需品为中心。

② 实行自我服务和一次性集中结算的售货方式，即由消费者在货架中自由挑选商品，在出口处一次性集中结算货款。

③ 薄利多销，商品周转速度快，利润率较其他商店低。

④ 商品包装化，明码标价，并标明商品质量和重量。值得一提的是，商品无条形码是很难进入超级市场的。

超级市场的出现被视为是零售业的第二次革命。它给零售商业带来了革命性的变革,主要体现在两个方面:一是它把现代工业流水线作业的生产方式运用到了商业经营上,实现了商业活动的标准化、专业化、集中化、简单化;二是它使商业经营转变为一种可管理的技术密集型活动,不确定因素大幅减少。传统的零售业经营是以柜台为中心,以人对人(即售货员对消费者)操作为主的劳动密集型活动。其交易成败在很大程度上取决于售货员素质的高低和操作技巧。超级市场则采用开架售货、买者自选的方式,买卖之前的需求预测、经营计划、商品陈列、价格制定等流程的合理化水平成为决定销售状况的主要因素,从而使商业经营转变为类似生产管理的技术密集型活动。因此,对超级市场而言,比感性的柜台操作技巧更为重要的是理性经营程度、资本运作水平,以及经营管理水平。

超级市场作为现代零售业的主力军,其发展趋势体现了以下四个特点。

① 规模化。超级市场规模经营一方面表现为扩大单体规模。超级市场可以向生产商、大批发商大批量进货,降低进货成本;可以使商品充分陈列,便于消费者选购;可以节省营业人员,充分利用设备,减少费用;可以增加品种数量和服务功能,更好地满足消费者需要。超级市场已进入成熟期,在激烈的竞争中,规模越办越大,平均单体面积已达 1 000 平方米左右。大卖场已成为超级市场的主力模式,其单体面积高达几万平方米。随着商业竞争的加剧、城市空心化的加速,以及消费需求的提高,大多数小型超级市场将难以充分展现业态个性和功能,并将逐步失去竞争力和市场发展空间。超级市场规模经营另一方面表现为实行连锁化。超级市场的大批量进货依靠的是多店铺的销售网络,这种网络也是实现销售的有效形式。连锁经营可以大大降低营运成本,提高流通效率,实现规模经济效益。国际著名的大型超级市场不但单体营业面积大,而且连锁店的数量也数以百计。

② 大众化。超级市场实行低价政策,其服务对象一般是生活不太富裕、支付能力不强的普通市民和家庭主妇。可以说,超级市场以普通消费者为目标市场的大众化策略,是它持续发展、经久不衰的重要原因之一。所以,"为民、便民、利民"应是超级市场必须坚持的办店宗旨。超级市场选址应遵循就近消费、方便购买、合理布局的原则,根据其功能、商圈半径内的人口数量、交通及竞争状况综合加以确定,避免在城市中心商业区"扎堆",而要"退城进郊""退城进居"(居民区)。

③ 规范化。超级市场是大工业协作机理在零售业中的集中体现,它彻底改变了传统零售业的工艺过程,把零售业推向了标准化作业和规模化发展的现代流通业大道。超级市场的规范化与工业生产领域的标准化一样,是企业运营的基础,包括以下几个方面。一是商品包装规格化和条码化。商品要按一定的质量标准分类定级、分等定价,按一定的数量或重量标准计量分装,商品可采用小型透明或半透明包装,并有完备的商品说明,以方便消费者自选和使用。另外,超级市场的商品应广泛采用条形码和店内码,这是实现商业自动化和商品管理自动化的基础。二是操作标准化。超级市场必须有具体量化的服务规范,并要求员工严格执行;制定各项操作规程,运送货物、整理货架、打扫卫生等均要严格执行操作规程;加工间或配送中心的工厂化流水作业方式要严格规范,操作间的架子上必须贴有用品摆放标签,任何用品不能随意摆放,任何人或物品都不能阻塞通道;员工应养成良好的卫生习惯,确保加工食品的干净卫生。三是经营管理规范化。连锁超市除了统一商号、统一门面、统一着装、统一广告宣传外,还要统一进货、统一配送、统一核算、统一管理。有条件的超级市场企业可以建立相应的物流枢纽和配送中心,提供社会化配送服

务,实行统一的规范化管理,供多个连锁店按统一模式经营,以保证统一的服务质量;针对连锁门店分布范围广、位置散的特点,要使管理制度手册化,并使之成为规范全体员工行为的权威性文件。

④ 自动化。自选售货方式、连锁店组织模式和规范化运作,为实现超级市场的自动化做了准备。超级市场要想在商流、物流、资金流、信息流、促销流的协调管理上运作顺利,必须依赖商业自动化技术的支持。超级市场的购、销、存、运各个流转环节应全面实现自动化,具体包括商品销售管理自动化、会计账务处理自动化、商品配送自动化、商品仓储管理自动化、商品流通加工自动化。为了实现上述各项业务管理自动化,应将现代科技,尤其是电子信息技术全面引入超级市场这一领域,以电子收款机、计算机、网络技术构成超级市场的技术骨架,重视并积极推广销售终端系统(POS)、电子订货系统(EOS)、电子数据交换系统(EDI)等。

(3)便利店。便利店在经济发达国家已有一百多年的历史,现代意义上的便利店是指在商业活动中,以住宅区居民为经营对象,以最贴近居民日常生活的商品和服务为经营范围,以连锁总部为核心,共享统一规范的经营管理技术,实行专业化、标准化的统购分销,并通过强化居民社区服务功能取得规模效益的一种现代商业经营管理的组织体系。

便利店作为一种新型的商业零售经营业态,与超级市场的大而全相比,其基本特征大致可概括为以下四个方面。

① 选址和店铺面积的特定性。便利店主要是以住宅区居民为服务对象,位置一般选择在居民比较集中的区域中间或附近地区。其服务半径一般为 500 米左右,可方便居民在 10 分钟内步行到店购物。便利店的店铺面积较小,一般为 80~150 平方米。

② 营业时间和商品供应的专属性。便利店为方便居民,其营业时间普遍长于超级市场和一般零售商店。便利店的营业时间最长达每天 24 小时,提供全年无休息日的服务。由于贴近、方便居民生活的特性,受场地的限制较小,便利店一般以供应居民日常生活必需品为主,包括冷热饮料、加工食品、速食、生鲜食品、常用的小百货、杂货、烟酒等小商品,各类食品占商品品种的 80% 左右。

③ 服务功能的多样性。现代便利店设在居民社区,它的服务对象既有广泛性,又有专指性。它为居民提供了即时购买日常生活必需品的场所,以"全天候"的营业时间,提供电信、复印、代收各类公共事业费,为家庭主妇、单身人士、儿童、青年和需要特殊服务的对象提供方便。

④ 商店连锁的统一性。现代便利店以其 CIS 企业形象识别系统、商品组合和全方位的经营管理三个方面的一致性,形成了连锁店经营的基础。

(4)折扣店。折扣店是一种贴近居民日常生活的零售业态,以居民生活所在的社区作为依托,与社区的发展相依相伴。折扣店以低价、便利的双重优势,服务于居民的日常生活,是一种民生业态。它作为现代商业的一种补充形式,具有以下特征。

① 经营范围。店面开设在社区周围,目标客户以工薪阶层、中等收入的社区居民为核心,在部分较高档的社区也有市场。折扣店经营的商品包括中档日用品、便利品和生鲜食品。

② 竞争优势。折扣店的基本战略定位是低价和便利,低廉的产品价格是竞争的立足

点。这要求折扣店能够从各个方面降低成本,包括商品的采购、存储、店内陈列、销售等各个环节。另外,靠近居民区的选址,远离商业中心,既意味着可以压缩店面租金成本,又意味着巨大的地缘优势。

③ 品牌特征。折扣店经营的商品单品仅需 2~3 个品牌,由自有品牌和知名品牌构成。自有品牌由著名生产商生产,以保证产品质量。由于供应商仅需承担生产成本,折扣店能以最低的价格购进产品,充分利用自己的品牌、渠道和货架优势,只要产品没有品质问题,在自己的门店中,再次购买率必然很高。经营知名品牌则可以吸引和满足有品牌偏好的消费者。

④ 规范经营。我国传统的路边摊贩同样是以低价和便利来吸引消费者的,且所售商品品种繁多。折扣店与之相比,优势在于规范经营、有固定店铺,所售商品接受质量监管机关和企业检验部门的管理。折扣店一般采用连锁经营的方式,品牌价值和对品牌形象的重视是约束其规范经营的关键因素。

(5)专业店。专业店是以专门经营某一大类商品为主的零售业态,如办公用品专业店、玩具专业店、家电专业店、药品专业店、服饰店等,其经营具有较强的专业性,一般是按某一特定的消费群体(如男士、女士,妇女、儿童)或按某一产品大类(如纺织品、文化用品、家电用品)设店,不少专业店常常以经营的主要产品类别或主要的消费群体来命名。随着市场细分以及产品专业化的发展,专业店发展前景广阔。专业店的主要特征如下。

① 选址。专业店根据经营的商品品类不同,选址多样,多数设在繁华商业区、商店街等市、区级商业中心,也可以设在百货店、购物中心内。

② 商圈与目标群体。一般而言,专业店的商圈范围分界并不明显,因为它以有目的选购某类商品的消费者作为主要的目标群体,满足消费者对某类商品的选择性需求,而选择性需求常常意味着人们愿意为买到合适的商品付出较多的时间和精力。另外,不同的主营商品要求不同的经营特色和细化程度,使商圈进一步模糊。

③ 商品结构。专业店在商品结构上的特点表现为专业性、深度性、品种丰富、可供选择的余地大,以某类商品为主,经营的商品具有自己的特色,如利润高。专业店的商品能赢得消费者青睐,是因为其在某一类商品上做到了款式多样、花色齐全。专业店的这种商品结构特征,与出售同种商品的其他商店相比,更能满足消费者选择性购买的需要。

④ 服务功能。专业店的从业人员大多经过专门培训,接受专业氛围的熏陶,具备丰富的专业知识,可以帮助消费者挑选合适的商品,并提供更大的退换货自由。一部分以低价和选择性强取胜的专业店采用自助式服务的形式,服务人员仅在消费者需要时给予指导和帮助,既降低了服务的成本,又使消费者能够更加自然地挑选。

(6)专卖店。专卖店是以专门经营或被授权经营某一主要品牌商品为主的零售业态,可以由生产商自己开设,也可以采用特许经营的方式由独立经销商开设。专卖店是专业商店的一种特殊类型,一般通过提供消费者所需要的特定商品,采用系列化的品种策略和高质量的服务措施作为其经营活动的重点,在提供信息、指导消费、集中服务、售后保障等方面比其他零售业态更胜一筹。

① 专卖店的特点。专卖店最基本的特征是仅销售一种或少数几种品牌的产品,商店形象以品牌个性为依托,对特定的群体具有吸引力。专卖店的目标群体是中高档消费者

和追求时尚的年轻人,商品结构以某一品牌系列为主,销售量少、质量好、毛利高,采取柜台销售或开架面售方式,商店陈列、照明、包装、广告讲究,选址在繁华商业区、商店街或百货店、购物中心内,营业面积根据经营商品的特点而定。在服务方面,专卖店注重品牌声誉,从业人员具备丰富的专业知识,并提供专业性知识服务。

② 专卖店与专业店的异同。二者的相同之处表现在三个方面:一是品种专而全,它们都经营某一类商品,并把这类商品的所有品种、规格、花色(式样)集中展示销售,形成系列;二是款式新而特,由于专业店或专卖店仅限于某一类或某一品牌商品的经营,因此有条件对专业化市场进行追踪与研究,掌握最新的市场流行趋势,进而组织销售新颖和独特的商品;三是经营连锁化,不少专业店或专卖店通过连锁的形式使店铺数量增加,从而达到规模效益,运用统一标志扩大品牌的知名度,树立统一的企业形象。二者的不同之处如下:一是归属性质不同,专业店常归属于独立的经营单位,其经营的唯一目的是获取利润,而专卖店经营者通常是生产商或是与生产商有密切联系和契约约束的公司,其经营的目的不仅是获取利润,还在于推广商品品牌;二是经营范围不同,专业店常以商品品类作为选品标准,即只要是本店所经营的品类,就采购进来,集不同品牌的同类商品于一体,而专卖店常以商品品牌作为选品标准,即只要是本店所经营的品牌,就纳入本店商品经营目录,品牌具有单一性和排他性;三是品种齐全程度不同,专业店因不排斥品牌,所以可以更为广泛地征集产品,使某一类产品的规格、花色与型号十分齐全,满足众多消费者的需求,专卖店因为将竞争力放在品牌建设上,所以产品花色、品种、规格都是有限的,聚集消费者的能力也弱于专业商店。

(7) 购物中心。购物中心是多种零售店铺、服务设施集中在由企业有计划地开发、管理、运营的一个建筑物内或一个区域内,向消费者提供综合性服务的商业集合体。在到购物中心,消费者不仅可以买到一切生活用品,而且还可以得到吃、喝、玩、乐的综合享受。因此,它不仅是购物场所,也是生活场所。购物中心的建设和布局主要有以下要求。

① 观念和技术的先进性。现代购物中心是一种先进的经营方式,其设计、运作和管理突破了传统零售业的种种局限,要取得成功,必须依赖理念、策略与科技,换句话说,购物中心已经成为零售业中最具高科技特征之一的经营方式。因此,开发购物中心,除了资金外,科技的应用和专业人士的参与,以及核心资源的整合是必不可少的。

② 开发过程的整体性。统一协调的整体建筑设计计划包含主题商店和卖场的选择,各方面均需依照计划,使整个设施和场地体现整体的主题与概念。同时,购物中心的设计也要考虑在后续的扩充和管理方面具有较大的弹性,以适应未来发展和调整的需要。

③ 地点的便利性。购物中心必须建在交通便利的地理位置,使消费者易于寻觅;具备充足的停车空间和设备,方便消费者进出;考虑专用车道及店后空间,以便运送商品、进出货时使用。此外,周边的道路系统也要一并加以考虑,如是否有公共汽车站、地铁站,以便吸引最大的人流量。

④ 景观的一致性。购物中心建筑物及其景观的布置,如草木花卉、灯光、招牌、绿地、庭园造景、公共设施等,均应保持和谐一致,使购物环境显得优美、安全,同时需与周边景观与人文环境紧密融合。

⑤ 商品组合和功能多样性。购物中心的商品组合力求多样化,应包括广泛的业种、业

态,在商品线和服务内容上,为消费者提供深而广的消费选择。各类商品的主题商店聚集一处,通过统一的商店和卖场经营管理模式,为购物者提供方便。必须将购物中心塑造成一个多功能的生活与服务中心,强调文化、娱乐、教育、服务、展示等各种功能所占的比例,才能使购物中心富有强大的生命力与成长性。

⑥ 营销策略的灵活性。营销策略被认为是购物中心发展成功的关键因素之一。因此,必须灵活掌握市场的营销趋势,规划营销策略,拟订营销计划,同时充分配合运用广告及事件营销手法,以提升整体购物中心的活力和形象。若能融入部分商家的营销活动,将更有助于整体购物中心营销的成功。例如,购物中心的经营管理部门可针对购物中心内的某一类商户,展开消费者满意度调查,并将策略性意见提供给商户,使双方形成共存共荣的关系。因此,购物中心在规划设计及卖场出租、经营的过程中,应将营销人员纳入开发小组,确保以营销为导向的发展方向。

2. 非店铺零售商

非店铺零售商是指不设店面的零售经营者,又称非商店零售商。这类零售商的经营方式可分为直复零售、直接零售、自动售货、购买服务社等。

(1) 直复零售。直复零售是指利用现代通信工具、多种广告媒体传递销售信息,使之作用于消费者,并通常需要消费者做出直接反应的零售方式。按利用的通信工具不同,直复零售又可分为以下几种。

① 邮购。消费者通过各种广告获取信息后,向邮购部汇款并说明需购买的商品,邮购部收到汇款后按时向消费者寄出商品。邮购广告通常刊登在报刊上或通过广播电视发出,也可以由邮购部向潜在的消费者寄发信息。

② 电话购物。如果消费者不是用信函而是用电话向供货部求购商品,供货部除邮寄商品外,还可通知求购者所在地的分部送货上门,则是电话购物。电话购物的关键是付款方法,如果不能保证供货者收到货款或求购者方便付款,就会影响电话购物的质量和效率。

③ 电视购物。如果邮购的信息是通过电视发布的,交易办法包括邮寄和送货上门,则是电视购物。电视购物同样要解决付款的难题。

④ 网络营销。如果商品的信息媒体是互联网,则是网络营销,这是很有发展前途的一种零售方式。

(2) 直接零售。直接零售指生产商生产的商品不经过任何中介,只依靠人与人之间的联系,或由这种联系形成的网络直接销售给消费者。目前应用比较广泛的销售方式有以下几种。

① 上门推销,又称单层推销。由推销员登门拜访,介绍商品并成交。

② 家庭销售会。把产品带到家庭、邻里的聚会上去推销,往往既能推销产品,又能增加聚会的热烈气氛。

③ 多层次直销。这是由消费者(同时又是分销商)及其发展的下线形成的销售网络。在这个网络中,每一个成员都要接受培训,提高能力与素质。这种方式以激励提高了销售效率,得以迅速发展。但是,多层次直销的基础是健全的法制和较高素质的消费者,否则会产生许多消极作用,由此畸形演化而来的传销被政府明令禁止。

（3）自动售货。自动售货即采用自动销售设备进行的零售服务，常见销售设备如下。

① 自动售货机。可用于多种商品销售，如饮料、糖果、书报、胶卷、化妆品等。自动售货机可以放在商店，也可以放在其他公共场所。

② 自动柜员机。主要供银行用于自动存取款、查询服务等。

③ 自动服务机。可以自动向消费者提供咨询、游戏、点歌等服务。

（4）购买服务社。购买服务社是一种上门服务的无店面销售方式。例如，配送公司专为某些特定客户（如学校、医院、工会和政府机关等大型组织的雇员）提供购买服务，在客户有所求时送货上门，价格比一般零售价低。

3. 零售组织

（1）连锁经营。连锁经营又称团体连锁店，是由两个以上独立零售店按照一定的规则统一运作的零售组织。其通过店名、品牌、店容、商品、服务的统一化和标准化，采购、送货、销售、经营的专业化，信息汇集、广告宣传、员工培训、管理规范的一致化，采用高科技手段来处理定位、促销、销售、存货控制、销售量预测等，大大提高了效率，降低了成本。连锁经营作为一种现代化的经营模式，具有明显的特征。

① 经营上的一致性。连锁经营的形态很多，但是无论哪一种形态的连锁经营，都要实行一定程度的一致性经营。经营上的一致性具体可以体现在以下几个方面。第一，管理上的一致性。统一管理是连锁经营最基本的特征。通过各连锁分店联合集中力量的方式，才能够形成集团竞争的优势。没有统一的管理，连锁经营企业无法实现快速发展。第二，企业形象上的一致性。连锁企业总部提供一个统一的 CIS 系统，包括统一的商标、统一的环境布置、统一的色彩装饰等。各分店在店铺内外装修和员工衣着上都保持一致。第三，商品和服务的一致性。各连锁分店的商品种类、商品的定价、营业时间、售后服务等方面必须保持基本一致，分店只有极少的灵活性。

② 经营上的规模化。连锁经营的规模化特征是指其能取得规模经济的效果，即由于规模的扩大而使经营成本降低，从而取得更好的经济效益。这也是连锁经营成为当今商业的主流经营方式的原因所在。连锁经营的规模化特征主要体现在以下几个方面。第一，采购的规模化。连锁总部通过对各分店采购权的集中，实行集中采购。由于采购的数量较大，连锁经营可以拥有较强的议价能力，同时通过集中采购可以减少采购人员、采购次数，从而降低采购费用。第二，仓储、配送的规模化。在集中采购的基础上建立统一的仓库，可以比单店独立储存更节省仓储面积，并且可以根据各店的销售情况不同，保持合理库存。仓储和配送的规模化一方面体现在对现有仓储和配送能力的充分运用，另一方面体现在有利于加快商品的周转速度。第三，促销的规模化。由于连锁分店遍布全国或者一个区域，因此连锁店总部可以利用全国或地方性的电视台、报纸杂志等传媒进行广告宣传，有效降低了促销的成本。

（2）合作联盟。面对市场竞争，独立商店开始组成两种契约式联盟：一种是由批发商牵头组成的独立零售商店联盟，称为自愿连锁店，加盟商联合起来从事大量采购和共同销售业务；另一种是独立零售商店组成的一个集中采购组织，称为零售合作社，实行联合促销，以降低成本、提高销售额。

（3）特许经营。特许经营又称特许专卖，是由特许人（生产商、批发商或服务机构）将自己的商品、商誉、商标、品牌、专利,以及其独特的经营管理方式,通过契约授予零售商(受许人)的一种契约性联合经营方式。特许人一般可按契约获得首期使用费(又称承包费)、利润分成和因提供设备装置而核收的租金,有的特许人还收取定期特许执照费和管理咨询费。特许经营主要用于快餐业、音像商店、保健中心、旅行社、理发美容、汽车租赁、汽车旅馆等。

(4)消费者合作社。消费者合作社是社区居民自发组织的一种商店性合作社。居民出资联合开设商店,商店地址设在社区内,营销决策由投资者决定,价格与管理也采用民主决策,一般要做到物美价廉,年终再根据每个人的购货多寡给予惠顾红利。

(5)销售联合大企业。销售联合大企业是将不同零售方式组合在一起的企业,是一种自由形式的企业。这种多样化的零售能产生优秀的管理系统,并使所有独立零售商均能节约成本。销售联合大企业成败的关键在于是否有优秀的管理者及管理系统。

（四）零售商的数字化特征

随着数字化时代的到来,零售商的数字化特征主要体现在以下几方面。

1. 线上销售

大多数零售商都拥有电子商务平台,可通过线上销售吸引更多的消费者,提高销售额。线上销售已经成为零售商重要的发展方向,零售商需要制定详细的电子商务战略,完善电商渠道建设,以满足客户在线消费需求和潜在市场需求。同时,零售商需要根据市场变化和客户需求不断优化线上销售策略,提高客户满意度和销售效率。

2. 点对点营销

零售商可以利用数据分析和社交媒体来进一步聚焦于每一个客户,为其提供更个性化的服务和购物体验,从而增强客户忠诚度。点对点营销通过个人与个人之间的沟通和网络传播,以个性化和以用户为中心的方式来进行营销。在零售业中,点对点营销通常是指转变营销方式,从单向传统广告营销向个性化、双向沟通营销转变,利用个人关系和社交媒体传播营销售息,以提高销售率。

3. 无人店铺

随着科技的不断进步,许多零售商已经开始尝试通过无人店铺的方式来提供更加便捷的消费体验。无人店铺是一种新型的零售模式,利用人工智能技术和无人技术,实现24小时自助购物,极大地提升了消费者的购物便利性和体验感。

4. 客户数据管理

零售商通过客户数据管理系统来收集和分析客户的行为数据,了解客户的喜好和购买习惯,从而针对性地推荐产品和服务。对零售商而言,客户数据管理是非常重要的,能够帮助其更好地了解客户需求,制定更加有效的市场策略,提高销售额和客户留存率。

5. 人工智能技术

零售商可以利用人工智能技术对销售数据和客户行为数据进行分析,以确定如何更好地减少库存、扩大销量和提高客户满意度。人工智能技术在零售业中的应用,可以帮助零售商实现数据分析、信息交互、智能预测、自动化决策和机器学习,更好地满足客户需求,提高产品质量和销售效率。

6. 移动终端应用

零售商通常会推出自己的移动终端应用,为客户提供更方便的购物体验。移动应用可以帮助零售商更好地把握客户的需求和喜好,提高客户忠诚度。随着智能手机的普及,移动终端应用在零售业中的应用越来越重要,不仅能为消费者提供更便利的购物体验,还能为零售商提供更多的销售机会。

▶ 三、辅助商

产品由生产商生产出来,经过渠道到达最终消费者手中,这个过程需要方方面面的配合与协作。除了中间商外,还有一些辅助商参与这一分销过程,它们在其中起着很重要的作用。

(一)广告商

广告是指广告客户以公开付费的方式,通过各种媒体传递商品或劳务信息,进而影响消费行为,促进销售,使广告主获得利益的活动。商业广告的对象是广大消费者,内容是商品或劳务信息,手段是通过各种媒体进行,目的在于促销,获取利润。

广告商是为广告主和广告媒介提供双重服务的渠道成员。广告主委托广告商实施广告宣传计划,广告媒体通过广告商承揽广告业务。广告商的主要职能是为广告主提供以策划为主导、以市场调查为基础、以创意为中心、以媒介选择为实施手段的全方位、立体化服务。另外,广告商还要负责广告的监督制作,对反馈信息进行再度收集整理等。

(二)物流商

物流又称实体分配,是指按照客户的需要,有效地计划、实行和控制产品从生产地转移到消费地的实体转移过程的业务。从物流的概念来讲,其任务应该包括原料及最终产品从起点到最终使用点或消费点的实体转移,但这里主要研究最终产品的实体转移。物流活动与渠道的决策紧密相关,在整个市场营销中发挥着不可估量的重要作用,它对产品的成本影响很大。物流的总成本约占销售额的 $8\%\sim10\%$,削减物流成本已成为企业的重要经营课题,因为物流是降低产品成本并使其合理化的"最后的可开发领域"。另外,物流还会很大程度地影响企业的市场营销服务水平和竞争力,因为产品的地点效用和时间效用的体现,取决于有效、快速的实体转移。

传统的物流观念从生产地出发来考虑如何有效地以低成本将产品送达使用地或消费地,而现代物流观念即市场后勤学观念则认为,物流系统及其规划应从市场出发,充分研究和了解市场,根据市场需要来研究如何以适当的成本在适当的时间以适当的方式将适当的产品送到适当的地点,从而及时、有效地满足客户的需要,使其满意,也使企业满意,获得较好的经济效益。要实现"适当",就必须做好以下三点:①运用现代科学技术来建立和运作物流系统;②统一管理物流的各种职能和物流系统中的各环节;③根据市场需求和产品的特点设计物流系统,既要考虑其统一性,又要实行差异化策略。物流活动主要包括保管、仓储、运输等,对渠道建设具有重要意义。

1. 保管

保管是重要的物流职能,通过保管,企业可以克服生产和消费在时间上的差异,产生时间效用。保管不是单纯的产品储藏,它还承担着将产品小批量化或收集货物等职能。保管一般包括八种基本职能:①接收所送产品;②认产品;③区分产品;④调整产品储藏;⑤保管产品;⑥检索和选择产品;⑦运送的准备;⑧开始装运。

2. 仓储

仓储管理包含足以满足客户需求的产品配备计划和维护。仓储管理的目的在于,一方面要保持足够数量的产品,另一方面要将库存费控制到最小限度。由此可见,仓储管理至关重要,是物流的中心课题。

3. 运输

运输的主要手段有铁路、汽车、水运、航空、管道,各种手段都有其优点,许多企业将两种或两种以上的运输手段组合起来使用。运输手段的选择不仅会影响客户需求的满足,而且对物流成本的影响也较大。因此,在运输手段选择中,必须充分考虑对客户需求的满足程度、对产品和市场的适应性,以及运输的速度、成本、可靠性、运输能力、便利性、配货能力、安全性等因素。产品在分销网络中的快速、及时流动有赖于有效的运输。

（三）咨询商

企业在发展的各个环节、经营业务的各个方面,不会处处都得心应手、游刃有余。特别是在企业进行重要决策的时候,企业高层对问题没有把握,求助于外来智力的支持是很有必要的。咨询商就是为企业内在或外在问题提供咨询建议的外来智力,有人把它称为企业的"外脑"。咨询商的基本职能主要有以下四项:①确立目标,调查研究,咨询商必须与委托人一起分析委托人提出的问题,了解委托人的意愿及其现状,由内而外认真进行调查研究;②制定解决措施,形成咨询方案;③协助委托人实施计划;④反馈信息收集,评价计划实施效果。

（四）服务商

服务商主要包括会计、律师、金融等方面的服务机构,代表机构如下。

1. 会计师事务所

会计师事务所是经国家批准,独立承办注册会计师业务的机构。它由依法执行查账验证和会计咨询业务的会计师组成,以第三者的独立身份,站在公正的立场对承办的委托业务做出客观的评价。会计师事务所独立依法办事,不依附于其他组织和机构,自收自支、独立核算、依法纳税。

2. 律师事务所

律师事务所是指直接从事律师业务活动的机构,即律师执行业务的专门机构。律师事务所一般按行政区划设置,受司法行政机关的组织领导和业务监督,律师事务所之间没有隶属关系,都是具有独立地位的事业单位。律师承办业务,由律师事务所统一接受委托并统一收费。

3. 银行

银行是处理运营货币和信用的企业组织。以银行经营的业务来讲,可将银行业务分为商业银行业务与非商业银行业务。商业银行业务以短期信用为主,不能做长期信用;而非商业银行如信托银行、开发银行、储蓄银行与实业银行等,则发展长期信用,并通过资本市场控制企业风险。商业银行与其他金融机构最不同的地方是以活期存款的形式,接受公众的存款,再由存款人开出各种不同面额的支票,转移于第三方。活期存款在其他机构不能作为货币流通,而存在商业银行则可流通。现今活期存款已构成各国货币供应量的最大部分,尤其是在工商业发达的国家。

（五）辅助商的数字化特征

辅助商在现代媒介的发展下,已经具有了不少数字化特征,主要体现在数据集成、数据分析和营销、车队管理、库存管理、流程自动化和 CRM 系统等方面,可以为客户带来更便捷、更高效和更具创新力的服务。

1. 数据集成

辅助商的数字化特征之一是能够从多个数据源中提取和整合数据,以便更好地理解市场和客户需求。数据集成是数字化转型过程中至关重要的一部分。辅助商如果想要充分发挥数字化技术的效益,就必须将所有相关的数据整合起来,形成一个完整、准确且易于管理的数据环境。

2. 数据分析和营销

辅助商需要对客户和市场进行深入分析,以确定其销售策略和推广策略。因此,数据分析和数据驱动的营销是关键。数据分析在辅助商中的应用非常广泛,可以帮助企业了解市场、了解客户需求和偏好、优化产品和服务等,提高经营效率和市场竞争力。营销则是通过营销渠道和策略,将企业产品和服务传递给目标客户的活动。

3. 车队管理

对于需要运输商品和材料的辅助商,车队管理是必不可少的。数字化特征可以帮助它们更好地监督、规划和优化运输。通过有效的车队管理,可以提高企业的物流效率、运输速度和交货准确性。

4. 库存管理

辅助商需要管理大量的物资和备件,因此数字化特征也包括数字化的库存管理系统,以保持存货水平和减少存货成本。库存管理是辅助商数字化转型中的一个重要环节。通过适当的库存管理,辅助商可以保持合理的库存,控制成本,提高产品可用性,提高客户满意度。

5. 流程自动化

辅助商可以通过自动化生产、供应链、物流等业务流程,提高效率、降低成本和减少错误。流程自动化是辅助商数字化转型中的一个重要环节。通过企业内部工作流程自动化,可以减少手工操作和流程错误,提高内部效率,提高客户满意度。

6. CRM 系统

与批发商和零售商一样,辅助商也需要处理大量的客户。CRM 系统可以帮助它们更好地维护客户关系,了解客户需求并提供更好的服务。CRM 系统可以在减少时间和精力的同时,提高客户服务质量和客户满意度。

第二节 渠道成员选择步骤、路径、标准及方法

▶一、选择渠道成员的步骤

渠道成员选择是渠道设计的关键环节。理想的渠道成员有助于构建高效的渠道体系。为此,生产商要按照一定的步骤有序进行渠道成员选择工作,主要包括以下三个方面。

(一)寻找合适的渠道成员

渠道成员的选择,就是从众多相同类型的分销成员中选出适合企业渠道结构、能有效帮助完成分销目标的分销伙伴的过程。这个过程主要包括两个方面:一是明确渠道成员对象,包括批发商、零售商、辅助商的具体渠道成员类型、规模、实力等;二是通过各种路径寻找合适的渠道成员。

(二)对照选择标准做出判断

对目标渠道成员进行评价是非常重要的内容。这个过程主要包括两个方面:一是制定符合企业目标要求的渠道成员评价标准,包括批发商选择标准、零售商选择标准,以及辅助商选择标准;二是根据一定的方法对渠道成员进行评价。当然,不同企业可选择的方法是不同的,要选择适合自身的评价方法。

(三)确保入选成员最终成为正式渠道成员

选定了渠道成员后,还要努力说服对方接受本企业的产品,因为不是所有的中间商都会对本企业的产品感兴趣。投资规模大、有名牌产品的生产商完成决策并付诸实践是不太困难的,而对那些刚刚兴起的中小企业来说,就不是一件容易的事情了。

▶二、寻找渠道成员的路径

一般情况下,企业需要通过多种途径来寻找渠道成员。通常来说,寻找渠道成员时,搜寻的范围越大越好。搜寻的范围越大,找到合适渠道成员的机会就越大。具体来说,企业可以通过以下几种路径寻找合适的渠道成员。

(一)工具书

工具书包括当地的电话号码簿、工商企业名录、地图册、手册、消费指南、专业杂志等。尤其是电话号码簿,一般情况下,比较有经验、有实力的经销商都会在当地的电话号码簿上刊登自己的公司名称。

（二）消费者

要依靠消费者提供信息，最好的办法是进行市场调查。通过正式或非正式的调查，可以了解消费者对自己所处区域市场内的经销商的不同看法，更好地从消费者角度了解各类渠道成员的优缺点。

（三）经销商

许多企业都通过向对本企业产品感兴趣的经销商征询来获得未来渠道成员。通过这种互动，可以彼此了解，获得对方信息。

（四）商业渠道

商业组织、出版物、电话簿、其他出售相关或相似产品的企业是发展渠道成员的有效途径。

（五）贸易交流会

大型的贸易交流会给企业挑选渠道成员提供了很好的场所和平台。在贸易交流会举行时，该领域内的大量批发商或零售商纷纷亮相，生产企业有机会接触到大量可能成为其渠道成员的机构。

（六）媒体广告

生产企业要开辟一个新地区的市场，先搜索当地电子媒体公众号，看看当地的电视，听听当地的广播，或许就能发现同类产品的经销商的名称。媒体上常常有同类产品广告，且有"总经销、总代理"的字样。刊登招商广告费用高、见效快、操作水平高，可以较全面地了解经销商的情况。

（七）网上查询

通过互联网，尤其是访问专业网站，渠道管理人员可以搜寻到某一行业中很多同一类型或不同类型的企业，可以找到很多可能的未来合作伙伴，而且几乎不需要什么投入。应用这种方法的唯一要求是：企业必须具备上网的手段，或者说，企业必须生活于电子网络环境之中。

▶三、渠道成员选择标准

（一）批发商选择标准

1. 批发商的信誉

选择批发商的首要因素是信誉，因为生产商和批发商之间实质是一种信任关系。即使批发商能力很强，在商场上拥有优越地位，但若信誉欠佳，则能力越强的批发商，其商业欺诈的能力越强,在营销、货款汇回、企业形象维护方面,都会给生产商带来不利的影响。

2. 批发商的经营项目

批发商以前经营的产品决定了其现在拥有的营销网络。因此,生产商应选取以前经营与生产商同类产品的批发商。另外,批发商所代理的产品不宜过多。因为经营产品太多,必定引起精力分散,从而影响业绩。

3. 批发商的营业规模

应考虑批发商的营业规模,主要包括:①批发商的员工总人数、营业部门人数,以及所属经销商的多少;②批发商成立的时间、目前的营业额、营业额的分布情况等;③批发商目前的营业区域,是否有扩展市场区域的计划等。

4. 批发商的销售网络

对于普通的消费性产品,消费者通常在零售终端选购。因此,选择一个与这些零售组织关系良好的批发商是非常重要的。

5. 批发商的业务拓展能力

批发商的业务拓展能力主要包括:①是否拥有专用仓库,仓库是自有的还是共有的,其容量、使用和管理状况如何;②是否有专业化的销售团队,是否有完整的销售管理制度;③批发商的促销方式、营销策略,以及是否愿意给厂商提供市场信息;④是否提供特别的服务,如准备报价单、提供售后服务等。

6. 经营地址

批发商经营地址可能在城市商业中心,或者在大型批发市场之中,或者在城郊。不同的经营地址,批发商的物流配送能力、市场拓展能力可能存在较大差异。比如在城市商业中心,意味着生产商的产品可以快捷、低成本地配送至各个市场区域。

7. 财务能力

当生产商本身产能很大,或者考虑使用买断代理的方式时,就要求批发商有足够的资金用以支付货款、运费、仓储费、广告费、售后服务费等。对于销往国外的消费品来说,批发商更要有一定的财务实力。一般的消费品进入国外市场时,都需要批发商协助生产商投入大量资金,为产品树立知名度。

8. 社会影响力

政府采购在销售业务中占有相当分量时,批发商的社会影响力往往影响着销售业务。另外,批发商在专业机构中,比如行业协会,是否担任比较重要的职务,也可以体现其在行业领域中的地位和影响力。

9. 同行业评价

商场中的关系对批发商与生产商都是十分重要的。若多个同行业的中间商对某个批发商不满或评价过低,则足以说明该批发商有不足之处。

（二）零售商选择标准

1. 经营地点

零售商门店的地点会影响产品的销售。不同的产品对地点的要求往往有所不同。因此,在选择零售商时对零售店的地点需要加以考虑。

2. 服务能力

如果想提高对客户的服务水准,满足客户的需求,除了生产商自身要提供良好的服务外,对零售商所能提供的售后服务能力也应有所要求。因为有些产品,如彩电、冰箱、空调等,销售绝对不是货物出店即结束,售前和售后服务应成为产品销售不可分离的部分。

3. 价格策略

在选择零售商时,要考虑是否能控制零售商的零售价格。因为如果零售商任意变动价格,往往造成零售商相互间的恶性竞争,削弱零售商的力量,而且会给消费者留下不良印象,影响品牌信誉。

4. 经营品类

专卖店虽然是企业追求的目标,但由于产品种类及其他因素,拥有专卖店的企业仍数量有限。因此,有时会出现零售店所销售产品的品牌及种类与本企业产品存在竞争的现象,从而减少本企业产品的销售份额。所以在选择零售商时,对零售店所销售的产品品类也应加以调查,使零售商所销售的产品与本企业产品具有相互补充的功能,以达到相辅相成的效果,这样不但便于消费者购买,还可以使零售店与生产商同获其利。

5. 经营能力

对零售商的经营能力要加以调查,零售商的管理程度,是否容易接受新观念、新方法以改进经营方式,是否对本行业有深入了解,对推销及管理有无专门技术与知识,对商品的陈列与摆设方法,对员工与客户的态度等,都会影响零售商经营的成败,也影响生产商产品的经营销售。选择积极进取、富有闯劲与创业精神,又重视商场信誉与习惯的零售商,是建立完善的销售网络的基本条件。

6. 财务能力

在选择零售商时,财务能力无疑占有相当重要的地位。财务能力不仅决定着零售商的付款能力与付款速度,而且影响企业的经营与成长。所以在选择零售商时,应对其财务能力加以调查,通常调查下列各项:注册资本大小;零售店组织形态是独资、合伙还是公司法人;过去与银行往来的信用;过去有无退票的记录;财务结构是否合理;流动资金是否充足等。

7. 信誉情况

信誉情况调查的目的在于防止坏账损失等现象发生,也是为了推断零售商的付款能力,并将其作为拟订销售促进计划的依据。信用调查一般可采用资信机构调查、金融机构调查、同业调查、自行调查等方式。

▌（三）辅助商选择标准

选择辅助商首先要广泛收集有关辅助商业务经营、信誉、市场范围、服务水平等方面的信息,确定审核和比较的标准。一般情况下选择辅助商必须考虑以下条件。

1. 辅助商的财务状况

辅助商的财务状况是最基本的标准。企业首先会考虑辅助商的财务状况是否稳定,如果辅助商财务状况不稳定,可能会影响整个企业的运营。

2．辅助商的专业能力

辅助商的专业能力是一个非常重要的标准。辅助商是否具备所需的专业技能,是否能够提供高质量的服务,对企业来说是至关重要的。

3．辅助商的信誉和口碑

辅助商的信誉和口碑同样是重要的考虑因素。辅助商的信誉和口碑如何,是否在业界有着良好的声誉,都是企业需要考虑的。

4．辅助商的地理位置

辅助商的地理位置也是选择的一个标准。如果企业的位置与辅助商的位置相距过远,可能会导致沟通不畅、服务质量下降等问题。

5．辅助商的成本效益

辅助商的成本效益也是一个重要的考虑因素。如果辅助商提供服务的成本过高,那么可能会影响企业的整体运营。

6．辅助商的兼容性

辅助商的兼容性也是需要考虑的,这包括辅助商的企业文化、经营理念等是否与企业相兼容,这些因素关系到双方合作能否顺利进行。

▶四、渠道成员选择方法

选择渠道成员的过程是一个复杂的综合评估过程,需要采用一定的科学的方法,这样不仅能节约交易成本,而且能真正实现双赢。

1．评分选择法

评分选择法是指对已选择作为伙伴的每个渠道成员,就其从事商品分销的能力和条件进行打分评价,根据不同因素对渠道功能建设的重要程度的差异,分别赋予一定的权数,然后计算每个渠道成员的总分,选择得分较高者。一般来说,评分法主要适用于一个较小范围内的地区市场,为建立精选的渠道网络而选择理想的渠道成员。

2．销量分析法

销量分析法是指生产企业通过实地考察有关潜在渠道成员的客户流量和销售情况,并分析其近年来销售额的水平及变化趋势。在此基础上,对有关潜在渠道成员的实际分销能力,尤其是可能达到的销售水平进行评估和评价,然后选择最佳潜在渠道成员的方法。

3．费用分析法

生产企业联合渠道成员进行产品分销是有成本的,主要包括市场开拓费用、让利促销费用、因延迟货款支付而带来的收益损失以及谈判和监督履约的费用等。利用销售费用分析法选择渠道成员主要有三种方法:总销售费用比较法、单位产品销售费用比较法、费用效率分析法。

4．配额择优法

根据目标市场分布和渠道宽度决策,确定各个地区或者各个分销层次所需要选择的潜在渠道成员的具体数量,在与潜在渠道成员达成合作意向后,对各个渠道成员进行综合考查和评价,从中选出所需的潜在渠道成员。

第三节　数字化对渠道成员选择的影响

▶一、数字化影响渠道成员选择的原因

数字化技术是商业发展的一种趋势,数字化营销已经成为影响企业和渠道成员选择的一个重要因素,拥有数字化营销技能和能力的渠道成员可以为企业带来更多的价值和商业机会,为企业和渠道成员共同赢得更大的市场份额和市场竞争力。

（一）数字化对批发商渠道成员选择的影响

数字化已经成为现代营销的核心趋势,也是渠道成员选择的关键因素之一。数字化对批发商渠道成员选择的影响主要有以下几个方面。

（1）降低成本。数字化营销能够有效地降低营销活动和渠道建设的成本,对于批发商来说,这意味着可以更经济地招募成员和建立渠道。

（2）拓展渠道范围。数字化营销可以帮助批发商拓展渠道范围,覆盖更多的目标受众,甚至可以通过数字化平台实现海外渠道拓展。

（3）提高营销效果。数字化营销可以提高营销效果,包括曝光率、转化率、营收等方面,这将促使批发商选择拥有数字化营销能力的渠道成员。

（4）加快反应速度。数字化营销能够实现更精准的数据分析和营销反馈,有助于批发商及时了解市场和消费者的需求变化,从而及时调整营销策略和渠道选择。

总之,数字化营销已经成为批发商渠道成员选择的重要考虑因素,拥有数字化能力的渠道成员可以更好地适应市场需求和趋势,获得更多的商机和利润。

（二）数字化对零售商渠道成员选择的影响

数字化对零售商渠道成员选择的影响主要有以下几个方面。

（1）拓展渠道范围。数字化营销可以帮助零售商拓展渠道范围,覆盖更多的目标受众,甚至可以通过数字化平台实现海外渠道拓展。

（2）增强用户体验。数字化营销可以增强用户体验,通过在数字化平台上提供更便捷的购买流程、个性化推荐等方式来提升用户满意度和忠诚度。

（3）提高营销效果。数字化营销可以提高营销效果,包括曝光率、转化率、营收等方面,这将促使零售商选择拥有数字化营销能力的渠道成员。

（4）加速反应速度。数字化营销能够实现更精准的数据分析和营销反馈,有助于零售商及时了解市场和消费者的需求变化,从而及时调整营销策略和渠道选择。

（5）强化品牌形象。数字化营销可以帮助零售商更好地强化品牌形象,通过社交媒体和自媒体平台等方式塑造品牌形象和文化,增强品牌影响力和美誉度,吸引更多的消费者。

总之,数字化营销已经成为零售商渠道成员选择的重要考虑因素,拥有数字化能力的

渠道成员可以更好地适应市场需求和趋势,带来更多的商机和利润,并为消费者提供更好的购物体验。

（三）数字化对辅助商的渠道成员选择的影响

数字化对辅助商渠道成员选择的影响主要有以下几个方面。

（1）提高效率。数字化营销可以提高效率,包括文档管理、客户关系管理、业务处理等多个方面,可以大幅提高辅助商渠道成员的工作效率。

（2）加强沟通。数字化营销可以加强沟通,采用电子邮件、在线交流等方式进行沟通,可以更加及时和全面地跟进业务,也有利于建立更为紧密的合作关系。

（3）拓展业务范围。数字化营销能够帮助辅助商拓展业务范围,通过数字化平台实现海外市场拓展,实现本地业务拓展,提高业绩。

（4）提高服务质量。数字化营销可以提高服务质量,包括提供更好的技术支持、更及时的客户服务等,可提高客户满意度,增强客户忠诚度,从而促进业务的增长。

（5）数据挖掘。数字化营销能够实现更精准的数据分析和挖掘,有助于辅助商更好地了解市场和消费者的需求变化,从而调整业务策略和渠道选择。

综合以上评估指标,可以更好地评价渠道成员的数字化营销能力和技能,从而选择更适合的渠道成员,为业务拓展带来更多的机遇和成果。数字化技术在商业领域中的应用越来越多,商家也越来越注重数字化技术的应用,以提高效率和竞争力。在选择渠道成员时,数字化技术的应用能力是重要的考虑因素。数字化技术的应用对渠道成员的服务能力有重要的贡献。渠道成员应该不断学习和应用新的数字化技术,不断提升服务质量,加快数字化转型,以及适应新型消费和新型市场环境。

▶二、数字化对渠道成员选择的影响路径

无论是从数字技术的应用能力、渠道成员的客户接触和互动方式的改变以及竞争关系的改变等,数字化技术给渠道成员选择带来了巨大影响。以下是数字化对渠道成员的影响路径。

1. 渠道拓展

通过数字化平台,渠道成员可以更容易地寻找和选择新的渠道伙伴,尤其是那些有着强大数字化营销能力的伙伴。同时,渠道成员可以通过数字化途径与伙伴进行高效、及时的沟通和合作。另外,数字化途径可以使渠道成员的后勤管理更精确,库存管理更准确,降低出错率,提高商业效益。

2. 提升效率

数字化营销工具和平台可以帮助渠道成员改善供应链上下游的产品管理和交互活动,从而提高效率。数字化途径还可以提供更加快捷、可追溯、减少人为因素的销售渠道,降低管理成本,使商业运营更加高效。

3. 数据分析

数字化营销平台收集大量的数据,渠道成员可以通过数据分析挖掘出一些商业价值,如消费者偏好、区域市场需求等。有针对性的商业决策和合作策略将大大提升渠道成员

的竞争力。

4. 树立品牌形象

数字化营销是提升品牌知名度和影响力的一种重要途径。渠道成员可以通过数字化营销向潜在顾客和合作伙伴展示其对客户的关注和对品质的承诺,从而加强品牌认知、品牌好感度和市场地位。

5. 提升客户服务质量

数字化营销可以大大提升渠道成员的客户服务质量,快速响应客户问题,提供及时的信息、支持和反馈,提高客户忠诚度和满意度。

总之,数字化对渠道成员的选择已经产生了深远的影响。数字化营销拥有许多优势和潜力,对希望在市场中寻求更多机会的渠道成员而言,数字化营销是必不可少的工具和途径。拥有数字化营销技能和能力的渠道成员可以为企业带来更多的价值和商业机会,为企业和渠道成员共同赢得更大的市场份额和市场竞争力。

基本概念

批发商　零售商　便利店　专业店　专卖店　购物中心　连锁经营　特许经营

思考题

1. 批发商、零售商有哪些数字化特征?
2. 渠道成员选择的步骤、标准与方法有哪些?
3. 数字化对渠道成员的选择有哪些影响?

案例分析

零食很忙的跨越式发展

零食很忙起步于 2017 年,定位于普通大众的需求,以开在社区的门店为主,打造老百姓家门口的零食连锁品牌,用更低的消费门槛,满足更广大消费者的零食刚需。当前,零食很忙立足于湖南,并加快全国化布局。截至目前,零食很忙的门店数量已突破 2 000 家,并以"每天新开 4 家门店"的行业领先速度飞快发展,2022 年门店销售额超过 60 亿元,门店消费日均超过 70 万人次。公司始终倡导:廉洁文化,即不收不拿,不索取,不业务吃喝,不占便宜,不人情,不世故,不官僚,不形式主义;高效文化,即不拖拉,不死板,有目标,有结果,有价值;极致文化,即专注,较真,竭尽全力,尽善尽美;利他文化,即即有利于大局,先为他人考虑,遵循利他准则,并从以下五个方面打造核心优势。

(1)产品优势。零食很忙有对接全国厂家资源的优势,在选品中仅找国内最好的或者排名前三的品类生产商进行合作,并且拥有试吃体系、试卖体系、定制体系、上新体系。

(2)品控优势。零食很忙除了与第三方检测机构中国检验认证集团达成长期合作,还建立了自主品控实验室,以及健全的售后服务体系。

（3）强管门店优势。零食很忙致力于将加盟连锁做得比直营更好,于 2019 年正式推行门店标准化机制,每月度公布现有门店评分排名,并涵盖奖惩与改善措施。在管理门店上,零食很忙投入高人力高成本,配合智能化管理模式强管门店。

（4）品牌化优势。零食很忙进行创新式品牌发展,焕然一新的品牌 VI 与年轻潮酷的"零小忙"IP 形象的打造,助力品牌辨识度与形象全面提升。品牌先后举办多场城市级"零食狂欢节",并邀约众多明星助阵。

（5）供应链优势。仅 2021 年,零食很忙在供应链中心打造上的投入就超过 5 000 万元,全面建成了科学管理的供应链物流系统、超 30 000 平方米集中式仓储管理体系、专业的供应链团队、高密度的物流配送网、高周转效率的现代化供应系统。

资料来源:艾登的科技小屋.湖南零食店巨头崛起:门店超 3000 家,一年销售额 64 亿元[EB/OL].[2023-7-12]. https://baijiahao. baidu. com/s?id=1771229368813960539&wfr=spider&for=pc.

问题:

1. 作为一家便利店,零食很忙的公司文化有什么特点?
2. 零食很忙的五大优势给其他便利店的发展带来了哪些启示?

第七章 数字化与渠道冲突管理

▌学习目标▌

随着渠道精细化的运作以及销售交易规模的大幅增长,传统渠道之间的冲突在所难免。随着新技术、新文化的到来,线上、线下渠道的冲突也愈演愈烈。通过本章的学习,掌握以下知识:

- 了解渠道冲突的定义、类型及原因;
- 熟悉解决渠道冲突的方法;
- 熟悉渠道窜货的管理方法;
- 掌握数字化对渠道冲突管理的影响。

▌素质目标▌

通过本课程的学习,培养学生的法治意识和思想道德素质,使其熟悉数字化渠道的使用界限和标准,通过合法手段进行渠道活动,避免侵犯他人利益;培养学生的协调能力,使其具备协作能力和沟通技巧;有效控制和解决渠道冲突,促进渠道成员之间的和谐共处以及渠道管理的有序运行。

第一节 渠道冲突概述

渠道体系中,既包括商人中间商(它们取得所有权)和代理中间商(它们帮助转移所有权),还包括处于渠道起点和终点的生产者和最终消费者或用户,以及辅助商等其他类型的渠道成员,由于每个渠道成员的利益不可能一致,渠道成员之间有可能产生各种冲突,从而影响渠道成员之间的和谐共处以及渠道管理的有序运行。

▶一、渠道冲突的定义

在社会体系中,当某一系统部分认为另一系统部分的行为妨碍了其目标的实现或妨碍其有效行为模式的合理呈现,不愉快的气氛就产生了。同样,渠道体系作为一个整体系统,当系统中两个或两个以上的渠道成员互相成为对方不愉快的目标时,冲突的状态就出现了。

庄贵军教授认为,渠道冲突是一种状态,即一个渠道成员认为其另一个渠道成员的行为正在干扰自己目标的实现,使其利益受到威胁。斯特恩认为,渠道冲突就是一个渠道成员出现了妨碍另一个渠道成员实现其目标的做法。

据此我们认为,渠道冲突是指渠道成员发现其他渠道成员从事的活动阻碍或者不利于本组织实现自身的目标,从而发生的种种矛盾和纠纷。

▶二、渠道冲突的类型

(一) 垂直渠道冲突

垂直渠道冲突也称纵向渠道冲突、渠道上下游冲突,是指在同一渠道中不同层次渠道成员之间的冲突。例如,批发商没有按照合同要求及时支付生产商的货款;零售商没有遵守约定实施生产商的价格策略或者促销策略;生产商没有按照约定在规定区域范围授权某分销商的独家代理权。

垂直渠道冲突主要由两方面产生:一方面,越来越多的分销商从自己的利益出发,采取直销和分销相结合的方式销售商品,这就不可避免地要同下游经销商争夺客户,大大影响了下游渠道的积极性;另一方面,当下游经销商的实力增强以后,不甘心目前所处的地位,希望在渠道体系中有更大的份额,向上游经销商发起了竞争。在某些情况下,生产企业为了推广自己的产品,越过一级经销商直接向二级经销商供货,也会使上下游渠道成员产生矛盾。因此,不同层次的渠道成员之间,尤其是生产企业与经销商之间,要有效解决垂直渠道冲突,以促进渠道成员更好地合作。

(二) 水平渠道冲突

水平渠道冲突也称横向渠道冲突,是指某个渠道中处于同一层次的渠道成员之间的冲突。产生水平渠道冲突的原因大多是生产企业没有对目标市场的中间商数量、分管区域做出合理的规划,使中间商互相倾轧,为了获取更多的利益、争取更多的市场份额,在目标市场上展开"抢占地盘行动"。例如,同一产品的 A 经销商与 B 经销商在同一区域范围内的恶性价格竞争;某一地区经营多家企业产品的中间商,可能认为同一地区经营多家企业产品的另一家中间商在定价、促销和售后服务等方面过于进取,抢占了它的市场份额;不同区域范围内的经销商之间由于价格差异形成的货物非正常流动。如果发生了水平渠道冲突,生产企业应及时采取有效措施,缓和并协调这些矛盾,否则会影响渠道成员的合作及产品的销售。

(三) 不同渠道间的冲突

不同渠道间的冲突也称交叉渠道冲突,是指两个不同渠道上处于同一层次上的经销商之间的冲突。随着细分市场和可利用的渠道不断增加,越来越多的企业采用多渠道分销系统,即运用渠道进行组合、整合,但也因此导致不同渠道间发生冲突。例如,线上网络渠道和线下实体渠道之间的价格竞争和客户抢夺;大客户部、KA 卖场、直销部以及经销商之间的客户资源争夺。

▶三、渠道冲突的原因

（一）渠道冲突的表层原因

1. 价格原因

各级批发价的价差常是渠道冲突的诱因。生产商常抱怨分销商的价格过高或过低，影响了其产品的形象与定位，而分销商则抱怨给生产商的折扣过低，使其无利可图。

2. 存货水平

生产商和分销商为了自身的经济效益，都希望把存货水平控制在最低，但存货水平过低又会导致分销商无法及时向客户提供产品，引起销售损失甚至客户流向竞争者。同时，分销商的低存货水平往往会导致生产商的高存货水平，从而影响生产商的经济效益。此外，存货过多还会产生产品过时的风险。因此，存货水平容易导致渠道冲突的问题。

3. 技术咨询与服务提供

分销商不能提供良好的技术咨询及服务，是生产商采取直接销售的重要原因。对某些客户来说，一些技术标准比较固定的产品仍需要通过技术咨询来选择，以满足生产过程的需要。

4. 市场竞争

在当前的工业品市场，客户品牌忠诚度并不高，经营第二产品线会给生产商带来较大的竞争压力。但分销商常常希望经营第二甚至第三产品线，以扩大其经营规模，并免受生产商的控制。

（二）渠道冲突的深层原因

1. 不同利益主体的矛盾

渠道成员之间合作的基础是利益，合作的关键点也是利益。为此，渠道冲突产生的根本原因之一在于利益的分配。生产商与中间商有不同的利益诉求，生产商希望占有更大的市场，获得更多的销售增长额及利润，但大多数零售商，尤其是小型零售商，希望在本地市场上维持一种舒适的地位，即当销售额及利润达到满意的水平时，就满足于安逸的生活；生产商希望中间商只销售自己的产品，但中间商只要有销路就不关心销售哪种品牌；生产商希望将折扣让给买方，而中间商则要求生产企业负担广告费用。

2. 专业化渠道企业发展缺乏稳定性

从渠道体系建设的现状来看，无论是渠道理论、渠道模式，还是渠道规模和专业化深度，都缺乏一定的整体性，专业化渠道企业发展缺乏稳定性，渠道企业自身没有明确的职能定位和一体化的发展理念。在这种背景下，专业化渠道企业发展容易陷入迷茫和徘徊，不得不在业务和融资上寻求多元化。由此导致渠道企业自身缺乏稳定性，降低了企业分销和服务方面的集中投入。

3. 渠道成员的任务和权力不明确

渠道成员之间地区边界、销售信贷等方面任务和权力的模糊和混乱会导致诸多冲突。例如,有些生产商既有自己的销售队伍向大客户供货,又有授权的经销商向大客户推销。冲突还可能来自渠道成员的市场知觉差异。例如,生产商预测近期经济前景好,要求经销商的存货水平高一些,而经销商却认为经济前景不容乐观,不愿保留较多的存货。

4. 生产商对经销商的依赖度过高

现实中,生产商过分依赖经销商的现象十分普遍。经销商由于良好的市场机遇,掌握了巨大的市场资源,规模迅速扩大,但经营能力却提升缓慢。它们不能主动适应新市场、新环境,甚至不能全力提高销量,不能贯彻生产商的销售政策,往往使生产商的努力付诸东流。同时,经销商队伍大多是以个体户为基础发展起来的,在市场开发能力、促销能力、管理能力和自我提高能力等方面存在不足,过分依赖经销商,会导致生产商不能准确把握市场情况,缺乏市场资料来制定分销战略,降低了对渠道的控制力。

▶ 四、渠道冲突的结果

（一）积极影响

良性渠道冲突的结果是积极的、建设性的。良性渠道冲突不会损害相互间的关系,相反,会互相促进,提高绩效,形成合理的竞争激励。在没有任何冲突的渠道中,渠道成员会变得不求创新,最终渠道本身也会失去竞争力。不存在任何冲突的渠道成员间的关系并不一定就是和谐的,很可能是冷漠的。现实企业经营活动中,没有冲突的渠道体系是不存在的。

应该如何保证渠道冲突产生良性的结果呢?首先,渠道成员应当是尽责的,能够承担渠道所分配的职责。其次,渠道成员应当把产生冲突看作正常的现象,对冲突抱忍耐的态度,不因冲突而损害相互间的信任。最后,需要对刚显现出来的冲突和分歧及时采取适当的办法加以引导,使冲突保持在一定限度内。

（二）消极影响

如果渠道中的不同环节发生冲突,可能会导致销售额下降。例如,如果两个经销商代理相同的产品并且价格竞争激烈,那么"价格战"就可能破坏品牌和产品的形象,导致销售额下降。渠道内的冲突也可能对品牌形象造成负面影响。如果一些销售渠道经销商为了达成自身利益而滥用品牌标志或违反品牌形象标准,会导致品牌形象受损,给品牌带来负面影响,导致生产商、经销商和零售商之间的关系紊乱,加大合作难度,相互之间的信任度和忠诚度也会下降。此外,如果渠道上存在不必要的冲突,库存、运输和销售费用等方面都会受到影响,导致成本增加。恶性渠道冲突会导致渠道成员蓄意破坏、损害或阻挠其他渠道成员的行为,无论是对渠道有关各方,还是整个渠道系统都会产生消极影响,必须尽可能避免这类冲突。

第二节　渠道冲突的管理策略、方法与防范机制

▶一、渠道冲突的管理策略

（一）明确主导渠道模式

在市场开发战略思想上，首先必须明确渠道的发展方向，是以直销方式为主渠道，还是以经销方式为主渠道，这两者有着不同的操作模式。如果以直销方式为主渠道，原有经销商只能作为二批，办事处完全控制整个渠道的关键环节。这就要求不能进行区域划分，因为区域市场的主动权在经销商手中，企业将对经销商区域市场失去掌控力，让经销渠道有能力与直销渠道对抗。如果以经销方式为主渠道，应明确办事处的直销队伍仅起辅助作用。虽然让办事处训练有素的直销队伍开发空白的市场是非常恰当的，但是空白市场一旦成熟就必须移交给经销商，树立起经销商体系的优势，使经销渠道和直销渠道双方保持共同的利益目标。

（二）合理分配渠道利益

传统渠道对渠道网络的掌控具有一定的优势，可以通过与渠道成员建立良好的人脉关系，构建一个完善的渠道网络，并通过时间和关系的积累，最终形成良好的渠道关系网络。为了保障经销渠道的正常运转，应在市场上实行严格的级差价格体系，以确保经销渠道销售网络内部各个层次、各个环节都能获得相应利润，使整个网络得以正常运转。

（三）适时推进渠道变革

在时机不成熟的情况下，不要改变其他渠道的经营方式。对渠道的改造不能一蹴而就，在经销渠道不完善、经销商的实力较弱、没有经验的情况下进行渠道的扁平化变革，促使一批经销商直接面向终端，将加剧渠道成员之间的矛盾。渠道的变革应该在成熟的市场中进行，因此企业首先需要完善渠道，让渠道成为市场上的优势渠道，在企业对渠道的掌控力提高的前提下进行渠道的扁平化变革，避免形成市场的波动。

（四）提供优质渠道服务

生产企业对经销商不是简单地利用，而是要把经销商看作企业的第一顾客，向其提供优质服务，经常性、系统性地进行指导和培训，统一双方的理念和利益，建立一种共存共荣的伙伴关系。通过完善经销商的管理，使其由原本的粗放型向精细型转变，使经销商向专业化、公司化发展。对销售通路中所有网点定区、定点、定人、定时地进行细致的服务与管理，达到对市场状况的全面掌控，使信息得到有效传达和反馈，在销售通路中以灵活性逐步获得对市场的掌控能力。

▶二、渠道冲突的管理方法

■（一）谈判手段

谈判的目的在于停止成员间的冲突。妥协也许会避免冲突爆发,但不是解决冲突的根本问题。只要压力继续存在,终究会导致冲突产生。谈判是渠道成员"讨价还价"的一个方法。在谈判过程中,成员会放弃一些东西,从而避免冲突发生,谈判效果取决于成员的沟通能力。事实上,利用谈判解决冲突时,需要对每位成员采取独立的战略方法,以确保能解决问题。

■（二）调解手段

调解一般分为以下两种。

1. 建议

第三方调解人试图劝说争论双方,要么继续谈判,要么考虑接受调解程序或调解人的建议。调解人一般会对情况有一个全新的看法,并且能发现"局内人"所不能发现的机会。通过调解人的建议,方案就有可能变得可以接受了。

2. 签订协议及监督

有效的调解可以成功地澄清事实,保持与对方的接触,寻求可能达成共识的基础,促使双方同意某些提议,而且监督协议的实施。

■（三）仲裁手段

仲裁能够代替调解,它可以是强制的或自愿的。强制性的仲裁是双方必须按照法律规定服从于第三方,由第三方做出最终和综合性的决定。自愿的仲裁是双方自愿服从于第三方,由第三方做出最终和综合的决定。利用仲裁解决问题时,需要第三方的加入。仲裁方提出的建议,矛盾双方不一定都能接受。用仲裁来解决问题很普遍,但事实上往往不能解决问题,主要是因为很少能找到一个合适的仲裁人,并且提出一个大家都能接受的建议。

■（四）法律手段

诉诸法律也是借助外力来解决冲突的方法。采用这种方法也意味着渠道中的领导力不起作用,即通过谈判、劝说等途径已没有效果。

■（五）管控手段

在分销商达不到分销合同的要求时,就必须采用清除和替补渠道成员的办法进行管控。例如,当分销商进行恶意的跨地区冲货销售,或是进行恶性的价格竞争,而对生产商或供应商的政策和合同条款置之不理时,就要立即停止执行分销合同,将对方以"红牌"罚下场。

（六）强制手段

解决冲突的最后一种方法就是退出该渠道，这是一种强制解决冲突的手段。事实上，退出某一渠道是解决冲突的普通方法。当水平性或垂直性冲突不可调和时，退出是一种可取的方法。从现有渠道中退出可能意味着中断与某个或某些渠道成员的合同关系。

▶三、渠道冲突的防范机制

（一）建立渠道调整机制

1. 渠道合作机制调整

（1）合作理念升级，从"唯利"转变为"共同永续发展"。在渠道变革中，首先要改变经销商的经营思路，经营合作的目的不再是以短期利益为重心，而是通过根本的体制性变革，使渠道成员之间通力合作，追求共同成长、永续发展。经销商不再只是赚取价差利润，而是在扩展市场，追求长期发展，把自己做大、做强。渠道成员之间形成战略合作伙伴关系，更容易形成共同的愿景。形成渠道整体的"核心思想"，是保持协调一致的先决条件。

（2）渠道成员互相融合、渗透，合力作战。应改变过去生产商、经销商各自独立的局面，生产商更应降低姿态，不要总是高高在上，通过向终端逐步融合、渗透，贴近消费者，达到在实际意义上的渠道扁平化，而不仅仅是在形式上减少层级。单纯地减少层级，而经销商的能力不能快速提升，管理不了更多的下游客户，其效果往往是适得其反。再者，生产商融入经销商之中，可以优势互补，更充分地整合、利用各方资源。

（3）职能统一，共同协调。在渠道变革中，要完善和强化经销商与中间商的职能，以达到与生产商在管理、营销、财务和物流各个方面的纵向协调，甚至要逐步在系统内推行标准化的作业流程，建立数据库共享平台等，提高整个系统的作业与管理效率。

2. 渠道职能分工调整

（1）重塑渠道成员职能分工。一般意义上的渠道扁平化往往试图将"全职"的经销商"简化"为资金和物流的平台，通过削弱其固有的职能，来强化产品的市场"推力"。这其实是生产商一个不得已的选择，也是当前经销商业务能力相对低下的真实写照。作为产业价值链中的重要一环，经销商本该创造自身的价值，然而由于能力所限，往往难有作为，生产商只能越俎代庖。这显然违反了社会分工的原则，也违背了事物的内在规律。所以，对渠道扁平化操作模式进行改进，在某种程度上体现的就是一种面向传统分销模式的"回归"。

（2）给经销商更多的业务职能。既然生产商"包办代替"显得如此"力不从心"，不如重新把职能归还给经销商，这更符合事物内在规律，更具有市场效益潜力。不过考虑到经销商现有的实力和业务水平，这种归还应该是分期、分批、有目的、有步骤的，而且一般而言也只是部分地归还（如归还一些技术含量比较低的日常操作性工作），而真正的核心环节（如 KA 的掌控、品牌传播、各种活动的整体规划等）仍然要牢牢地掌握在生产商手中。因为渠道扁平化的本意就在于确立生产商的主导地位,进而强化渠道的市场"推力"。

(3)生产商服务重新"聚焦"经销商。在很长一段时间,生产商的服务重心已经跨过了经销商而直接放在了终端。经销商甚至成为"被服务遗忘的角落"。随着经销商职能的调整,这种局面必须得到改变,而当务之急便是为经销商提供业务培训服务。这是经销商得以独当一面的必由之路。生产商应该充分利用自己在文化、品牌、管理、资源及人才等方面的优势,向核心经销商输出文化、理念、管理和人才,以培育经销商独立运作渠道以及管理终端的能力。

(4)重新审视流程,做好分工。把握以生产商为主导的原则,首先将自身具备比较优势的以及产业链中核心的环节牢牢地掌控在自己的手中,然后将一些不具有比较优势的、技术含量相对较低的、劳动密集型的非核心环节交给经销商操作。

（二）建立渠道沟通机制

渠道沟通是一种多向的、主动的、整合的信息传播沟通方式,是生产商为了建立稳定、高效的渠道系统,制定出与各级经销商沟通的制度与途径,以创造渠道优势,实现渠道系统的利润最大化。沟通的特征表现为沟通过程的动态性、结构的复杂性、沟通过程本质的互动性、沟通的推测性、沟通的符号性、沟通对环境的依赖性、沟通的自我反省性等。生产商在与经销商进行沟通时,完全可以利用这些特征达到理念、信息、情感的传递与共享,以实现渠道系统的共同目标。

1. 理念沟通

生产商在生产经营过程中,都会形成一定的营销理念,这种理念会体现在其分销策略之中。而一系列营销策略要真正贯彻下去,产生显著的效果,离不开渠道中各级经销商的通力配合。为此,生产商有必要将企业的营销理念与经销商进行沟通,在理念上达成共识。这样生产商的企业文化、产品形象才能在销售终端被消费者感知,渠道政策、促销政策才能真正在销售中得以贯彻,产生效果。

生产商与经销商理念上的高度一致可以形成强大的营销合力。如果理念的方向有偏差,营销的合力就会被削弱,甚至成为市场发展的阻力,营销理念在实际工作中也就成为一纸空文。现代企业实行深度分销,在渠道的每个环节都力争精耕细作,可是在发展的过程中,如果得不到经销商的支持,许多工作只能是事倍功半。理念的有效沟通,并达成一致,是营销成功最为关键一步。因为只有双方对理念认同,才会保证行动一致;只有双方对理念认同,才会在共同的目标激励下,创造竞争优势。

2. 信息沟通

渠道中信息能否快速、顺畅地沟通是衡量渠道绩效的一个重要指标。以科学的方法在渠道成员之间安排、协调或分享数据,提高信息沟通的程度,可以大大强化生产商的市场竞争优势。通过采用先进的信息管理系统,可以使信息在渠道成员、客户之间准确而及时地沟通,将渠道成员与客户、市场紧密地联系在一起,减少企业反应时间,使客户满意度最大化。例如,宝洁公司在这方面有出色的做法。宝洁有一大批中高级管理人员与其顶级客户沃尔玛相邻办公。巨大的网络平台系统与沃尔玛连接,24小时不停地工作,沃尔玛的存货情况、即时的产品需求、补货数量、补货时间、消费者的意见反馈都以最快的速度传输到宝洁公司办公室,使宝洁公司能够据此随机应变。而对级别较低的渠道成员,宝洁公司则采用电话、传真、网络、邮寄、人员等方式进行沟通和了解。这种信息沟通为渠道成员创造了巨大的利益。

需要注意的是,在生产商与经销商的信息沟通中,应避免单纯地由生产商向渠道下级成员发送信息,下级成员再反馈,这种沟通方式本身就使下级成员成为被动接受者,而且其过程深受编码和解码过程的影响,有时会被曲解。有效的信息沟通是一个连续、持久的过程,二者之间不存在谁是发送者、谁是接受者,信息和反馈同时进行,从而产生共享价值。这样可以使经销商积极主动地参与沟通。

3. 情感沟通

生产商与经销商的情感沟通是必需的,是利益沟通、理念沟通、信息沟通的润滑剂、增强剂。如果生产商与经销商没有情感基础,经销商很容易仅考虑自己的利益,而不体谅生产商的难处,不考虑生产商的利益。生产商的业务代表或其他成员要经常对经销商特别是对直接供货的经销商进行拜访与沟通,以加深感情。在业务交往过程中,人们常常对人情看得较重,生产商与经销商保持良好的关系、业务代表与经销商代表保持良好的私人关系,有助于在业务方面的互相合作与支持。在与经销商交往时要注意人际关系沟通,在同经销商建立比较亲密的关系后,以诚相待,对稳定渠道、贯彻渠道政策有着不可替代的作用。

（三）建立利益分配机制

渠道的冲突实际上是渠道成员之间的一种博弈,渠道成员为了自身获取更多的利益,做出了只对自身有利的决策,就有可能影响上游或者下游的利益,势必遭到反击,从而造成渠道的冲突。

现代渠道系统实际上是把"矛盾的统一体"变成"利益的统一体"。在这一系统中,合作伙伴之间的利益是一致的,目标是统一的,所有成员追求的是整个系统利益最大化前提下的各自利益最大化,而且这种均衡有相对的稳定性和长期性。但在实际操作中,渠道成员扮演的角色不同,追求目标的侧重点存在差异。生产商强调对市场及经销商进行严格控制与管理,经销商则以利润最大化为目的。通过利益沟通,可以强调渠道最终利益的一致,以赢得渠道成员充分的认识和认可,用长期目标分散短期利益纷争,使渠道成员着眼于未来和大局,精诚合作,为实现共同目标而努力。这种利益的沟通也成为生产商与经销商之间最深层次、最具主导性、最持久和最具有决定作用的沟通。

（四）引入第三方监督机制

垂直渠道的成员之间之所以发生冲突,在某种程度上说是因为缺乏有效的监督或调节机制。由于双方在问题出现时没有统一的判断是非对错的标准,渠道成员都按照自己的利益来判定己方和他方的对错,这显然是有失公允的,而且是得不到他方承认的。因为双方判定的标准不同,所以双方得出的解决问题的方案自然会有很大的反差,更不可能得到对方的同意,这显然会激发双方的矛盾,最后造成冲突。若成员之间有共同认可的机构对双方都进行监督,当问题出现时有一个共同选出的机构对双方的矛盾进行调解,渠道成员之间有了统一的判断是非的标准,那么问题将会得到更加客观的解释和解决,引发冲突的可能性也会随之降低。

但是这对引入的第三方监督机构要求比较高。首先是不参与渠道成员之间的任何商业活动,但又必须对渠道成员的活动有详细的了解,以便在问题出现时能够做出公正的评判。其次是要得到双方的认可,只有双方都充分信任这个第三方机构,才会放心将矛盾交给第三方机构来解决。最后是这个机构要能够做到公正,在公正的前提下高效地解决成员间的矛盾。有失公正则必失信任,那么第三方机构也就没有了存在的意义。不够高效,就有损企业的利益,那么这个机构也就不需要存在了。

第三节　窜货管理概述及管理策略

窜货是渠道冲突中最典型的方式之一,也是容易产生负面影响的渠道冲突形式。营销实践活动中常常描述:没有窜货的销售,是不红火的销售;大量窜货的销售,是危险的销售。

▶一、窜货的概念

窜货又叫冲货、倒货或越区销售,是指经销网络中的各级代理商、分公司等受利益驱动,使所经销的产品跨区域销售,造成价格混乱,从而使其他经销商对产品失去信心,消费者对品牌失去信任的一种现象。常见的形式如下。

(1) 分公司与分公司之间产生窜货。某些分公司为了能够完成销售指标,取得良好的业绩,会将产品销售给需求量大的兄弟分公司,产生了公司之间的窜货现象。

(2) 同一区域市场的分销商进行窜货。一种产品常常要从生产商经各级分销商到达消费者,以自上而下的顺序流通。但当其中某些分销商想获取更多的利益,而跳过下级的分销商,直接向批发商跨级供货,就会导致窜货的发生。

(3) 不同区域的分销商之间进行窜货。同一件产品,当甲、乙两地市场供求关系不平衡时,或者两地的同一产品价格相差较大的时候,价格低的分销商就会将其产品售往价格高的市场,形成跨区域低价抛售,产生窜货。

▶二、窜货的类型

(一) 自然窜货

自然窜货是指经销商在正常价格范围内无意识地将产品销往企业划定的销售区域以外的现象,一般发生在销售区域交界区、物质流通中心或物质集散地。企业一般依托城市或区域经济中心划分销售区域,与行政区划基本重合,而处在城市和区域经济中心之间的经销商或消费者在采购过程中,需要综合考虑采购价格、运输成本等各种因素,选择空间距离最近或综合成本最小的采购和购买方案,从而突破企业的销售区域划分,出现自然窜货现象。此外,连锁企业在集中采购和统一配送过程中,也可能出现产品的跨区域流动现象。

（二）良性窜货

在市场开发和新产品引入期，为了使产品迅速覆盖市场，业务人员往往会在商品流通中心和商品集散地选择经销商，或与流通能力较强的经销商合作，借助流通中心的流通能力或经销商的影响，使产品迅速流向终端，在此过程中出现的产品跨区域销售现象，称为良性窜货。与自然窜货不同，良性窜货是市场业务人员有意而为之，目的是使产品低成本进入市场，增加销售额和扩大企业知名度，因而这也为许多尚处于市场开发初期或需要快速开发新市场的企业所青睐。

（三）恶性窜货

企业分支机构或市场业务人员、中间商、代理商为了获取超额销售提成或商业返点，以低于企业定价的价格向授权区域外销售产品的现象，称为恶性窜货。与良性窜货不同，恶性窜货虽然也是一种主动窜货，但其目的不是低成本地扩大产品的影响和覆盖市场，而是增加销售量以拿到更多的商业返点、提成。判断恶性窜货的依据有两个：一是价格低于企业定价；二是商品跨区域流动。恶性窜货出现的原因比较复杂，给经销商按销量给予商业返点、业务人员按销售业绩提成、渠道发展不平衡、存在地区价格差距等都可能导致恶性窜货现象的出现。此外，竞争对手为了扰乱对方的市场价格体系，也可能低价收购少量的对方产品，然后低价抛售扰乱市场，导致出现恶性窜货现象。营销人员所讲的窜货，通常是指恶性窜货，这种窜货现象在快速消费品领域最容易出现。

三、恶性窜货的原因

（一）价格体系不合理

价格体系的不完善是造成经销商"越区销售"的原因之一。利润永远是渠道成员追求的目标，只要有利可图，就会见利而趋。三级批发定价是目前许多企业在产品定价上采用的传统定价方法。这个价格体系呈阶梯状，由总经销价（出厂价），一批、二批、三批价，以及建议零售价组成。每个阶梯之间都有一定比例的折扣，这个折扣比例的存在，便成了利润的源头。如果总经销商自己做终端市场，就可以享受两个阶梯的价格折扣所带来的相当丰厚的利润。这种价格体系产生的巨大的空间差异，就形成了那些重利、不重量的经销商跨区域销售的诱因。

（二）激励措施不科学

生产商对经销商往往采用年终返利、高额回扣、经销权、特殊奖励等激励措施，但所采用的种种激励措施一般都会以经销商完成一定额度为基准，经销商超过指标的百分比越高，则获得的奖励越多，带来的利润也就越多。为完成既定的销售量，获得高额奖励，许多经销商不顾一切地来提高销售量，包括向其他区域市场"攻城抢份额"，甚至倒贴差价，赔本销售，形成了经销商之间的窜货。

（三）代理商不恰当

许多生产商因利益驱使而不顾市场规范,只要愿拿钱来买货,就可以成为在当地的经销商,导致渠道混乱,窜货现象频发。

（四）渠道管理不规范

有些生产商为了片面追求销量,采取短期行为,对窜货现象重视不够,信息反馈不及时,不能及时发现,待知道时已无法收拾,或是处理不严,更有甚者姑息纵容。

（五）销售任务不合理

许多生产商为了抢占市场,盲目给各地经销商增加销量,经销商一旦在限定的区域内无法达到一定目标,就很自然地选择跨区域销售。还有一些生产商由于售后服务跟不上,造成货物积压又不能退货,经销商为了减少损失,就将产品拿到畅销的市场上出售,从而形成窜货。

（六）营销人员不道德

营销人员的收入始终与销售业绩挂钩,有的营销人员为了自己多拿工资,不顾企业的销售政策,鼓动经销商违规操作,向其他区域发货。更有甚者,有的营销人员缺乏职业道德,已经跳槽了,临走时跟经销商达成某种默契,以种种理由求得生产商的支持,向其他地区窜货,引起区域冲突。

▶四、恶性窜货的危害

（一）影响经销商积极性

恶性窜货极易引发经销商之间的恶性竞争和价格战,使经销商利益受损,挫伤经销商的积极性。经销商销售某品牌产品的最直接动力是利润。一旦出现价格混乱,销售商的正常销售就会受到严重干扰,利润的减少会使销售商对品牌失去信心,最后拒售商品。

（二）影响销售人员积极性

通过恶性窜货方式流入市场的产品扰乱了当地的市场价格体系,增大了价格维护难度,如不能迅速查清其来源并及时治理,销售人员的工作积极性将严重受挫。

（三）影响消费者对品牌的信心

消费者对品牌的信心来自良好的品牌形象和规范的价格体系。金利来对此曾有深刻的教训。金利来通过大量广告宣传和优质的产品成功塑造了"男人的世界"的良好形象,但早期对假货和窜货现象管理不严,地区差价达到一倍甚至几倍,消费者由于惧怕买到假货,不敢购买真假难辨的金利来,金利来作为名牌,其品牌保证价值显得苍白无力。

（四）影响企业的可持续发展

市场出现恶性窜货时，经销商为了维护自身利益可能要求退货，或要求补足差额以保证其正常盈利，这无疑使生产企业面临要么痛失市场份额，要么蒙受巨额经济损失的艰难抉择。如果既不退货，也不补差额，经销商会为了保证自身品种齐全而继续持有少量商品，却向消费者宣传该商品的种种不足，推荐其他利润相对较高的商品，这不仅严重损害企业形象，也直接导致消费者忠诚度下滑。窜货现象导致价格混乱和渠道受阻，严重威胁着品牌的无形资产和企业的正常经营。

▶五、恶性窜货的防范

（一）制定完善的营销政策

（1）合理的价格政策。企业的价格政策不仅要考虑出厂价格，而且还要考虑一批价、二批价、终端销售价。每一级别的利润空间设置不可过大，也不可过小，每一级的价格须严格执行。

（2）合理的专营权政策。企业在和经销商签订专营权合同时，要对窜货问题做出明确的规定。企业应该在合同中注明以下条款：区域限定、授权期限、违约处置等。

（3）合理的促销政策。在制定促销政策时，大多数企业过多看重结果，而忽视了促销过程和质量，从而造成一促销就窜货，停止促销就销不动的局面。完善的促销政策应考虑合理的促销目标、适度的奖励额度、恰当的促销时间、严格的兑奖措施和有效的市场监控，以确保整个促销活动在计划范围之内进行，防止出现失控。

（4）合理的返利政策。在返利方面，企业应在合同中注明以下条款：返利的标准、返利的时间、返利的形式、返利的附属条件。

（二）建立稳定的营销网络

（1）应明确某一区域为总经销商的市场范围，并在相依区域内分别设立不同的总经销商，从网络体系上堵住可能产生跨区域销售行为的漏洞。

（2）以城市市场为中心，建立起区域内的包括二级经销商、三级经销商、零售商在内的销售网络，以区域内完整的销售体系来抵御其他区域总经销商的冲击。

（3）总经销商一旦确定，就应该维持相关区域营销网络的相对稳定，除非特殊情况，不轻易更换总经销商，避免出现市场真空。

（4）要求各地经销商采取"高筑墙，不扩张"的相邻市场关系政策。把主要精力放在本地市场的潜力挖掘上，不给其他经销商创造进入本地市场的机会，同时严格禁止向其他市场扩张。

（三）培养稳健的经营作风

（1）制定现实可行的营销目标。稳健的经营作风可以有效地控制窜货现象，要制定既有激励效应，又现实可行的营销目标。在对现有市场进行认真总结和对自有资源详细清查之后,制定符合实际的营销目标,不急功冒进,不盲目扩张。只有这样,才能进可攻,退可守。

(2) 提供良好的售后服务。对于售后服务,一般的企业都是说得多,做得少。企业应该认识到今后的营销竞争中很大的一个因素是服务之争。良好的售后服务才能使经销商对企业有亲近感,在经营时对企业有责任感,有忠诚度,不会以主动窜货来破坏这种感情。良好的售后服务是增进企业、经销商和消费者感情的最好纽带,企业切不可忽视这一点。

（四）建立健全的管理体系

(1) 加强对销售渠道的管理。一是对企业内部经销商的管理。企业应该规范各项规章制度,使每一项政策的提出和执行都能科学化、制度化,并有一套健全的监督制度。二是对销售终端的管理。终端销售是窜货最常见的发生点。

(2) 设立市场总监并建立市场巡视员工作制度,把制止窜货作为日常工作常抓不懈。市场总监的职责就是带领市场巡视员经常性地检查巡视各地市场,及时发现问题,并会同企业各相关部门予以解决。市场总监是制止跨区域销售行为的直接管理者,由企业最高层直接领导,一旦发现跨区域销售行为,他们有权决定处罚事宜。

(3) 实行奖罚制。发生窜货的两地,必然有其他经销商由于利益受损而向企业举报,对举报的经销商,应该给予奖励;对窜货商,实行四级处罚,即警告、停止广告支持、取消当年返利和取消其经销权,按窜货行为的严重程度区别执行;对有违规行为的营销人员也绝不姑息,轻则处罚,重则开除。

(4) 实行产品代码制。实行产品代码制,便于企业对窜货做出准确判断和迅速反应。代码制是指对每个销售区域编上唯一的号码,印在产品包装上。一旦在甲地发现乙地的产品,就可以判断出窜货的来源,企业也就能迅速做出反应。

第四节　数字化对渠道冲突管理的影响

数字化是企业在内部运用数字技术优化业务流程、运营方式和工作方式,利用区块链等数字技术,保存价格、销售、库存、订单、物流等渠道数据记录,方便企业进行对比分析和未来预测,进而促进企业发展,帮助企业降本增效,为渠道冲突及其管理带来好处。

▶一、减少渠道冲突的发生

（一）提高信息共享效率

企业利用数字技术可以建立实时的信息平台,让企业、渠道商和终端客户之间能够快速、精准地交流,提高渠道成员之间的信息共享效率,降低信息滞后度和信息损失率,渠道成员在同样的信息基础上进行权衡决策,减少渠道成员的不满。数字技术可以将渠道各个成员的渠道归属、地区边界、经营品类、上下游渠道商、职能定位、商品(服务)价格等有关信息进行整合,渠道成员可以随时了解其他成员的相关信息,避免出现任务、权利混乱等问题,利用数字技术及时发现问题并进行针对性调整,减少渠道冲突的发生。

▍（二）增加渠道专业化程度

企业可以利用数字技术组建专业化渠道企业。一方面,专业化渠道企业可以明确职能定位,坚持一体化发展理念,精密制定渠道策略,合理设计渠道,减少人为因素的影响;通过采用集中调度和离线分配等方式,实现全渠道成员、各企业人员协同执行渠道策略;借助互联网经常性、系统性地对中间商、经销商进行指导和培训,统一渠道成员的理念和利益,推动中间商、经销商深入贯彻企业的销售政策;通过数据分析,向渠道商提供相应的服务,减少库存积压,合理定价,改善渠道商的生存环境帮助渠道商提高运营效率。另一方面,专业化渠道企业可以作为第三方监督机构,制定第三方监督机制,实时监控渠道成员的所有活动,了解渠道商的销售情况、库存情况、商品退货情况等,及时发现并解决渠道商之间的矛盾,避免矛盾激化,减少渠道冲突的发生。

▍（三）促进企业对渠道商的监督

企业可以使用专业的监测软件来监测渠道商的行为,了解渠道商的交易细节、销售情况和市场动向,进而发现渠道商是否存在不当行为;利用数据分析工具来监测渠道商的表现和销售数据,以便比较不同时期的销售情况,更好地了解渠道商的表现,强化监督,及时发现异常模式或交易变化。例如,如果某个渠道商的销售数据异常高或异常低,企业就可以检查该渠道商的销售情况,利用区块链技术验证合同和交易记录的真实性和完整性,以确保其符合法律法规以及企业、渠道商的利益。这样一来,企业就可以确保渠道商提交的所有数据都是真实的,并且不能被篡改。区块链技术还可以通过智能合同来自动执行和监控合同条款,进一步确保交易安全,并推动渠道商主动、如实履行分销合同条款,掌握分销进度。企业通过监督,可以促进利益在渠道商之间的合理分配,减少渠道冲突的发生。

▍（四）增加渠道的灵活性

企业可以利用在线招投标平台来寻找合适的渠道商,在线招投标平台可以帮助企业发布招标信息,并在一定时间内收集商家的应标信息,根据商家提供的各项资料,进行筛选,以决定是否选择合作。同时,平台也可以帮助企业直接屏蔽不符合条件的商家,最大限度地保障合作方的利益;利用数据分析工具对渠道商的销售数据、市场反应、客户反馈等进行分析,以便更好地了解渠道商的表现和效果;利用智能合约技术,创建合同来规范和记录与渠道商的合作关系,实现自动化,减少对渠道商的依赖性,及时发现渠道商的违规行为,从而决定是否选择或放弃该渠道商,保障双方合法权益,并及时替补渠道成员或调整渠道模式,更新渠道。

▶ 二、强化渠道冲突的管理

▍（一）加强谈判的技术支持

1. 快速和实时地通信

数字技术带来了新的通信方式,如即时通信软件、视频会议技术、社交媒体平台。即时通信软件(如微信、QQ、钉钉等)提供了实时消息发送和接收的功能,便于企业和渠道商及时沟通,解决问题和加强协作;视频会议技术将企业和渠道商分散的人员快速聚集到一起,进行实时沟通和协作,大幅提高工作效率;社交媒体平台(如微博、Twitter、LinkedIn等)的出现使企业和渠道商的信息可以实时传播和沟通,企业还可以通过社交媒体平台与客户或消费者互动,了解他们的反馈和需求,及时做出应对。数字技术给企业和渠道商提供了快速和实时的通信方式,在渠道冲突发生之后,双方可以通过文本、语音、视频等方式进行快速交流,谈判主体不必亲自见面,可以更快地取得进展。

2. 大数据分析

数据挖掘和分析技术可以从各种数据来源中快速提取有效信息,包括市场行情、竞争对手、客户需求等。交互式可视化工具能够将庞大的数字数据转化为图表、图形等形式,帮助企业和渠道商更直观地理解数据的内涵和含义,为企业和渠道商提供更精准的参考数据,从而为谈判提供更多的信息和依据。例如,通过分析市场趋势和竞争渠道商的数据,谈判主体可以更好地了解市场和行业的状况。

3. 智能化协作

数字技术可以提供协作工具,如在线文档、协作表格等,企业和渠道商可在线上共同编辑、查看、讨论文档,共享分析报告、市场研究、竞争分析等信息,更好地了解各方的需求、目标和优势,更容易地了解对方的策略,实现谈判的目的,解决渠道冲突。同时,数字技术可以提供版本控制和访问控制等功能,有助于保证文件的安全性。

4. 虚拟现实技术

数字技术的另一个重要应用是虚拟现实技术,它可以创建虚拟会议场景,使谈判双方以身临其境的方式进行交流。如果双方在不同地方,或者无法在同一现实场景中会面,虚拟会议可以提供一个更接近真实会议的环境,提高互动和沟通的效果,为谈判提供更加逼真的体验。同时,利用虚拟现实技术可以减少谈判成本和费用,方便快捷地探索不同的解决方案。

数字技术已经深刻地改变了谈判的方式和过程,为谈判双方提供了更多工具和资源,从而促进了谈判的效率和精准度,强化渠道冲突的管理。

（二）改善调解和仲裁流程

1. 加强信息共享和协作

渠道冲突发生后,可能会采取调解和仲裁的方式解决冲突,调解和仲裁都需要双方或多方共同参与,数字技术可以提供更好的信息共享和协作工具,如在线协作平台、云存储和视频会议等,可以实现全球范围内的协作和信息共享,大大提高了调解和仲裁的效率和准确性。

2. 提高数据分析和预测能力

数字技术可以收集和处理大量数据,包括案件相关的数据,如司法判决的数据、仲裁裁决的数据等。通过分析这些数据,一方面,可以找出数据的潜在特征和共性,为仲裁提供支持;另一方面,可以利用数字技术构建诸如机器学习和人工智能模型的预测模型,以预测案件的发展走向和可能的结果。这些模型基于已有数据进行学习,能够识别出案件中的重要节点和潜在矛盾点,调解和仲裁双方可以更好地了解已有案例和预测结果,制定更好的决策方案。

3. 加强安全保障和文件管理

数字技术可以为调解和谈判提供更好的安全保障和文件管理。例如,数字签名采用计算机技术来保护文件的完整性和真实性,它使用文件中的数据来生成一个电子签名,以验证文件。对于调解和仲裁文件,数字签名可以在确保文件真实、完整和未经篡改的同时,保护其机密性,以保障双方权益。数字技术可以提供云存储服务,将调解和仲裁文件在云服务平台上进行存储。云存储的优势是能够在多个设备上共享文件,使调解和仲裁人员可以随时随地访问和共享文件,方便解决文件传输和管理的问题,并且保障文件的安全性和完整性。

4. 实现在线调解和仲裁

数字技术可以支持在线调解和仲裁,企业和渠道商可以选择适合自己的在线调解和仲裁平台,并确保该平台符合所在地的法律法规要求,通过虚拟会议室在线进行调解和仲裁。在线调解和仲裁平台可以提供虚拟会议室和数字签名等在线服务,并为申请人提供相应的指导建议,根据案情选择合适的调解和仲裁人员,通知双方,并协调确定仲裁人员的选择。通过虚拟会议室在线进行调解和仲裁,在聆听陈述后,仲裁人员会根据相关证据进行判决。在调解和仲裁结束后,仲裁人员可以在平台上签署电子调解和仲裁文件等文件。在线仲裁和调解在特定情况下尤其重要,如在跨境纠纷、多方纠纷和紧急情况下,在线调解和仲裁可以加快解决冲突的速度,降低成本,为参与方提供更好的灵活性和方便性。

数字技术的快速发展为推动持续改善调解和仲裁流程提供了许多工具和建议,对调解和仲裁有很大影响,为解决渠道冲突提供了新的机会。

基本概念

渠道冲突　良性窜货　恶性窜货

思考题

1. 渠道冲突的类型有哪些?
2. 渠道冲突的原因有哪些?
3. 渠道冲突的危害有哪些?
4. 如何评估渠道冲突?
5. 如何管理和控制渠道冲突?
6. 数字化如何影响渠道冲突管理?

案例分析

宝洁公司渠道冲突管理分析

宝洁公司的渠道冲突管理可以按照结构变量划分为多渠道冲突管理、垂直渠道冲突管理和水平渠道冲突管理三种类型,借此可以了解宝洁公司在渠道冲突管理中的具体运作和成功经验。

1. 多渠道冲突管理

宝洁公司所处的日化行业属于快速消费品行业,这种行业消费者的购买具有不同于其他行业的一些特点,最明显的是购买者的购买行为具有冲动性和习惯性的购买特征,而且消费者购买选择的品牌忠诚度不高。对于这样的行业,企业只有拥有高效的多种渠道才能把产品以最快的速度转移到消费者的手里,使消费者能够方便地买到。

首先,宝洁公司把多渠道的组织按一定的要求进行分类管理,以便充分发挥它们各自的优势。在宝洁公司的渠道组织划分中,小店主要是月销量低于 5 箱的小型商店、商亭及各种货摊;大店是指百货商店、超级市场、连锁店、平价仓储商场、食杂店、国际连锁店及价格俱乐部等。同时,宝洁公司对大店和小店的经营进行了准确且互补的定位:小店的优势在于极大地方便消费者随时随地购买,经营品种相对集中,以畅销规格为主,销售量受其他因素干扰小,能够有足够的毛利率保证其稳定的利润来源,基本上有较稳定并且较为广泛的客户网络;大店基本上具有 50% 以上的利润来源,其经营环境是建立企业形象、塑造品牌的有利场所,良好的店内设计和形象展示是配合宝洁公司强大的广告攻势最有力的销售工具。

其次,宝洁公司对营销资源进行了合理的配置,通过供货管理和拜访制度的差异管理成功地解决了多渠道冲突。在供货管理上,小店供应价可高于批发市场的发货价,一般以出厂价加 5% 为宜,100% 现款现货,在任何情况下都不提倡采用任何形式的代销赊销,并要求分销商向所有的小店提供送货上门服务。大店则按严格单一分销商供货政策,根据商店经营的历史背景和目前的经营状况,按比例将每一家商店划给某一个具体分销商,同时其他分销商不得介入。在拜访制度上,小店的拜访频率,以成熟品牌不脱销、新产品 4 周内卖尽为目标,每家小店按 1.5 周考虑是比较合适的拜访频率。大店则根据其库存周期,生意量大小及货架周转率、送货服务水平以及促销活动频率等综合指标来考虑确定合适的拜访频率。

2. 垂直渠道冲突管理

从垂直渠道关系来看,导致宝洁公司垂直渠道冲突的主要原因是宝洁公司与分销商的目标差异。宝洁公司希望通过销售终端来拉动市场,通过广告攻势建立强大的品牌力量,实现消费者的高度认同,再配以渠道的协助,以提升产品的市场销量。但经销商却更倾向于经营毛利率更高的短期盈利产品,特别是一些区域分销商大多采用多品牌经营,它们通过代理其他品牌的产品来增加其盈利的途径。可以看到,许多区域经销商同时经营包括联合利华、花王、高露洁等宝洁公司的竞争对手品牌的产品。这样,必然大大地分散分销商运作宝洁公司产品所需要的资金、人力、仓储运输等资源。面对这种目标冲突和经营行为冲突，宝洁公司采用了以渠道合作为核心的经营思路和恰当使用渠道权力的策略来解决其渠道冲突，具体方法如下。

（1）坚持经销商必须专一经营。这项措施是基于宝洁公司强大的渠道权力优势，要求经销商必须独立经营宝洁公司的产品，独立设置账户，独立进行资金运作，业务员独立办公，宝洁公司的产品拥有独立仓库等硬性规定，使经销商只能够专一经营。以此确保宝洁公司要求经销商经营其产品的财力、人力、物力等不能随意地被组合和占用，更不能经营与宝洁公司存在竞争的品牌产品。

（2）注意精心选择经销商。宝洁公司在全国各地精选具有一定规模、财务能力、商誉、销售额、仓储能力、运输能力和客户关系的经销商，特别强调经销商客户关系的深度和广度，以及其对区域市场的覆盖能力。对于新的经销商，宝洁公司要求其拥有不低于500万元的资产抵押及不低于400万元的流动资金，并采用公开招标的形式选择经销商。这种对经销商的严格挑选标准，可以促进市场渠道结构的合理分工，以避免因经营职能重复而造成的资源浪费，最大限度地降低渠道成本。

（3）实施端到端的直接合作。这是指不经过任何中间经销商，使宝洁公司的产品直接进入销售终端的一种渠道安排。这也是宝洁公司在成熟市场中运用娴熟的传统"战法"，使宝洁公司直接与最终零售商直接对接，如宝洁与沃尔玛的"端到端"的直接合作。

（4）推行协助式的渠道管理。宝洁公司不仅注重精选有实力的经销商以形成合理的渠道结构和市场布局，而且向分销商派驻公司代表以协助销售，并帮助培训分销商的销售人员，招聘专职的区域市场代表，负责其工资、奖金的发放，为分销商提供覆盖市场的一定费用。宝洁公司确立了14天回款返利3%的回款激励制度，协助分销商提高物流管理水平并推行数字化管理。

3. 水平渠道冲突管理

在企业拓展市场的竞争中，要从水平方向拓展渠道，分销商的竞争是异常激烈的，会频繁发生冲突和竞争。宝洁公司凭借其强大的渠道权力和影响力，较好地运用了渠道冲突管理中利益协调的核心机制，在渠道的各成员之间进行合理的利益分配，最大限度地避免和化解了分销商之间的渠道冲突，具体措施如下。

（1）强调对经销商的权责管理。宝洁公司重视对经销商的权责管理，这样既可以维持宝洁公司在经销商选择上一贯坚持的高标准、严要求，也可以对经销商的区域权力做出详细的规划安排，避免水平渠道冲突的发生。比如，在对大的零售商的管理中，就明确规定了宝洁公司对各分销商的区域权力进行明确划分，其他分销商不得干涉。在明确划分权责的同时，宝洁公司也十分重视对分销商的激励机制，良好的激励机制本身也是对水平渠道冲突进行管理的有效方法。

（2）有效使用对分销商的覆盖服务费。宝洁公司设计并实施了分销商覆盖服务费（CSF）评估系统，按分销商覆盖业绩来评定覆盖服务费用，分销商提供越好的覆盖服务，将会得到越高的覆盖服务费。分销商覆盖服务费＝$A\% \times$分销商所有覆盖人员奖金基数总额$\times$覆盖服务水平（CPL），其中$A\%＝270\%$，是一个固定比例，由宝洁公司每一个阶段根据市场情况而定。CSF评估系统可以有效激励分销商，简化了相关的管理，并使对分销商的日常管理标准化,这对解决水平渠道冲突起到了重要的作用。

（3）充分发挥信息共享的作用。宝洁公司善于利用信息共享来协调各种可能的矛盾,不仅在宝洁公司和各级分销商之间,而且在同级的分销商之间也鼓励充分实现信息共享,从而有效地避免了水平渠道中因成员在信息方面的阻隔所导致的冲突。

（4）注意指导分销商的内部分工。宝洁公司通过尝试实施分销商一体化管理系统（IDS）,对分销商内部的合理分工进行指导。该系统主要通过分销商运作经理、分销商销售主管、分销商销售组长、大店分销商销售代表、小店货车销售代表等各层级明确的职责和业务指标来保证渠道的畅通和高效运行。

（5）实施一体化营销改造。宝洁公司帮助经销商进行宝洁式的管理改造来增加对渠道管理的可控度,其改造的步骤如下。首先,宝洁公司内部组成一个跨部门的工作小组,对经销商进行诊断,找出其管理上的问题和不足,并且同经销商一起制订符合宝洁公司管理标准的改造计划;其次,经销商自行按照计划进行改造,工作小组提供各种支持,特别是为经销商提供导向性的咨询服务;最后,改造后的经销商与其营销有关的职能部门拥有同宝洁公司相似的组织机构和运作管理方式。

资料来源:陈俊杰.信息化时代下宝洁公司供应链管理模式研究[D].大连:东北财经大学,2023.

问题:

1. 宝洁公司在处理渠道冲突时,有哪些值得借鉴的经验?

2. 如果你是宝洁公司渠道管理人员,有什么改进建议?

第八章　数字化与渠道激励管理

▌学习目标▐

渠道体系构建后,渠道成员之间要形成良好的合作伙伴关系,提升整体渠道的经营效率,离不开日常工作中的监督和激励。在数字化背景下,渠道激励管理发生了重要变化。为此,理解数字化对渠道激励的影响以及掌握数字化影响渠道激励的路径具有重要的意义与价值。

通过本章的学习,掌握以下知识:

- 了解渠道激励的含义;
- 理解渠道激励的作用及基本原则;
- 熟悉渠道激励的策略;
- 掌握激励中间商的方法;
- 掌握数字化对渠道激励管理的影响。

▌素质目标▐

通过本课程的学习,培养学生的创新能力,使其具备创新思维和探索精神,将数字化应用于渠道激励管理中,制定有效的激励措施,充分发挥员工的积极性和创造力,助力企业发展;培养学生的社会责任感,使其坚持公平、公正原则,确保激励体系的整体公正和平衡,实现员工与企业的共同发展。

第一节　渠道激励

▶一、渠道激励的含义

从心理学的角度来看,激励是指通过刺激和满足人们的需要或动机,使人们为了满足需要而积极行动,朝着目标前进的心理过程,其主要机理是遵循人们心理活动过程的自然规律,通过满足需要或研究行为达到引导、鼓励人们的目的。从管理学的角度来看,激励是指组织通过设计适当的外部奖酬形式和工作环境,以及一定的行为规范和惩罚性措施,借助信息沟通,激发、引导、保持和规范组织成员的行为,以有效地实现组织及其成员目标的系统活动。激励的最终目的是在实现组织预期目标的同时,让组织成员实现其个人目标,即达到组织目标和成员个人目标的统一。

渠道激励也称渠道成员的激励,是指渠道管理者通过强化渠道成员的需要或影响渠道成员的行为增强渠道成员间的合作精神,提升其工作积极性与经营效率,最终实现企业目标的过程。可以说,渠道激励就是渠道管理者希望通过持续的激励举措,来刺激渠道中的各个成员,以激发渠道成员的积极性和能动性,提高分销效率的经营行为。

激励贯穿于渠道体系建设的全过程,包括对渠道成员需要的了解、个性的把握、行为过程的控制和行为结果的评价等。需要渠道激励的根本原因在于,大多数情况下,构成渠道系统的各个渠道成员与生产商属于完全独立的不同经济实体。这种渠道系统的构成决定了生产商与渠道成员之间的关系不是严格意义上的上令下行的关系,而是一种合作关系。维系这种渠道成员之间、渠道成员与生产商之间关系的纽带则是双方对利益的一致追求。

▶二、渠道激励的作用

渠道系统是由两个不同利益目标和思考模式的利益主体构成的,渠道成员和生产商的关系不是上令下行的关系,维系两者之间合作关系的纽带是它们对利益的共同追求。因此,对生产商而言,为了使整个系统有效运作,渠道管理工作中很重要的一部分就是不断地增强维系双方关系的利益纽带,针对渠道成员的需求持续提供激励以及经常性地进行渠道促销以增强渠道活力。企业只有充分、准确地认识渠道激励的重要性,才能制订出科学的、可执行的渠道激励计划。渠道激励的作用主要体现在以下几方面。

▋(一)保证稳定的销售业绩,共同完成企业销售目标

企业的销售目标不仅依靠自身销售团队的努力,更需要渠道成员在企业促销期间对销售目标的实际达成。企业对渠道成员进行及时、有效的物质激励和精神激励,有利于激发和保持其产品销售热情,使其能更主动、积极地进行商品陈列、商品展示和各种促销,促使消费者做出购买决策,从而协助企业保持稳定的销售业绩,共同促成销售目标的达成。

▋(二)建立渠道排他性,获取渠道竞争优势

目前我国商品市场,尤其是快消品行业和家电行业,商品供应相对过剩,企业实际可选择的渠道成员与渠道利用空间有限。企业合理的渠道成员激励计划与方式有利于其占领和巩固有限的渠道资源,对竞争对手形成渠道壁垒,从而帮助企业建立渠道排他性,获取渠道竞争优势。

▋(三)提高铺货速率,加大铺货密度

市场终端执行力的强弱会影响企业是否能够迅速适应市场变化、抓住市场商机。产品若想尽快、顺利地传递到消费者手中,先于竞争对手抢占市场制高点,需要渠道成员在铺货速度与铺货密度上的充分配合。企业制定相关的激励措施,有助于渠道成员提高终端铺货速度,并在条件成熟时扩大商品铺货密度,从而帮助企业获取更多的市场机会。

（四）收集市场反馈信息，了解消费者新需求

随着社会经济的发展和人们收入水平的提高，消费者对商品的需求日益丰富化与个性化，而且这种需求变化的速度越来越快。中间商（尤其是大型零售商）拥有的终端市场最接近消费者，有能力收集、分析消费者购买行为的相关信息，并能把握这种市场变化。对此，企业可以制订相应的渠道激励计划，使其积极地为企业提供消费者的需求信息和市场的变化趋势，及时获取相关市场信息，把握消费者新需求，并调动一切资源满足这种新需求，从而获得企业竞争优势。

（五）推动新品成功上市，树立企业品牌形象

企业新产品是否能够顺利上市，是否能够大卖，渠道成员的紧密配合起着至关重要的作用。大到经销商购进新品，小到新品终端陈列，都需要企业与经销商间的密切配合，才能使市场效果最大化。只有这样，企业才能逐渐在市场中树立起品牌形象。因此，企业制定合理的激励措施，在某种程度上能确保新产品的成功上市，并使经销商成为企业信息的传播者、企业信誉的建立者和产品形象的维护者。

（六）减少窜货现象发生，稳定产品价格系统

产品或服务价格稳定是企业将其产品或服务成功推向目标市场并达到预定销售额和市场份额的关键条件之一。而一些渠道成员在经济利益的驱使下，往往会以低于市场正常价的价格侵占其他区域市场，使企业产品价格系统和渠道网络系统趋于混乱，严重损害合法渠道商和企业的经济利益。企业对渠道成员进行合理、科学的激励，努力平衡各方利益，有助于遏制和减少窜货现象的发生，保持产品价格系统的稳定。

总之，企业制订和实施及时、合理的渠道激励计划，能够激励、规范与渠道成员的合作行为，提高企业产品销量，扩大品牌知名度，在某种程度上能够降低双方之间的沟通成本，减少经济与情感消耗，确保双方长期、良好的合作关系。

▶三、渠道激励的基本原则

渠道激励作为调动渠道成员积极性的一种手段，需要遵循一定的规律或原则，否则，不但没有激励作用，还有可能引起渠道成员的不满、矛盾或者争斗，以及一个企业不同渠道之间的混乱。

（一）针对性原则

渠道激励的起点是满足渠道成员的需要。但是，不同渠道成员的需求存在差异性和动态性。因此，企业在对渠道成员进行激励时，必须针对它们的具体需求与问题，有的放矢，采用多样化的激励手段，满足它们的不同需求，解决它们关心的问题，才能达到最好的激励效果。企业应该注重调查研究，深入、全面地了解各个渠道成员的实际需求和问题，制定有针对性的激励措施，才能收到相应的效果。

(二) 及时性原则

渠道激励的及时性原则是指在激励过程中要注意时机的把握,无论是奖励还是惩罚,都应该及时实施。如果时机把握不当,应该奖励时没有奖励,就会使渠道成员产生不满情绪,影响其工作积极性,甚至产生不满和消极情绪。应该惩罚时不惩罚,则会使渠道成员不知畏惧,继续其错误行为,也会使其他本来遵守政策的渠道成员感到"吃亏",从而也可能"以身试法",使整个渠道系统趋于崩溃,造成无法挽回的恶果。同时,及时性原则还要求把握短期和长期效应的整体平衡,不能只顾短期效应,否则会使渠道成员产生错误的营销观念,只顾眼前利益,采用不道德的手段销售和竞争,损害消费者对企业的形象认知,影响企业的长远发展。

(三) 公平性原则

中间商经常会采用两种标准衡量自己是否得到了公正的待遇,即横向比较与纵向比较。横向比较就是将自己与别人比较来判断自己的所得是否公平。横向公平的基本标准是:某个渠道成员的所得与所投入的比例基本上与另一个成员一致。如果与这个标准背离,就会产生不公平感。例如,对感觉收入低于贡献的中间商来说,由于感觉遭到不公平待遇,会抱怨并且产生挫败感,积极性将受到严重影响;而对感觉收入高于贡献的中间商来说,则会认为不需要怎样努力就可以得到奖励,会对今后的努力不以为然,从而影响工作效果。纵向比较就是将自己目前的状况与过去相比较,看自己的努力是否获得了相应的报酬,报酬过高或过低也会产生和横向比较相同的效果。所以,不管从纵向还是横向角度看,激励遵循公平原则都是非常重要的。

(四) 适度性原则

适度性原则是指对渠道成员的激励应适度,既不能使渠道成员的需求欲望过度膨胀,也不能使激励程度过低导致对渠道成员积极性的打击。要达到激励适度的目标,企业就要尽量避免出现激励过分和激励不足两种情况。当给予中间商的优惠条件超过它为合作付出的努力与业绩水平时,就会出现激励过分的情况,其结果是销售量提高而利润减少。当给予中间商的条件过于苛刻,不能激励中间商努力工作时,则会出现激励不足的情况,其结果是销售量降低且利润减少。所以,企业必须根据中间商的工作努力程度及业绩情况,给予恰如其分的激励,才能既起到激励的作用,又不至于激励过度。

(五) 奖惩结合原则

奖惩结合原则是指对中间商的激励必须奖励和惩罚相结合。奖励是一种正向激励,惩罚是一种负向激励,两者都是有必要的。奖励业绩突出的中间商不仅可以调动该中间商的积极性,还让其他中间商看到工作努力的结果,从而产生赶超的动力。对业绩不好、行为恶劣的中间商进行惩罚也是必要的,可以使中间商有所畏惧,不至于为了个体利益做出损害整体利益的行为。

▶四、渠道激励的核心要素

▌（一）目标激励

目标激励就是通过设置目标来激发动机、引导行为,使被管理者的个人目标与组织目标紧密地联系在一起,以激励成员的积极性、主动性和创造性。目标设置理论认为,指向一个目标的工作意向是工作激励的主要源泉,因为目标告诉员工需要做什么以及需要付出多大的努力才能实现目标。目标激励有三个要点:一是如果能力和目标的可接受性保持不变,则目标越具体、越困难,绩效水平就会越高;二是当获得了工作业绩的反馈时,人们会做得更好,因为反馈能帮助他们认清"已做的"和"要做的"之间的差距;三是如果成员有机会参与设置自己的目标,他们会更努力地工作。

渠道目标激励是一种最基本的激励形式。企业每年都会给渠道成员制定或协商制定一个年度目标,包括销量目标、费用目标、市场占有目标等,达到目标的分销商将会获得相应的利益、地位以及渠道权力。所以,目标对于分销商来说,既是一种巨大的挑战,也是一种内在动力。在目标的制定方面,过高或过低的渠道目标都不能达到有效激励的效果,过低了轻而易举,过高了遥不可及。因此,要制定科学、合理的渠道目标,必须考虑目标的明确性、可衡量性、挑战性、激励性以及可实现性。

▌（二）渠道奖励

渠道奖励是企业对分销商最为直接的激励方式。渠道奖励包括物质奖励和精神奖励两方面。其中,物质奖励主要体现为价格优惠、渠道费用支持、年终返利、渠道促销等,实际上就是"金钱",这是渠道激励的基础手段和根本内容。精神奖励的作用也不容忽视,主要包括评优评奖、培训、旅游、助销、决策参与等,重在满足分销商成长的需要和精神的需求。

▌（三）工作设计

工作设计是比较高级的激励模式。工作设计的原意是指把合适的人或物放到合适的位置,使他们能够发挥自己的才能,使人尽其才,物尽其用。这一思想用在渠道领域,则是指企业合理划分渠道成员的经营区域或渠道领域,授予独家或特约经营权,合理分配经营产品的品种,恰当树立和定位各渠道成员的角色和地位,互相尊重、平等互利,建立合作伙伴关系,实现共进双赢。

▶五、渠道激励的主要策略

根据企业性质、渠道成员特性等因素,渠道管理者可以制定不同的激励策略。这些策略可以归纳为以下几类。

▌（一）价格策略

制定渠道的价格策略就像是将一块馅饼分给很多人。渠道中不同环节的经销商都希望从总价格(最终消费者付出的价格)中分一杯羹,借以补偿它们的开支并获得所期望的利润。各个渠道成员从总价格中分享多少份额,将形成渠道定价结构,这是渠道价格策略的主要内容。在制定渠道价格策略时要注意以下问题。

1. 防止矛盾冲突

在商品定价过程中,仅仅考虑市场、内部成本、竞争因素是不够的,还必须防止渠道成员之间的不合作甚至冲突。因此在定价方面,渠道管理人员有责任制定合理的价格,借以促进渠道合作和减少渠道冲突。

2. 价格策略的类型

价格策略的类型包括交易折扣、数量折扣、现金折扣、预期补贴、免费商品、预约运费、新产品展示及广告补贴(无绩效要求)、季节性折扣、混合装载特权、降低装运费特权、商务合同等。

（二）支援策略

支援策略即为渠道成员提供支持,是指渠道管理者为满足渠道成员的需求并帮助其解决销售问题。如果能正确使用这种支持,就能有效地发挥渠道成员的积极性和主动性,从而产生更大的分销效益。为渠道成员提供支持的内容可以分为两大类。

1. 财务支持

财务支持包括传统的借贷方式和信贷延期。

(1) 传统的借贷方式。传统的借贷方式包括定期贷款、提供仓储场地、票据融资、应付账款融资、设备分期付款融资、租赁及票据担保、应收账款融资。

(2) 信贷延期。信贷延期包括 EOM 信贷延期、季节性信贷延期、ROG 信贷延期、额外信贷延期、后信贷延期。

2. 合作性计划

在传统的松散型联盟的渠道中,批发与零售层面上的生产商与渠道成员之间的合作性计划是最常用的激励渠道成员的手段。合作性计划种类繁多。对于渠道的不同层次,可采用不同的合作性计划。例如,对经销大量个人消费品的零售商(如超市、杂货店、大众商品经销商等),生产商大量提供的是合作性广告补贴、有偿内部展示补贴;对批发层面的中间商,特别是那些经销产业用品的中间商,生产商通常提供销售人员竞赛及培训项目。所有的合作性计划都必须在平等对待的基础上提供给相同类型的渠道成员。

（三）战略联盟

战略联盟是指在同一渠道中两个或两个以上的企业为了实现优势互补、提高竞争力而制定双边或多边的长期或短期的合作协议,并在此基础上进行长期联合的组织形式。渠道战略联盟的类型主要有以下几种。

1. 股权式战略联盟

股权式战略联盟是由渠道各成员作为股东共同创立的联盟。该联盟拥有独立的资产、人事和管理权限。股权式战略联盟又可以分为对等占有型战略联盟和相互持股型战略联盟,前者指双方公司各拥有 50% 的股权,以保持相对独立性,后者指双方长期地相互持有对方少量股份。

2. 契约式战略联盟

当渠道成员无法将其资产从核心业务中剥离出来置于同一企业内时,或者为了实现更加灵活的收缩和扩张,合作伙伴不愿建立独立的合资公司时,契约式战略联盟便出现了。契约式战略联盟的常见形式如下。

(1)技术性协议。渠道成员间相互交流信息技术资料,通过相互学习增强竞争实力。

(2)研究开发合作协议。分享现有的科研成果,共同使用科研设施和生产能力,共同开发新产品。

(3)产销协议。生产商与中间商通过签订协议的方式,形成风险共担、利益共享的联盟体,并按照商定的生产和销售策略,合作开发市场,共同承担市场责任和风险。

(4)渠道协调协议。建立全面协作和分工的渠道合作体系。

契约式战略联盟由于更强调相关企业的协调与默契,更具有联盟的本质特征。同时,契约式战略联盟在经营的灵活性、自主性和经济效益等方面比股权式战略联盟具有更大的优越性。

(四)保护策略

渠道管理者面对激烈竞争的压力,有时会改变营销策略,借以转变自己在市场上的被动地位。可是,有时营销政策的变化会给渠道合作伙伴带来伤害,优秀的渠道管理者必须时刻考虑对渠道成员利益的保护。

1. 树立共赢理念

"共赢"理念是指一种新型渠道伙伴关系,这种伙伴关系强调生产商与渠道成员保持持续和相互支持的关系,其目的是建立更加主动的团队、网络或者渠道伙伴的联盟。在这种渠道伙伴关系或战略联盟中,传统的"我和你""你的、我的"的观念已经被"我们""我们的"观念所取代。具体来说,共赢理念包括:合作伙伴双方都应得到利益;尊重合作伙伴;做出的承诺必须是能够达到的;特定的目标必须在建立牢固的伙伴关系之前就已确定;每一方都必须花一定的时间去了解对方的文化;每一方都必须对伙伴关系的发展提供一定的支持;双方交流的渠道必须保持畅通;最好的决策是双方共同做出的;保持关系的连续性。

2. 防止价格策略对合作伙伴的冲击

价格策略会对渠道成员产生影响,所以渠道管理人员必须考虑对渠道成员利益的保护。例如,要保证每一个有效率的中间商得到超过其营运开支的价差,保证每一个中间商的价差必须与它在成本中所起的作用大致相当。

3. 保护策略的扩展

对渠道成员的保护策略还可以扩展到对特许销售区域的保护,杜绝交叉授权、窜货可能给该区域特许分销商带来的冲击;服务政策和技术保障政策的保护,通过提供良好的维修服务、咨询服务、技术开发支持,使渠道成员获得良好的市场环境,保持对目标市场的高度吸引力。

第二节　中间商的激励

▶ 一、发现中间商的需求

企业在与渠道中间商的合作中,只有不断发现其新的需求和问题并加以解决,才能有的放矢地对它们实施激励,达到良好的激励效果,使其达到最佳销售业绩,从而更好地促进双方的合作,顺利完成渠道的目标。发现中间商的需求和问题是企业在激励过程中首先要做好的事情。根据对各种相关研究的总结,中间商的需求大致可以分为三类:获得利润、降低风险和提高竞争力。

(一)获得利润

通过销售企业的产品,获得包括进销差价在内的各种利润,是中间商与企业合作的根本目的,也是双方合作的基础。企业通过制定相应的价格政策,可以控制中间商获得利润的多少,从而刺激中间商加大销售力度,增加销量,实现双赢的目的。

(二)降低风险

中间商都是厌恶风险的,所以总想方设法降低风险。风险的主要来源是竞争与不确定性,可能来源于中间商在经营过程中所遇到的各种因素,包括企业的新产品开发、产品供货、价格变动、竞争对手产品及营销策略的变化、消费者需求的变化等。针对这些风险,企业可通过加强与中间商的信息沟通,如新产品开发信息、生产信息、物流信息、消费者信息等来解决。这样中间商就可以减少制定经营策略和实际经营过程中的不确定性带来的风险,增加彼此间的信任度,建立和巩固与企业的合作关系,提高满意度。

(三)提高竞争力

在市场竞争过程中,短期利润最大化并不能保证长期持续发展。在市场中,一贯发展良好却一夜倒闭的中间商并不罕见。所以,现在很多中间商都非常注重建立和提高核心竞争力。如果企业能帮助中间商提高竞争力,将是对其最大的激励。目前有很多企业都在用各种手段为中间商提供发展机会,如对中间商员工进行培训,辅助其制定决策和投资方式,帮助其拓展业务等,提高中间商的核心竞争力,从而达到激励目的。

▶ 二、激励中间商的方法

在了解了中间商的需求之后,接下来就是要针对需求实施相应的激励方法。激励中间商的方法多种多样,可以分为直接激励和间接激励。

(一)直接激励

直接激励是指通过给予渠道成员物质或金钱的奖励来激发其积极性,从而实现企业的销售目标。直接激励永远都不失为一种有效的激励形式,因为追求利益是中间商的天性。如果运用得当,物质奖励往往会起到非常好的激励效果。中间商大多为独立运营的企业,获取利润是其进行经营活动的根本目标,因此,企业可以根据各中间商的经营目标和需要,在谈判与合作时提出一些商业利益上的优惠条件来实现对中间商的鼓励。直接激励是最有效、便捷的激励方式。在企业的现实运营中,常用的直接激励方法有以下几种。

1. 折扣

折扣是指为了鼓励中间商的某种行为而对产品价格进行的调整,它是几乎所有企业都在采用的方式之一。折扣一般是由企业提出一定的条件,如果中间商达到条件中的要求,则企业承诺给予一定的价格折扣。常见的折扣种类有以下几种。

(1)回款折扣。回款折扣是企业规定回款方式与折扣率相联系,以缩短货款回笼周期。例如某药厂规定:如果经销商用现款购买,则产品在出厂价的基础上再优惠 5%;10 天之内回款,则在出厂价的基础上再优惠 3%;20 天之内回款,则优惠 2%;一个月回款,则优惠 1%;一个月以上回款,则不优惠。利用此方法,可促使一部分有实力的中间商为获得更大利润,尽可能缩短回款周期,这有利于企业的生产经营。

(2)提货折扣。这种折扣是企业为那些大量提货的中间商提供的一种减价,以鼓励中间商购买更多的产品。提货折扣的一种方法是根据提货等级、数量给予折扣,另一种方法是根据提货金额给予折扣。如某家电企业规定,如果中间商一次提货达到 100 万元,可以在出厂价基础上优惠 2%;达到 200 万元,优惠 3%;达到 500 万元,优惠 4%;1 000 万元以上,优惠 5%。

(3)季节折扣。在销售旺季之前,企业一般希望中间商提前订货,以压货给中间商,达到一定的市场铺货率,为旺季备货,以抢占热销先机。而在旺季转入淡季之际,企业也希望中间商多进货,以减少仓储和保管压力。所以各中间商在相应季节提货,可获得企业更多的折扣。

(4)功能折扣。功能折扣是指企业为了促使各中间商愿意执行某种市场营销功能(如推销、仓储、服务)而提供的一种价格减让,也包括为促使各中间商同意参加企业的促销活动而进行的价格折扣。例如,如果中间商愿意为消费者提供售后服务,企业就可以在出厂价基础上给予一定的价格折扣;如果中间商愿意参加企业统一的促销活动,则可根据销售额在进货时提供一定的价格折扣。

2. 返利

返利是指企业以一定时期的销量为依据,根据一定的标准,以现金或实物的形式对中间商的利润返还或补贴。返利对企业来说,是希望最大限度地激发中间商销售自己产品的积极性,通过中间商的资金、网络,加速产品的销售,以期在品牌、渠道、利润等诸多方面取得更高的回报。返利对中间商来说,则是企业对自己努力经营其产品所给予的奖励,是其经营利润的主要来源之一。返利的特点是滞后兑现,而不是当场兑现。根据奖励目的,返利可以分为过程返利和销量返利两种。

(1)过程返利。过程返利是一种直接管理销售过程的激励方式,其目的是通过考察中间商市场运作的规范性以确保市场的健康发展。通常情况下,过程激励需要考察以下内容：铺货率、商品陈列生动化、安全库存、指定区域销售、规范价格、专销（即不销售竞品）、守约付款等。能达到相应的要求，企业就对中间商予以一定的返利支持。这是一种很好的管理工具，如果设计得好会起到既激励中间商，又管理和控制中间商的作用。例如，某企业的返利政策是这样的：中间商完全按企业的价格制度执行销售，返利 3%；中间商超额完成规定销售量，返利 1%；中间商没有跨区域销售，返利 0.5%；中间商较好地执行市场推广与促销计划，返利 1%。通过这种过程返利方案设计，既能激励中间商超额完成销量，又能规范中间商的运营，避免出现擅自降价、窜货的现象，并促使中间商积极参与企业的促销活动。

（2）销量返利。销量返利是指企业根据中间商达到的销量提供不同程度的返利。具体来说，如果中间商在一定时期内的销量（或销售额）达到企业规定的某一最低值，则企业在原来出厂价的基础上，再给予中间商一定比例的返利，销量（或销售额）越高，则返利比例越大。例如某厂家规定，如果中间商分别完成必保任务 200 万元、争取任务 250 万元和冲刺任务 300 万元，返利比例分别为 1%、3% 和 5%，相对应的返利金额分别为 2 万元、7.5 万元和 15 万元。

销量返利常见的形式是销售竞赛。销售竞赛是指对在规定的区域和时段内销量第一的中间商给予奖励，奖励的形式如上所述。另外，还可开展针对中间商的销售人员的营销大赛，以激发中间商的推销热情，掀起"比、学、赶、帮、超"的热潮。例如，某企业在全国范围内，针对中间商的导购人员开展销售技能比拼大奖赛，通过这次规模宏大的比赛，不仅激发了大家学习的动力，提升了导购技能，还潜移默化地"同化"了中间商的导购员，促使他们主推该企业的产品。此销售大赛不仅使企业受益颇丰，壮大了声势，展示了实力，而且中间商也很满意，通过销售竞赛，提升了员工素质，扩大了销售额、利润额，取得了较好的效果。销量返利的实质就是一种变相降价，可以提高中间商的利润，促进中间商的销售热情。但事实上，销量返利大多只能创造即时销售，从某种意义上讲，这种销量只是对未来市场需求的提前支取，是一种库存的转移。其优点是可以挤占中间商的资金，为竞争对手的市场开发设下路障。缺点是若处理不好，可能造成中间商将返利当利润，而不是向市场要利润；一部分善于投机的中间商为获得更多的返利，可能会越区销售，导致窜货、价格倒挂等扰乱市场秩序的行为。

应根据产品特性、货物流转周期来确定是月返、季返还是年返。返利的时间不宜过短，一般以不低于 3 个月为好，以免引起中间商为了得到返利而压货，使销售额大起大落。同时不宜太长，一般以一年为限。否则，由于时间太长，不确定因素加大，中间商会不感兴趣，还可能成为糊涂账，对双方都不利。

3. 信用

许多中间商的资金实力非常有限，对付款条件也会较为关注，一般期望企业给予它们资金支持，这可促使它们放手进货。例如，采取售后付款或先付部分货款，待产品出售后再全部付清的方式，积极推销产品以解决中间商资金不足的困难。这种激励方式比较适合企业刚进入某一市场或者希望尽快扩大市场份额的情况。企业针对此类中间商的特定需要，通过对其诚信度的调查，适当地放宽对付款方式的限制，甚至可在安全范围内为其提供信用贷款，帮助其克服资金困难，以达到较好的激励效果。

4. 补贴

针对中间商在市场推广过程中所付出的种种努力,企业可以带有奖励性质地对其中一些活动加以补贴,如广告费用的补贴、通路费用的补贴、商铺陈列的补贴等,既能拓展产品的市场,又能提高中间商的工作积极性;还可通过提供一定数额的产品进场费、货架费、堆箱陈列费、POP张贴费、人员促销费、店庆赞助、商店DM赞助等形式向中间商提供资金支持。

概括地说,直接激励作为激励中间商的一种重要手段,能最大限度地满足中间商的利益保障需要,激发其工作热情,但过多地使用直接激励可能会导致渠道出现价格失控、管理失控的混乱局面,同时还需要承担企业利益损失的风险。因此,企业应在了解中间商实际需要的前提下,以建立长远稳定的发展渠道为目标,有针对性地适度使用直接激励政策。

（二）间接激励

间接激励是指通过帮助中间商提高服务水平,提高销售效率和效果,以增加利益,从而激发它们的积极性。间接激励方式很多,并且仍在不断创新。目前常见的间接激励方式有以下几种。

1. 优化库存管理

优化库存管理主要包括保证合理安排进货,供货及时,减少因订货环节出现失误而引起发货不畅。帮助中间商了解某一周期的实际销货数量和利润,建立进销存报表,形成安全库存数和先进先出库存管理,以减少即期品、过期品。例如,在旺季保障供货就是对中间商的最大支持和激励;妥善处理销售过程中出现的产品损坏、产品变质、消费者投诉、消费者顾客退货等问题,切实保障中间商利益不受损害;减少因企业政策不合理造成的渠道冲突。

2. 零售终端管理

零售终端管理的内容包括铺货和商品陈列等。在渠道为王、决胜终端的时代,中间商的服务水平直接影响消费者对产品的购买选择。对消费者来说,他们直接感受到的就是终端的商品陈列和促销人员的服务质量。良好的终端陈列和服务水平是销售业绩的有效保障,而许多中间商受自身水平的限制,在服务上很难达到规范化、标准化。所以,企业有必要制定严格的终端服务手册,对终端商品陈列、POP布置、专柜店头制作、广告宣传、促销方法等做出全面的规定,并委派业务人员协助中间商工作,提供促销物料,指导商品陈列,加强促销人员培训,增强他们对企业及产品的认同,全面了解产品的性能和指标,以增加销售技巧,提高他们的服务质量,树立企业品牌,在消费者心中真正树立起企业与产品形象。

3. 提升销售能力

企业为提高整体渠道效率,有必要统筹规划,有针对性地对中间商及中间商的销售人员进行相关方面的培训,提高他们的素质和能力,使中间商能和企业共同成长,在合作中实现共赢发展。同时,这种培训也可加强中间商与企业的关系,使双方成为长期合作的战略伙伴。例如,联想成立的"大联想学院"就是一个专门为代理商提供各类培训服务的机构。"大联想学院"的宗旨是落实"大联想"的渠道策略,面向合作伙伴,通过培养大联想销售体系需要的专业人才,提高合作伙伴的管理水平、增值能力、销售推广能力和商务、宣传、服务的规范,提升"大联想"体系的竞争力,使合作伙伴与联想共同成长。

4. 提供市场情报

市场情报是开展营销活动的重要依据。企业应将所掌握的市场信息及时传递给中间商,使它们能很好地制订经营计划。为此,企业有必要定期或不定期地与中间商进行座谈,共同研究市场动向,制定切合实际的销售措施。企业还可将自己的生产状况、今后的发展计划以及自己的生产状况、生产计划、新品研发等信息传递给中间商,为中间商合理安排销售计划提供依据。

5. 支持市场推广

企业利用广告宣传、促销活动推广产品,一般会受到中间商的欢迎。企业应当在整个市场塑造自己的产品形象,提高品牌知名度,中间商在自己区域内进行促销时,企业也应给予大力支持,为中间商提供各种补贴措施,形成利益统一体,既提高自己的品牌知名度,又帮助中间商赚取利润,激发它们推广产品的热情。广告宣传及促销费用可由企业负担,也可由双方合理分担。企业还可经常派人协助一些主要的中间商安排商品陈列,举办产品展览和操作表演,训练推销人员。广告促销支持可使中间商的销售额迅速增加,增强中间商对企业产品的信心。例如,某企业在某地和中间商谈好合作意向后,承诺为了使该中间商尽快开拓市场,企业将在该地区电视台的黄金时间连续 3 个月、每天不低于两次发布产品广告。

6. 给予精神激励

企业除了重视物质激励,让中间商获得更多的经济利益外,还应该重视精神激励的作用。实际上,人们在基本需求得到满足之后,随之上升的是精神需要,如尊重、归属、自我实现等。企业如果能根据中间商需求的变化调整激励措施,往往会收到意想不到的效果。常见的精神激励方式如下。

(1)旅游。这是对中间商的一种很好的激励方式。在繁忙的工作之余,给员工一次放松身心的机会,他们会更忠诚,更有凝聚力,可以激发口碑传播的积极性。很多企业在年终召开中间商大会,都是前 1~2 天开会,最后留出时间在当地旅游。成本不高,却非常受中间商的欢迎。曾有一家企业针对完成销售目标的中间商员工代表给予俄罗斯三日游的奖励,连企业都没有想到,取得的效果竟如此之好。

(2)大客户会。有的企业会定期召开大客户会,邀请主要客户代表参加企业的新产品说明会、培训会等,促使这些核心客户深刻领悟企业营销战略及策略,明晰企业发展方向,更好地实现与企业携手合作共赢的良好局面。能参加大客户会,对中间商来说意味着企业的尊重和承认,是一种巨大的精神激励。

(3)中间商顾问委员会。一些企业为了激发大客户的参与,及时了解中间商面临的问题及需求,采取了中间商顾问委员会这种激励方式,为参与者颁发聘书,给予一定的补贴等,让它们参与到产品研发、市场管理、渠道政策制定等工作中。由于中间商亲身参与,执行力更强,企业也能及时了解中间商的问题和需求,建立和大客户的牢固关系,使销售更为稳定。

(4)荣誉证书。在企业召开年度中间商大会时,经常会就中间商的销售业绩进行评比,对销售额较大或销售额增长较快的中间商进行奖励,并颁发荣誉证书,让代表上台发言,甚至邀请优秀中间商的负责人作为宴会抽奖环节的颁奖嘉宾。这些精神激励方式对中间商来说也是一种巨大的精神鼓励,可促使它们第二年更努力。

除了上述方式外,企业还会想方设法给予优秀中间商精神激励。例如,提高中间商的经销地位,邀请它们的负责人与企业总裁共进晚餐;聘请在当地有影响、信誉好的中间商作为企业的名誉顾问,定期邀请其参加企业的一些经营或公关活动;为大中间商派驻专业顾问等。在精神激励方面还有很多创新潜力。

7. 建立伙伴关系

企业要研究目标市场上产品供应、市场开发、客户群体、账务要求、技术服务等方面的情况,以及明确企业与中间商各自能从对方得到什么。然后,根据实际可能性,与中间商共同议定这些情况,制定必要的措施,签订相应的合作协议,谋求与中间商建立长期合作关系。如中间商能认真执行,则厂家可再给予一定的补助。例如,某企业不直接给中间商25%的销售佣金,而是按下列标准支付:如保持适度的存货给 5%;如能达到销售配额,再给 5%;如能有效地服务消费者,再给 5%;如能及时报告最终消费者的购买水平,再给5%;如能正确管理应收账款,再给 5%。

另外,企业可在组织方面与中间商进一步加强合作,把企业和中间商的要求结合起来,建立一个有计划的、专业化管理的纵向联合销售系统,有时也称为分销规划。企业可在此系统内设立一个中间商关系计划部,由该部门与中间商共同规划销售目标、存货水平、商品陈列、员工培训计划以及广告宣传计划。其目的是使中间商认识到它们和企业的利益是一致的,双方都可以从这种良好的合作中获益。

8. 实施奖惩结合

根据奖惩结合的原则,企业还必须对有违规行为又不听指挥的中间商采取惩罚措施。例如,取消中间商资格或降低经销级别、优惠政策,直至终止合作等。有奖有罚,才能令行禁止,保证整个渠道系统的稳定、高效。

第三节 数字化对渠道激励的影响

▶一、数字化对渠道激励产生影响的原因

利用数字化技术,可以收集、分析、管理和反馈渠道的数据,提供实时通信和监控,为企业提供更高效、更准确、更便捷的渠道激励方案,加强企业和渠道合作伙伴之间的联系和互动。经过研究分析,数字化对渠道激励产生的影响可分为以下四点。

(一)数据分析

数字化的数据获取和分析工具通过对渠道数据全面、精准地进行跟踪,帮助企业制定高效、量身定制的激励政策,并且借助实时反馈机制,能够随时纠正和调整计划,从而保证渠道激励计划的落地效果和可持续发展。

1. 提供实时数据

数字化渠道意味着渠道成员的数据可以被实时收集、处理和分析,如销售数据、客户

反馈、流量分析、订单信息等。企业可以第一时间了解渠道成员销售情况、客户需求和市场趋势等信息，从而对渠道激励策略进行及时调整和优化。

2. 实现精细化决策

数据分析工具的加持可以提高渠道信息反馈的准确率和精准度，企业可通过实时数据分析来制定更精准的决策，如调整激励计划、分配销售任务、设置销售指标等，有利于激励策略的制定和实施。

3. 强化绩效管理

通过数字化渠道，企业可以使用数据来跟踪中间商的业绩表现，以便强化对渠道成员绩效的管理。企业可以根据中间商的销售绩效进行排名和评估，并为前几名中间商设置不同的奖励政策，如提供现金奖励、晋升或培训机会等。这些激励措施可以提高中间商的积极性和工作热情，进一步促进业绩的提升。

4. 提高渠道成员体验

数据分析工具通过帮助企业更好地了解渠道成员的需求和反馈，使企业可以制定销售策略和激励政策，为渠道成员提供更优质的服务体验，从而促进渠道成员的忠诚度，提高渠道成员的整体效率，增加销售额和市场份额。

综上所述，数字化渠道的数据分析工具可以帮助企业实现实时数据的收集和分析，实现精细化决策，提高绩效管理和渠道成员体验，从而促进业绩的提升和市场份额的扩大。

█ （二）及时反馈

数字化的及时性特点是指企业可以实时或接近实时地收集、处理和传递数据和信息，这意味着企业可以更加快速地了解市场状况、客户需求和渠道成员反馈等信息，并对策略进行及时调整和优化。数字化工具的加持可以提高数据处理和传递的效率和准确性，使企业能够更好地把握市场机会和应对市场风险。这对渠道激励产生了以下几个影响。

1. 及时调整激励政策

企业可通过数字化平台反馈的数据迅速了解销售状况和产品表现，并根据数据反馈对激励政策进行及时调整。例如，如果中间商在某个市场表现出色，企业可以根据其销售数据提高其激励水平，从而鼓励其他中间商参考其销售策略，提高全体销售业绩。

2. 反馈中间商表现

在数字化渠道中，渠道成员的表现可以及时地被反馈到企业，从而及时对其进行评估和奖励。例如，如果中间商完成了特别优秀的销售业绩，企业可以直接给予现金奖励、晋升机会或其他形式的激励，以便及时激发其对未来工作的动力。

3. 提供实时帮助和支持

在数字化渠道中，渠道成员可以在实时或接近实时的情况下获取支持和帮助。例如，渠道成员可以通过在线或数字化工具与企业的专家交流，获取一些销售或产品方面的建议和指导，从而更好地为客户提供专业的服务；企业也可主动及时发现渠道成员存在的问题并给予其所需帮助，精准化帮助渠道成员，提升全体业绩。

总之，数字化渠道的及时反馈特点对渠道激励产生了积极的影响。及时地使用数字化工具和数据分析，可以帮助企业更好地了解销售状况、渠道成员表现和客户反馈，从而定制渠道激励策略,提高渠道成员的积极性和工作热情,进一步促进业绩的提升。

（三）多元化布局

数字化的多元化特点是指通过数字化工具和数字化平台,与渠道中间商进行多渠道、多元化的交互和通信,提高信息传递效率,增强沟通的准确性和及时性,提高中间商的参与度和忠诚度,增加销售额和市场份额。这对渠道激励产生了以下几个影响。

1. 提供个性化激励

数字化渠道可以提供多种渠道和形式的交互方式,企业可以通过不同的数字化平台在不同的渠道上与中间商进行沟通和交流。这些渠道的个性化定制能力使企业能够根据中间商的个性化需求进行激励,使中间商充分感受到被重视和被关爱。

2. 丰富激励方式

数字化平台可以提供包括积分、培训、晋升、现金等多种激励方式,从而更好地激发中间商的工作热情。这些激励方式可以根据不同中间商的需求、表现和喜好定制,帮助企业在激励方案中开辟多元化的渠道。

3. 提高访问率、提升销售

利用数字化平台可以更快和更容易地联系中间商,从而提高访问率和覆盖面,提升销售业绩。数字化工具和平台可以减少中间商办公室的运营成本,也有利于中间商快速地交流和协作,为中间商提供帮助和支持。

4. 扩充市场份额

数字化的多元化特点可以促进渠道多元化覆盖,通过多个渠道扩充企业的市场份额。比如电商平台、社交媒体、信息门户、O2O 平台和终端实体店等,通过数字化渠道覆盖,企业可以在更大范围内提高市场占有率,增加销售额和利润,进一步扩大市场影响力和竞争优势。

综上所述,数字化的多元化特点为企业提供了多种个性化的激励方式,有助于更好地激发中间商的工作热情,提高访问率和销售业绩,降低中间商运营成本,帮助企业更好地与中间商沟通和协作。

（四）增强互动

数字化渠道可以促进渠道成员之间、渠道成员与企业之间,以及渠道成员和客户之间的信息交流和互动,促进渠道成员进行实时在线交流、信息互换,帮助渠道成员更好地了解企业的销售策略和激励政策,提高参与度和忠诚度。这对渠道激励产生了以下影响。

1. 增强信息透明度

数字化渠道可以实时收集渠道成员和客户的信息,增强信息透明度。企业可以使用数字化平台交换消息,以便对渠道成员在销售过程中遇到的问题进行帮助,也可以促进渠道成员和企业与客户之间进行交流,了解消费者的需求和反馈,帮助培养口碑和增加销售额。

2. 促进渠道成员之间的协作

数字化渠道可以为渠道成员之间的协作提供更好的平台。渠道成员之间可以共享销售方法、技能和经验,互相鼓励和支持,从而提升整个销售团队的业绩。这种协作可以在不同的数字化平台(如社交媒体、线上培训班等)上进行,并可以通过企业提供的激励政策得到奖励。

3. 增强渠道成员获得成就感

数字化渠道可以帮助渠道成员获得更高的成就感。渠道成员可以在数字化渠道上和企业交流,履行客户服务、企业表现、销售技能提高等任务。这些任务可以根据渠道成员的能力、需求和喜好进行个性化设置,帮助渠道成员获得更高的目标成就感和商业成就感。

4. 提高渠道成员的参与度

数字化平台可以提高渠道成员对企业销售政策的参与度。渠道成员可以参加企业提供的在线活动、培训课程等,获得新的销售技能和知识。这些活动可以促进渠道成员和企业之间的交流和互动,增强渠道成员的忠诚度和归属感,从而促进销售团队的整体业绩。

总的来说,数字化的互动性特点可以增强渠道成员之间的协作,增强渠道成员的成就感,提高渠道成员的参与度,帮助企业更好地了解市场机会和客户需求,为企业提供了更强大、更高效的工具和平台,进而可提高销售业绩和市场竞争力。

▶二、数字化对渠道激励的影响路径

（一）精准定位

数字化通过精准定位可以对渠道激励产生影响。企业可以通过数据分析和人工智能等技术手段,精准地分析和定位目标客户,以及他们可能感兴趣的产品和服务,从而更好地了解渠道成员的市场需求和消费者的行为习惯,制定更有针对性的市场营销策略,提高渠道销售效果。

在具体实践中,精准定位可以体现为以下形式。

(1)利用社交媒体和数字广告等渠道,根据不同消费群体的年龄、性别、地域、兴趣和行为等特征进行精准定位,并针对他们的需求和偏好,提供相应的产品和服务,以及个性化的激励政策,如优惠折扣、积分奖励等。

(2)基于历史数据和人工智能算法,分析客户的行为路径和购买偏好,对渠道成员进行定位和分类,并提供相应的销售和服务支持,如定制化的培训课程、技术支持和推广资源等。

(3)通过实时监测和数据分析,了解市场变化和消费趋势,及时调整市场策略和激励政策,以适应不同渠道成员的需求和市场环境的变化。

通过以上措施,精准定位能够更好地提高市场营销策略的针对性和有效性,促进渠道销售效果的提升和市场份额的增加,增强企业的市场竞争力和盈利能力。

（二）实时监测

数字化通过实时监测对渠道激励产生影响。企业可以通过数字化技术实时收集并分析渠道数据,了解企业市场表现和市场环境变化,及时调整和优化市场营销策略和激励政策,从而更好地促进渠道销售效果。

在具体实践中,实时监测可以体现为以下形式。

（1）利用数字化工具和平台,实时获取销售数据和客户反馈,了解销售业绩和客户满意度,及时调整销售计划和服务策略,以提高市场竞争力和盈利能力。

（2）借助人工智能技术,对市场变化和消费趋势进行实时分析和预测,帮助企业制定更有建设性的市场策略和产品方案,提高销售效果和市场份额。

（3）通过实时监测,发现和解决渠道成员面临的问题和困难,提供相应的支持和解决方案,并及时跟进和反馈渠道成员的工作表现和销售情况,以增强合作伙伴的动力和信心,共同提升市场销售效果和成效。

通过以上措施,实时监测能够更好地提高市场营销策略的效果和精准度,促进渠道销售效果和成效的提升,提高企业的市场竞争力和盈利能力。

（三）定制化激励

数字化也可以通过定制化激励,根据不同渠道成员的需求和行为习惯,提供个性化的激励措施,从而更好地激发他们的动力和积极性,促使他们更好地执行企业制定的市场营销策略。

在具体实践中,定制化激励可以体现为以下形式。

（1）根据渠道成员的销售业绩或客户满意度等指标,制定个性化的奖励和福利政策,激励他们积极参与销售活动和提高服务质量。

（2）基于渠道成员的特点和优势,提供个性化的培训和技术支持,提高他们的销售技巧和专业素养,以及增强他们对企业品牌和产品的认知和理解。

通过以上措施,定制化激励能够更好地促进渠道成员的积极性和动力,使他们更好地配合企业的市场营销策略,既能提升市场竞争力和盈利能力,又能规范中间商的运营,避免出现擅自降价、窜货现象。

（四）全渠道激励

在全渠道营销的背景下,产品销售不再依赖于某个特定的渠道,而是通过多种渠道来实现。这时,渠道激励需要更加注重全渠道的协同效应。渠道激励的策略应该从单一的销售业绩考核向更加注重跨渠道协同的销售合作转变。

在具体实践中,企业可以采用以下方法进行全渠道激励。

（1）促进线上与线下合作,开展线上店铺与实体店同步促销的营销活动。

（2）针对不同的渠道采取不同的激励方式,如推出线上专属优惠券等。

（3）渠道成员需要更加聚焦终端客户的需求,并为其提供更好的售前、售中、售后服务体验,以提高客户的满意度和忠诚度。这时渠道激励的策略需要注重终端客户满意度,从而推动渠道成员更好地服务于终端客户。

企业在实施全渠道激励的过程中,需要制定相应的策略和方案,考虑不同渠道的特点和消费者的需求,针对不同目标设定和不同消费行为制定不同的激励方式。渠道整合是全渠道激励的核心。企业需要通过资源整合和协同合作,实现整个价值链条的有效协调和资源优化。这需要企业具有合作的意识和开放的心态。推广实施是全渠道激励成功的重要环节。企业需要借助于多种渠道,通过差异化设计和全面推广,让消费者参与其中,从而实现渠道间的协同效应。市场效果评估是企业成功的关键因素。企业需要采集、整合和分析相关数据,并进行持续的优化和改进,从而实现全渠道营销的环环相扣。

总之,全渠道激励需要注重全渠道协同、注重终端客户满意度,并相应地调整激励策略,这样才能促进渠道成员更好地参与到全渠道覆盖策略中,并为企业带来更好的销售效果。

基本概念

渠道激励　战略联盟　回款折扣　过程返利

思考题

1. 渠道激励的含义是什么?
2. 渠道激励的作用有哪些?
3. 渠道激励的类型有哪些?
4. 数字化对渠道激励影响的主要路径有哪些?

案例分析

海尔:对赌激励模式

随着业务经营方式的转型,海尔的员工激励方式由自主经营体制下的"人、单、酬"模式发展成小微企业的对赌激励模式。对赌实质是指投资方和融资方对未来不确定情况的一种约定。海尔每年会跟小微企业达成目标承诺和利润分享空间的协议。当小微企业达成对赌目标后,会按预定比例分享对赌价值,并可在小微企业内部自主分配,自主用人。若无法达成预定效益,则计入亏损,待下期弥补,或直接取消该创业项目。

小微企业的薪酬激励可划分为三个阶段:创业阶段、分享阶段、风投与配股阶段。在创业阶段,小微企业只获取固定工资,由小微企业预支或自筹。当成功完成第一阶段目标后,小微企业进入快速发展阶段,可为成员建立利润分享计划或分发虚拟股。小微企业在事前会预算人力成本,该成本等于人工成本效率乘以预期收益;其中人工成本效率为人工成本除以所创造的价值,这是小微企业和海尔 HR 共同协商得出的。而小微企业实际人工成本等于人工成本率乘以实际收入或利润,预算人工成本和实际人工成本之间的差额可由小微企业自主分配,自主用人。此时,成员的收入直接与小微企业的产值挂钩。比如,事前约定的人工成本效率为 1.6%,小微企业的实际收益为 800 万元,则人工成本为 1.6%×800 万元=12.8 万元。假设现有员工已兑现 8 万元,则剩余的 4.8 万元可以用于奖励员工或引进人才。当小微企业进入第三个阶段,开始引入外部资本风险投资时,海尔可根据小微企业的贡献,为该小微企业派放股权。小微企业不一定是独立法人,但其所有的运作流程都如同一个独立注册的企业,拥有自己独立的运作模式。在小微企业中,成员由员工上升到事业合伙人的角色,参与项目的计划与实施,与小微企业建立了利益共同体和对赌关系。小微企业实行的是用户付薪制,即小微的利润分享源于超额完成下游用户小微的对赌要求,这样就使海尔内部各小微企业环环相扣,形成了良性生态圈。

资料来源:经略咨询. 海尔的 OEC 模式、人单合一,以及对赌激励模式[EB/OL]. [2022-6-11]. https://baijiahao. baidu. com/s?id=1735299334403078530&wfr=spider&for=pc.

问题:
结合案例,分析渠道激励有什么作用?

第 四 篇

数字化与渠道效率

第九章　数字化与渠道控制

学习目标

控制既是一轮管理活动的终点，又是下一轮管理活动的起点。在实际的营销活动中，企业面临内、外部环境的不断变化，渠道体系是动态的，在数字化发展背景下更是如此。为此，需要对渠道进行及时调整和控制。

通过本章的学习，掌握以下知识：

- 了解渠道控制的特点及分类；
- 理解渠道控制力的来源；
- 掌握数字化对渠道控制的影响；
- 理解其他因素对渠道控制的影响。

素质目标

通过本课程的学习，培养学生的统筹规划能力，制定符合企业发展目标的数字化渠道战略，协调资源的配置和利用，统筹各渠道活动的推进；培养学生的沟通与合作能力，强化团队协作和信息的共享与传递，促进内、外部利益关系的协调和商业伙伴之间的合作；培养学生的社会责任感，在实现数字化渠道控制的同时，促进商业与社会的可持续发展。

第一节　渠道控制概述

▶一、管理控制

管理控制是衡量和矫正工作内容，使其按照计划实施，进而确保组织目标得以实现的手段及过程。具体来说，管理控制就是用预定的计划和目标来督促组织中各项工作的进展情况，衡量实施过程是否与计划相符，取得的目标是否与下达的指标和既定原则相符，以便及时发现差异和存在的问题，采取矫正措施，促使工作按照原定计划进行，或适当调整计划，使其符合客观实际的管理活动。

（一）基于组织或系统的视角来统筹管理

基于组织或系统的视角来统筹管理包括两层含义：一是管理控制是系统中各单位的

职责,完成计划是系统全体成员共同的责任;二是控制的对象是系统中的各单位。确保系统各单位在工作上的均衡与协调是管理工作的一项重要任务,为此需了解各单位的工作情况并予以控制。

（二）随着环境的变化而变化

管理工作中的控制不同于电子设备调控,电子设备的控制过程是高度程序化的,具有静态的特征。而系统不是静态的,其内部环境不断地发生变化,这决定了控制标准和方法不可能固定不变。

（三）实施者是人,被实施者也是人

管理控制是保证工作按计划进行并实现组织目标的管理活动,而组织中的各项工作要靠人来完成,各项控制活动也要靠人去执行,具有人性化特点。这种特点使管理控制工作具有更明显的人为因素干扰,这种干扰可能是正面的,如人们的责任心有助于增强控制效果;也可能是负面的,如担心被处罚的心理会影响偏差信息的收集。

（四）核心任务是为了实现组织或系统的发展目标

控制不仅是监督,更重要的是指导和帮助,即通过控制工作找到影响工作目标实现的因素,分析工作中产生偏差的原因,最终促进组织或系统目标的实现。

二、渠道控制的内涵

斯特恩是最早对渠道控制问题进行研究的营销学学者之一,他认为渠道控制是一个渠道成员就某一特定产品(或品牌)为其他渠道成员制定营销政策的能力。巴克林将渠道控制定义为"个人、群体或组织有目的地影响其他个人、群体或组织行为的过程"。这个定义虽然明确地将渠道控制的内涵界定为对行为的控制,但没有在渠道关系背景中对渠道控制进行定义。也许是受艾尔-安萨里和斯特恩的影响,渠道控制与渠道权力一度被认为是可以互换的两个概念,但还是有学者对两者进行了区分。这些学者认为,渠道权力是一个渠道成员影响另一个渠道成员决策变量的能力,而渠道控制则是指一个渠道成员对另一个渠道成员行为和决策变量的实际影响。权力是一种潜在影响力,而控制则是权力应用的实际结果,因而将渠道控制定义为"一个渠道成员对另一个渠道成员行为和决策变量成功影响"的观点得到了大多数学者的认可。国内学者庄贵军教授认为,渠道控制与一般意义上的管理控制略有不同,它主要是一种跨组织的控制——施控者与受控者分属于不同的企业或组织。常永胜教授提出,渠道控制是以渠道成员的分销效率以及合作和配合关系为对象,设计控制标准,进行连续的监测与评价,发现问题并采取措施及时纠正错误的管理过程。由于渠道控制的主要对象、核心内容是分销效率,因此,也可以称为分销效率控制。他提出,渠道控制的内容可以根据营销组合因素来划分,分为对产品与服务的控制、对价格的控制、对促销活动的控制和对分销过程与分销区域的控制。另外,渠道控制的内容也可以按渠道功能来划分,如分为对渠道信息的控制、对所有权转移过程的控制、对资金流的控制和对物流的控制等。

虽然渠道控制是管理控制在渠道领域的具体应用,但是它与一般意义上的管理控制有很大的差别。渠道控制是一个渠道成员对另一个渠道成员的行为与决策变量成功施加影响的过程。渠道控制的本质是对渠道成员(组织)的行为进行控制,是一种跨组织控制、相互控制(或交叉控制)和结果导向的行为过程。渠道控制根植于相互依赖的渠道关系中,因而它与渠道关系中的诸多变量存在着千丝万缕的联系。

▶三、渠道控制的特点

(一)目的具有独特性

渠道控制既区别于一般控制,其目的不是限制对方行为,更不是限制其发展,而是要建立、发展和维持一种相互依赖、互利互惠的渠道关系;也区别于管理控制,其目的不是达成某个渠道成员的管理目标,而是要通过建立稳定的渠道合作纽带,实现渠道成员共同的渠道战略目标。

(二)对象具有相互性

渠道成员是彼此独立的,控制者既可能是生产商也可能是中间商,但是不管是谁在控制整个渠道、制定渠道政策,渠道成员在法人资格、利益、文化、企业战略和行为方式等方面都有显著的差别。而且,控制者与被控制者所处的位置是动态的,有时候甚至互为控制者与被控制者。在某个市场发展阶段,生产商是控制者,中间商是被控制者,到下一个市场发展阶段,中间商是控制者,生产商变成了被控制者。此外,某个渠道成员在某一方面能够控制其他成员,但在另一方面就可能被其他成员控制。

(三)手段具有多样性

渠道控制本质上是控制,是管理控制的重要形式,控制以及管理控制的手段与方法适应于渠道控制。同时,渠道控制又是一种独立成员之间的相互影响和相互依赖关系的体现,既可以借用企业内部的控制手段,如制度、政策、组织力、指挥等,又可以通过品牌价值、合作协议、市场地位等一系列市场手段进行渠道控制。所以,渠道控制的手段是多样的。

(四)动力具有协同性

从渠道控制的主体来看,不管是生产商,还是中间商,都是为了通过协同渠道成员之间的关系,依据各自的任务或者责任,按照渠道体系建设的计划,完成渠道体系设计的目标。可见,渠道成员之所以参与渠道控制一方,或者处于被渠道控制一方,最终都能够享受渠道控制带来的利益或者好处,这种渠道成员之间关系的协同性也是渠道控制能够有效实施的动力。

▶ 四、渠道控制的分类

（一）按照渠道控制的严重程度划分

1. 高度控制

高度控制是指生产商或中间商不仅能够选择负责其产品销售的渠道成员的数量、类型及地理区域分布，而且能够支配这些渠道成员的销售政策和价格政策。高度控制往往要求控制者具备雄厚的实力和强势的产品品牌，如某生产企业将整体市场划分为若干区域，每一区域都有一名业务经理专门负责，业务经理对本区域内的每一中间商的资料都详细掌握，并及时根据市场变化及中间商的表现进行政策调整，确保渠道成员的努力程度，以保证企业获得良好的经济效益。高度控制的基础一是来源于市场地位的绝对优势，如生产企业的品牌影响力或者中间商的渠道辐射力，二是基于合作关系中的控制力，如在股权式合作渠道模式中，生产企业或者中间商的股份占比大，从而具有决策的话语权。高度控制的优点是可以防止中间商的恶性价格竞争，保证企业渠道政策的顺利实施，有效控制渠道成本，有利于维护统一的品牌形象；缺点是容易形成完全集权，不利于形成渠道成员的对等关系。

2. 低度控制

并非所有的生产商或者中间商都能对渠道进行绝对控制，实力较弱的企业也可以通过为渠道成员提供具体支持、协助来影响它们，这种控制称为低度控制，也称为影响控制。大多数企业的控制都属于这种方式，它们通常采用的方式如下。

（1）向中间商派驻商务代表。较大的生产商一般会派驻代表到中间商那里进行监督，同时帮助中间商进行产品的销售活动。

（2）与中间商进行多方位的合作。例如，联手开展广告宣传、促销、公关活动，共同进行产品研发与改进，以及共同进行市场调查、售后服务等。

（3）对中间商进行培训、激励。例如，向中间商进行有关销售管理、存货控制以及有关产品的专业知识培训，奖励业绩突出的中间商或向中间商提供价格、交易条件上的优惠等。

相对而言，在这种控制过程中，控制者的议价能力相对较弱，对渠道的掌控能力不强。但是这种方式会促使渠道成员间的合作更为平等和紧密，有助于信息的双向交流，民主性较高。

（二）按照渠道控制的具体内容划分

1. 利润控制

利润是渠道成员合作的基础。渠道成员的利润取决于产品的销量和附加值，并且与这两项正相关。渠道控制者既要保证分配给渠道成员颇具吸引力的利润空间，又要确保渠道成员间利益的相互平衡，避免个别渠道成员因收入过多、实力增长过快而掌握渠道的控制权。

2. 目标控制

目标是渠道体系设计的基础。渠道成员保持战略目标的一致性是渠道关系长期稳定发展的前提条件,同时,渠道控制者应在渠道体系建设过程中,协助渠道成员对其营销目标的执行情况进行评估,及时调整实施策略或营销目标,确保渠道体系目标的顺利达成。

3. 过程控制

过程是渠道体系建设的主要对象。渠道控制者应随时控制渠道成员的具体经营活动,从而确保渠道成员的努力和投入程度,如对渠道成员进行库存控制、促销方案控制,以及执行情况监控等。

（三）按照渠道控制的结果导向划分

1. 正向控制

正向控制是指渠道控制者本着与渠道成员进行协商与长期合作的原则而采取的一系列控制手段,如加强培训、加大支持力度等,其目的是实现渠道成员的共赢。

2. 负向控制

渠道控制者对达不到合作与支持要求的渠道成员往往采用负向控制,如通过终止合作、收紧信用期限、产品线控制等手段来实现对渠道成员的控制。这类控制只适于对渠道体系进行调整的时候,多用则会导致渠道成员的不稳定甚至合作破裂。

▶五、渠道控制的意义

（一）有助于实现渠道任务,促进产品交易

渠道体系的核心任务是促进产品买卖,完成产品交易。渠道控制有助于督促渠道成员的经营活动始终围绕渠道体系的核心任务。否则,在产品或服务从生产者流向消费者(用户)所经过的通道过程中,若由于控制不当或者控制力度有限,导致渠道不完善、建设滞后,就会影响渠道体系目标的实现。

（二）有助于发挥渠道功能,提升经济效益

通过有效的渠道控制,企业可以确保渠道的顺畅和生产的高效。这能帮助企业更快地推出新产品或服务,并更快地响应市场变化。有效的渠道控制可以确保产品在市场中的定位,维护企业的品牌形象。对渠道成员的筛选和管理有助于确保他们遵守企业的规范,从而避免对品牌形象造成损害。通过渠道控制,企业可以更有效地收集市场信息,了解消费者的需求和反馈,以便调整产品和服务策略。同时,企业也可以及时掌握竞争对手的情况,为决策提供依据。渠道控制还可以帮助企业识别和降低潜在的风险。对可能出现的市场变化或政策变动,通过与渠道成员的紧密合作,企业可以提前采取应对措施,降低风险。另外,通过渠道控制,企业可以优化渠道结构,使渠道更符合市场需求和企业战略。这不仅可以提高效率,也可以降低成本,进一步提高经济效益。

（三）有助于协调渠道关系,增强竞争优势

通过渠道控制,企业可以更好地管理、监督和指导渠道成员。这有助于加强企业与渠

道成员之间的合作关系,提高合作效率,确保产品的销售和服务的提供。有效的渠道控制可以促进企业与渠道成员之间的信息共享。这样,企业可以更好地了解市场需求和变化,及时调整自身的生产和服务策略。同时,也可以使企业及时掌握竞争对手的情况,为决策提供依据。通过渠道控制,企业可以更好地管理渠道成员的行为,确保他们遵守规范,提供优质的服务。这有助于提升客户满意度,增强企业的市场竞争力。通过渠道控制,企业可以与渠道成员共同应对市场变化。在面临市场挑战时,企业可以与渠道成员共同制定应对策略,共同解决问题,提高整体竞争力。

▶ 六、渠道控制的效度

对渠道体系管理来说,渠道控制的效度主要是指在渠道设计、建设、维护和调整的过程中,能够根据渠道控制力的大小进行运作后取得的效果,主要包括以下三个方面。

(一)渠道控制的能力

渠道控制的能力又称渠道控制力,是指在渠道体系建设中运行和管理渠道的能力,它在很大程度上取决于渠道控制者对渠道运行的话语权和自由支配的能力。如果渠道控制者能对渠道体系的各个环节进行自由地支配,那么,它就具有很强的控制力;反之,则控制力较弱。从某种意义上来说,渠道控制者对渠道的控制力如何,取决于渠道成员对它的依赖度。依赖度越高,控制力也就越高。因此,企业渠道的竞争力关键在于控制力如何,更进一步说在于如何提高渠道的依赖度。同时,渠道控制力包括渠道链条的整体控制能力和渠道成员依赖度的控制能力两个方面。实际上,渠道成员的依赖度主要来自渠道链中各个客户通过合作获得的利益的多少和对未来合作前景的期望。而在现代市场条件下,渠道利益的分配及保障体系始终存在巨大的不确定性。因此,渠道成员的依赖度越低,控制力也越低,不仅会影响企业的市场占有率和扩张速度,而且常常不可避免地导致核心渠道以及层次渠道之间发生业务和利益上的冲突与内耗,进而削弱和影响渠道控制的效度。

(二)渠道控制的效果

渠道控制的效果主要是指在既定的渠道控制成本和控制模式下,渠道控制者通过渠道体系销售产品和服务的出货能力。它可以从数量和质量上反映渠道的投入产出效果,并通过渠道的市场覆盖率、渠道服务能力、维护成本和影响力等指标来描绘和分析,从而对渠道的效果进行优势和劣势的系统评估。渠道控制的效果与产品的细分市场高度相关。不同渠道控制者的渠道建设、控制模式只有与其产品的细分市场的特点相匹配,才能从结构上保证所构建渠道链的效果,奠定最终有效出货的基础,实现对区域市场的有效覆盖。一般而言,其中任何一种渠道都不可能有效地覆盖所有的细分市场。不同控制模式和渠道构成,其控制效果是不同的。

此外,渠道体系构成中的客户素质、模式、实力、服务和管理等基本要素决定着渠道控制的效果水平和质量。只有拥有可控的优质渠道资源并提高渠道控制质量,才能构建有效的营销链并产生强大的分销力。提高渠道控制效果的基本原则就是要以客户价值最大化为目标,通过渠道创新、功能发育、策略调整、资源投入等方法,提高整个渠道价值链的服务增值能力和差异化能力。通过为客户提供针对性的增值服务,使产品获得有效差异,从而提高客户的满意度和忠诚度,使企业从根本上摆脱产品同质化引起的过度无序竞争。实际上,提供渠道增值服务可使渠道链条各环节的利益提高,必然增强渠道控制的稳定性和协同性。

（三）渠道控制的效率

渠道控制的效率主要是指渠道控制中的流程运作效率。渠道流程涉及商流、信息流、物流、资金流等的顺畅性和运营维护成本。渠道流程运行效率的高低除取决于渠道的结构、功能以及市场容量、需求、产品特性和地理等环境因素的影响外,还受到渠道控制模式本身及控制模式的影响。现代分销理论普遍强调,渠道设计中应该考虑区域商流的习惯,合理地设计渠道层次关系,减少不合理的物流和价格环节,实现渠道效率基础上的扁平化。如考虑在区域传统商业集散地设立总代理,利用已存在的商流联系,直接覆盖地、县等二、三级市场,改变以往由中心城市代理商覆盖地级,再由地级覆盖县级的一般性渠道构建思路。但在集中的专业市场内,由特约经销商设立库存,覆盖其他多个一般渠道客户（无须增加库存）,既实现了物流集中和库存集约,又保证了很大的渠道占有面,使渠道的整体效率最大化,同时减少渠道冲突,调动各级渠道成员的积极性,稳定区域市场秩序,有效降低维护费用。

为了提升渠道控制的效率,必须注意渠道链条各环节的协同分工。一方面是同一企业内部在使用不同类型的渠道成员覆盖相应细分市场,进行合理分工;另一方面是渠道链各环节成员间的优势互补和资源共享,有效地获得系统协同效率,即提高分销效能,降低渠道运营费用。例如,企业利用管理经验、市场能力、技术服务等营销资源优势,承担品牌运作、促销策划、助销支持和市场维护等管理职能;核心经销商利用网络、地缘、资金、配送等资源优势,承担物流、结算、配合促销实施、前期推广等分销职能;各零售终端利用地理优势、影响力、服务特色等优势,承担现场展示、用户沟通、客户服务和信息反馈等销售职能。

渠道有效控制的核心原则之一就是谋求企业渠道价值链的系统协同效率,并以此为基础与中间商、用户和其他物流、服务提供商等建立分工协同、长期合作、共同发展的紧密关系,打造以渠道控制者为主导的渠道价值链。在此基础上,渠道控制者利用自身的综合能力逐步确立渠道领导权,承担分销链的构成、协调、领导、服务等管理职能。渠道控制者要提高渠道综合管理能力,引领渠道各级成员有效地协同运作,在市场竞争的关键环节获得优势,有效打击竞争对手,扩大市场份额,使合作各方利益加大,获得各成员的认同和拥护。

第二节 渠道控制力

渠道控制既可以从控制、管理控制的一般角度,通过制度等手段来获取控制力,也可以基于渠道管理的特点,通过市场地位等手段来获取控制力。由于制造商、批发商、零售商在渠道体系中的功能不同,获得渠道控制力的具体路径存在差异性。具体来看,它们获取渠道控制力的来源有以下几个方面。

▶ 一、生产商渠道控制力的来源

(1) 规模经济和市场份额。实力是渠道权力的根本保证,生产商资金雄厚,生产规模大,销售量大,市场份额高,就具有很强的讨价还价能力和奖赏能力。

(2) 较高的品牌忠诚度。客户对品牌忠诚度高,就会拉动销售量上升,一方面能够提高对渠道成员的奖赏力,另一方面能够提高感召力。

(3) 较大数量的折扣和较高的销售费用。提供较大数量的折扣和较高的销售费用,可获得较强的奖赏力。

(4) 较好的渠道培训。提供较好的渠道培训和支持可获得奖赏力和专长权。

(5) 有效的分销商分级管理。对关系紧密的分销商提供紧缺商品;对表现不佳的分销商予以惩罚,如终止合作关系;对大客户进行直接交易,可获得奖赏力和强制力。

(6) 严格的合同管理。严格的合同管理可获得合法权。

(7) 采取特许经营的方式销售。通过授予特许经营权的方式销售,在销售指导、采购、店址选择等方面获得更大的发言权,从而获得奖励力、强制力、合法权、专长权和感召力。

(8) 建立竞争渠道或增加渠道内竞争。在同一销售区域建立不同类型的新渠道,增加现有渠道与新渠道之间的竞争;或者在现有渠道内部增加同类型渠道成员的数量,增加渠道内的竞争,这样能够使生产商减少对单一渠道和少数渠道成员的依赖,获得控制权。

(9) 实施垂直一体化战略。生产商通过实施垂直一体化战略,自建渠道或合并、兼并现有渠道,获得渠道强制力。

(10) 建立渠道信息系统。建立渠道信息系统,可获得奖赏力、专长权和感召力。

▶ 二、批发商渠道控制力的来源

(1) 规模经济。实力强的批发商通过规模经济能够提高与生产商讨价还价的能力,同时对零售商能够获得奖赏力、感召力。

(2) 客户网络和客户忠诚度。发展客户网络,培养客户忠诚度,从而对生产商获得强制力。

(3) 提供大批量订货折扣。提供大批量订货折扣,可对零售商获得奖赏力。

(4) 成为生产商的独家代理。成为生产商的独家代理,可获得合法权。

(5) 发展自有品牌。发展自有品牌可使供应商为批发商品牌提供产品,运作自有品牌,获得渠道感召力、合法权。

(6) 实施垂直一体化战略。通过前向一体化或后向一体化战略,增强渠道控制力。

(7) 控制信息。批发商掌握客户的信息及厂家的信息,通过信息控制,能够获得专长权。

(8) 提供资金。批发商通过给生产商提供预付款,帮助生产商解决资金周转问题;通过给零售商提供商品信贷,帮助零售商解决资金周转问题,从而获得奖赏力和专长权。

▶三、零售商渠道控制力的获得

（1）客户忠诚度。通过零售商的特色经营，获得客户忠诚度，从而对批发商或生产商获得强制力。

（2）大量销售。通过大量销售可以获得一定的市场份额，从而获得强制力和奖赏力。

（3）品牌建设。通过商店、超市品牌的建设，获得感召力；通过发展自有品牌商品对供应商获得奖赏力和感召力。

（4）连锁经营。通过发展连锁经营，扩大商品销售，获得奖赏力和感召力，并且通过连锁企业的集中采购，获得强制力。

（5）签订协议，获得专项权力。一些大的终端零售商，通过签订专项协议，如与生产商签订直接供货协议，获得直接供货，从而保证销售中的价格优势；或签订提供专销品协议，保证独家销售某些商品。这些专项权力的获得，保证了终端的竞争优势，也获得了合法权。

（6）实施垂直一体化战略。通过实施后向一体化战略，控制商品的批发或生产，从而获得对渠道的全面控制。

（7）收取陈列费或其他费用。通过陈列费、新产品上市费等费用的收取，对上市的商品进行筛选，获得强制力。

（8）信息控制。通过对终端客户信息的控制和研究，获得专长权。

（9）参加零售商行业协会。通过参加零售商行业协会，参与行业协会的活动，分享行业协会集体争取的成果和对行业研究的成果，获得强制力、合法权和专长权。

第三节 数字化对渠道控制的影响

▶一、数字化对渠道控制产生影响的原因

（一）渠道透明度提高

数字化技术可以帮助企业更好地了解渠道运作情况，实时获得渠道相关信息，从而加强企业对渠道的监控和控制，提高渠道效率和效益。在数据获取和分析方面，数字化技术能够帮助企业采集、处理和分析海量数据，了解销售数据、库存情况、产品流通情况、市场反馈等信息，并进行深入的业务智能分析。通过这些数据的分析和挖掘，企业可以更加清晰地了解渠道的运作情况、瓶颈和问题，从而快速做出调整；在供应链管理方面，企业可以利用数字化技术建立供应链管理系统，了解生产制造和销售环节的运作信息，并实现物流信息的追踪、控制和管理，从而优化供应链管理；在线上渠道方面，数字化技术可以通过电商平台建立线上销售渠道，让企业实时了解销售业绩、流量情况和用户反馈意见等，通过电商平台与消费者实时互动，了解市场需求和动态。此外，数字化技术可以通过社交媒体分析，包括企业自身的官方账号和用户社区，获得消费者对产品和品牌的反馈和意见，与其互动交流，了解并分析市场趋势。

（二）渠道多元化

数字化时代，企业不再局限于传统渠道，而是可以通过多种数字化渠道为消费者提供更为便捷的购物体验。过去，企业一般通过实体店铺、展览会等传统的实体渠道进行销售，或者通过与其相关的代理商、经销商、批发商等合作伙伴渠道扩大市场覆盖率。如今，数字化技术使渠道多元化，新兴渠道为企业提供了更多选择。首先，企业可以借助数字化技术建立官方线上商城、电子商务平台、直播平台、社交媒体等线上渠道进行宣传、销售和客户服务等工作，客户可以在这些平台上进行商品的浏览、下单和付款，并查看订单状态和送货进度。其次，企业可以将线上渠道与线下渠道结合起来，实现多渠道整合，利用多渠道销售的策略扩大市场份额。例如，企业可以建立线上下单和线下取货的服务，客户可以在网站或电子商务平台上下单，然后在企业的实体店铺或配送中心取货。此外，企业还可以建立跨境销售渠道，将产品出口到不同国家和地区，通过跨境电商平台进行销售。

（三）对渠道控制权产生双重影响

一方面，数字化技术使当前的渠道与传统的渠道相比在一定程度上得以缩短，更易管理和控制。一般而言，渠道中的主体通常具有较强的自主性，企业需花费大量的人力、物力去协调和管理各个渠道，企业的渠道拉得越长，渠道越难以控制。传统的销售渠道需经过层层的分销商，而如今企业可以直接通过自有线上商城、电商平台等网络渠道直接销售产品或服务，直接与消费者对接，降低了企业对分销商的依赖性，缩短了渠道，增强了对渠道的控制力。此外，数字化技术能够让企业更好地掌握渠道流向的数据，提高了企业对渠道的监督、管理和控制能力。

另一方面，数字化技术使企业对渠道的管控更加困难。消费者通过数字化技术获取信息和购买产品，能够更加自由地选择渠道和产品，也可以获取更多有关市场和产品的信息，降低了企业的渠道控制能力。此外，随着数字化技术的应用，虽然企业可以更加清晰地了解市场和渠道的情况，但也会让其分销商能够更好地访问和沟通市场和渠道的信息和数据，从而根据各自的利益去行动，影响企业的目标控制，因此降低了企业的渠道控制能力。

因此，数字化技术对企业的渠道控制权既有提高的一面，也有降低的一面，具体影响还需视企业的具体情况而定。

▶二、数字化对渠道控制产生影响的路径

数字化技术的发展和应用已经对企业渠道控制产生了很大影响，这是由数字化技术的特点所决定的。数字化技术具有高度智能化的特点，集成了人工智能、机器学习、大数据等先进技术，可以进行高度智能化的数据分析和管理，帮助企业更好地理解市场和消费者的需求。数字化技术具有高度可定制化的特点，提供了多种销售渠道和管理工具，企业可以根据自己的需求来自主选择；数字化技术也提供了丰富的定制化选项，企业可以自由选择适合自己的软件和硬件配置，满足自己的业务需求；企业还可以构建人工智能算法模型，分析大量数据，通过机器学习，推算出最优方案，帮助企业做出更加准确、高效的营销

决策。数字化技术具有自适应性的特点,可以适应不同的环境以及应用场景,可以渗透企业渠道控制的各个环节,影响企业对渠道信息、所有权转移过程、资金流、物流的控制。

随着数字化技术的广泛应用,消费者的行为和需求也发生了改变,企业不得不对渠道控制做出调整。越来越多的消费者选择在网上购物,企业不仅需要开辟线上渠道,还需要重新评估自己的销售和宣传策略,以适应消费者行为的变化,渠道控制的要求也会因此发生变化。此外,数字化渠道可以实现与消费者的快速、实时互动,消费者反馈可及时到达企业,企业可以更好地了解消费者需求、反馈等信息,从而能够根据消费者的反馈及时调整和优化渠道。

第四节 其他因素对渠道控制的影响

其他影响渠道控制的因素有很多,主要包括控制的欲望与能力、环境的不确定性、渠道成员之间的关系,以及客户需求的差异等。

▶一、控制的欲望与能力

控制的欲望与能力受很多因素的影响,如生产企业的产品特点、渠道目标、渠道策略,以及生产商或者中间商实力等。因为控制是有成本的,所以企业不是在任何情况下都愿意控制渠道。当渠道控制的成本大于收益时,渠道控制者就失去了控制渠道的动力。另外,渠道控制还有能力问题,企业不是想控制渠道就能控制得了的。控制能力不是控制欲望的必要条件,企业可能有控制能力,但可能并不想控制。渠道控制的欲望与能力会以某种方式、在某种程度上影响一个企业渠道控制的结构、方法和水平。例如,渠道控制欲望较强、能力较大的渠道成员,倾向于选择垂直一体化的控制结构,采用较为直接和明确的方式,进行水平较高的渠道控制;渠道控制欲望较弱、能力较小的渠道成员,倾向于选择偏向于市场化的控制结构,通过关系与合作来实施较低水平的渠道控制。控制欲望与能力的各种组合,会使渠道控制产生很多变化。

▶二、环境的不确定性

环境的不确定性是指决策环境的预测难度(外部不确定性)和渠道成员绩效的评价难度(内部不确定性)。随着不确定性程度的提高,企业一方面需要通过垂直一体化的方式加强对渠道的控制,另一方面需要通过市场化行为来化解不确定性带来的风险。

▶三、渠道成员之间的关系

渠道的功能是通过渠道流程或渠道中不同成员的职能来完成的。渠道的基本业务流程有实物流、所有权流、促销流、融资流、洽谈流、风险流、支付流和信息流等。这些流程将组成渠道的各类组织机构贯穿起来,形成一条通道。这些渠道的职能和流程可以由不同的成员来承担,而特定的机构往往只从事其中一项或多项流程。由于每个机构的资源条件不同,在完成某些流程时有优势,而在完成其他流程时则情况相反。这导致渠道成员在运作中,往往都集中精力去执行自己最有优势的职能(流程),而把自己没有优势的职能向效率更高的成员转移,使自己能获得较高的效益。这种变化虽然客观上能提高渠道的效率和整个渠道的竞争力,但原本由设定成员执行的职能一旦转移到其他渠道成员,由其他渠道成员承担后,渠道流程和职能实施情况必然发生相应变化,企业对渠道的控制力也就可能随之降低。

▶四、客户需求的差异

客户需求是指客户愿意接受渠道向他们提供什么样的服务。渠道的运作一般可提供四项基本服务:一是空间上的便利性,即产品、产品信息、销售点、技术帮助等距离客户居住地的远近程度;二是批量规模,即允许客户每次购买的数量单位;三是交货时间,即客户从订货到收到商品所需的时间;四是品种的多样化,即产品多样化的类型和程度。

这四项服务是通过渠道执行一定的职能和流程来实现的。渠道提供多少服务,则要取决于其所掌握的资源的多寡、企业的能力以及客户对服务的需求。客户需要渠道所提供的服务越多,参与渠道运作的成员就可能越多,企业对渠道的控制力就可能越弱。

影响渠道控制的因素还有技术、文化、自然、社会、政治等方面,如地理环境、市场范围的大小、制造中心的位置、人口密度等,对渠道的控制力也有重要影响。当产地较为集中而客户比较分散,渠道较长,有较多中间商时,企业对渠道的控制力就会降低。法律法规直接或间接地影响渠道的控制力,如当政府通过许可制度来限制某些机构进入某个渠道时,渠道成员的渠道控制力就会因此受到影响。

基本概念

管理控制　渠道控制　渠道控制力

思考题

1. 渠道控制的意义是什么?
2. 渠道控制的特点及类别有哪些?
3. 渠道控制力的来源有哪些?
4. 数字化对渠道控制有哪些影响?
5. 其他因素对渠道控制有哪些影响?

案例分析

海澜之家的渠道控制

海澜之家是一个国际化一站式男装零售品牌,主要采用连锁零售的模式,致力于为20~45岁的男性提供时尚的设计和优质的产品,主要包括 T 恤、衬衫、裤子、西装、夹克衫等类别,丰富的商品能够满足男性在着装方面的几乎全部需求。2022 年公司实现营业收入 185.62 亿元,归母净利润 21.55 亿元,已连续九年保持国内男装市场占有率第一。从下游端来看,海澜之家采取托管式加盟模式,加盟商不参与门店管理,其商品投放、门店管理、经营方式等所有工作全部由海澜之家进行标准化管理,甚至连门店选址都由其确定。从投资收益来看,据公开数据显示,海澜之家加盟商每年的投资收益率大概为 20%。从上游端来看,海澜之家采取厂商联营模式,请代工厂代工,所有服装的设计、样式都是由供应商的设计师提供的,自己并不直接参与设计。供应商的设计完成之后,要拿到海澜之家的总部,由总部的设计师审核挑选,总部的设计师会根据当下流行的服装趋势,评估哪些款式设计可能畅销,再下订单。海澜之家与供应商之间有利益分享机制,通过销售后付款、滞销货品退货及二次采购相结合的模式,将供应商、品牌方的利益紧紧捆绑在一起。当然,海澜之家也不是"甩手掌柜",它帮供应商提高动销率和专卖店坪效,通过建立利益共享、风险共担机制,把供应商、加盟商和品牌方打造成利益共同体,实现产业链各环节各司其职、各获其利、共同发展。

资料来源:李泽宇.零售企业数字化转型的经济后果及其实现路径研究[D].南昌:江西财经大学,2023.

问题:

1. 海澜之家的渠道控制有哪些特点?
2. 海澜之家的渠道控制有哪些启示?

第十章 数字化与渠道绩效评估

▌学习目标▌

在市场竞争日趋激烈的情况下,企业要想完成自己的销售目标,使销售渠道高效率运作,就要对渠道的绩效进行定期评估,以便为制定更科学的管理决策提供依据。

通过本章的学习,掌握以下知识:

- 了解渠道绩效评估的定义和流程;
- 理解渠道绩效评估对渠道控制的意义;
- 熟悉渠道绩效评估的基本方法;
- 掌握及应用渠道成员绩效评估的方法;
- 掌握数字化对渠道绩效评估的影响。

▌素质目标▌

通过本课程的学习,培养学生的文化素养,提高学生的数据分析能力,使其有效地获取、分析、处理数据,以便在数字化与渠道绩效评估中做出正确的决策;培养学生的创新思维,使其制定高效的评估方法,实现渠道绩效最大化,促进企业的可持续发展。

第一节 渠道绩效评估的定义与流程

渠道管理是一个动态过程,不仅包括确定渠道模式、选择与激励渠道成员,而且包括在必要的时候对渠道模式或渠道成员进行动态调整。渠道建设不是一项一劳永逸的工作,而是需要根据企业内、外部环境的发展和变化持续地改进。因此,渠道绩效评估是渠道管理的一项重要内容。企业应定期对渠道系统或渠道系统中的渠道成员进行绩效评估,以确保整个渠道系统或渠道系统中的渠道成员能够按照企业制定的相关管理措施高效运转。

▶一、渠道绩效评估的定义

渠道绩效评估是指企业通过系统化的手段或措施对其渠道系统的效率和效果进行客观的考核和评价的活动过程。

渠道绩效评估可分为宏观层面和微观层面。从宏观层面来说,渠道绩效是指渠道系统表现出来的对社会的贡献,是站在整个社会的高度来考察的;从微观层面来说,渠道绩效则是指渠道系统或渠道成员对企业所提供的价值或服务增值,是从企业自身的角度来考察的。本书主要从企业的角度阐述如何对渠道系统进行渠道绩效评估,评估的对象既包括整个渠道系统,也包括渠道系统中某一层级的渠道成员。在营销实践中,不少企业同时对某个层级的渠道成员及整个渠道系统进行评估。尤其是在渠道扁平化的发展趋势下,企业加强了对渠道系统中具体渠道成员的绩效评估,以利于企业决定是否对某些层级的渠道成员进行扁平化管理。

▶二、渠道绩效评估的流程

渠道的目的在于帮助企业实现销售目标。渠道绩效评估旨在建立一套与企业特定营销目标相一致的评价指标,引导渠道行为。渠道绩效评估流程如下。

（一）明确渠道体系的销售目标

在企业目标与渠道行为之间建立更紧密联系的方式是将企业目标分解成一系列具体、明确的销售目标,如图 10-1 所示。销售目标提供了期望值的底线,围绕这个底线,可以建立渠道的绩效指标和评定制度。一些企业已经拥有了自己强大的销售目标,这些销售目标能够将企业目标有效地传达给各个独立的渠道。但在大多数情况下,企业管理层,尤其是那些运用复杂多渠道体系的企业管理层,很少能对"在市场领域中,所有渠道组合后应该完成哪些任务指标"这个问题给出一个满意的答案。

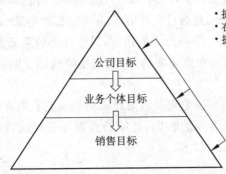

图 10-1　企业目标分解

通过以下步骤分解企业目标可以给出答案。

首先,将企业的每个目标独立分解为一个定量的销售目标,如目标"将经营利润提高到有竞争力的水平"通常被直接转化成"降低销售成本的 5％"的销售目标。

其次,将企业目标分解成三类:收入增加目标、利润目标和客户忠诚度目标。收入增加目标要求对应的销售目标致力于获取新客户,扩大客户群的范围,加强对新市场的渗透,以及加强对已有市场的渗透;利润目标要求对应的销售目标致力于保留老客户,降低交易成本,将重点置于大多数能带来利润的客户,更有效地运用销售资源;客户忠诚度目标要求对应的销售目标着重改善客户服务质量,提供更强大的售后支持,向主要客户提供更灵活的销售资源及渠道的配置。

（二）确定渠道绩效评估指标

绩效评估指标是有效渠道管理的核心之一。设定合理的渠道绩效评估指标应基于销售目标和销售过程中的渠道作用。销售目标是指所有销售行为的总目标，它说明渠道个体的目标绩效水平必须以能帮助企业实现其销售目标为导向。设定的渠道绩效评估指标必须能反映销售过程中每个渠道各自扮演的角色。在确定渠道绩效评估指标时，可以遵循图 10-2 所示的框架。在某些情况下，这种顺序可以变动，或者重复某些步骤以找到合适的评估指标。

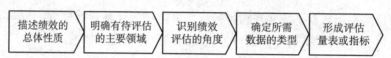

图 10-2　确定渠道绩效评估指标

（1）描述绩效的总体性质。这一步骤的意义在于考虑渠道绩效的多个方面和影响因素，避免遗漏。比如，在评估客户服务绩效时，客户满意度可能是一个好的指标，但它并不评估不同客户服务活动的获利性，也不测量因服务而损失的客户满意度。从总体上确定绩效指标具体的定义，有助于识别绩效的特性。

（2）明确有待评估的主要领域。这一步骤的主要意义在于尽可能地将渠道绩效的一些细微方面包含到测量指标中。

（3）识别绩效评估的角度。渠道绩效评估至少有三个角度：①内部的角度，如渠道的某个成员为了比较自己的绩效与目标之间的差距，进行自我评估；②相对外部的角度，渠道成员的绩效由其目前（或潜在）的合作伙伴进行评估；③第三方的角度，渠道外部的第三方对渠道绩效进行评估。对绩效评估的角度认定清楚是非常重要的，因为它是绩效标准的一项决定因素。

（4）确定所需数据的类型。这一步骤主要决定需要收集什么数据及其收集方法：是财务数据还是非财务数据，是主观的数据还是客观的数据，是原始数据还是标准数据，是采用调查、内部审计还是二手资料的收集方法。

（5）形成评估量表或指标。

（三）制定渠道绩效评价制度

（1）明确评估标准和指标。制定绩效评估标准和指标，包括定量指标（如销售额、利润等）和定性指标（如工作质量、客户满意度等）。

（2）确定评估流程。确定评估流程，包括评估的时间、频率、流程、步骤和参与人员等，以及考核周期、考核方式（自评、上级评、同事评、下属评、客户评等）、评估工具和方法（如评分表、360 度评估、自评互评等）。

（3）分配评估权责。明确绩效评估的权责分配，包括评估人员和被评估人员的权利和义务、评估人员的资格和培训要求，以及被评估人员的权利和申诉渠道等。

（4）设立考核指标。针对不同的渠道和岗位设立具体的考核指标，并且这些指标应该能够量化,以便于评估渠道和岗位的工作成果。

(5)设立考核标准。根据渠道和岗位的工作性质和特点,设立相应的考核标准,并且这些标准应该能够合理地衡量渠道和岗位的工作质量和效率。

(6)制定考核周期。制定具体的考核周期,如季度考核、半年考核、年度考核等,以便对渠道和岗位的工作成果进行及时跟踪和调整。

(7)设立奖惩机制。针对不同的考核结果,设立相应的奖励和惩罚机制,激励渠道和岗位提升工作效率和质量,同时对表现不佳的渠道和岗位进行相应的处罚。

总之,制定渠道绩效评价制度需要全面考虑各方面的因素,以确保评价结果公正、客观和有效。

(四)形成渠道优化调整行动方案

在上述评估的基础上,形成渠道优化调整行动方案,具体内容包括以下几个方面。

(1)渠道执行。明确渠道优化的目标和策略,包括扩大渠道覆盖面、妥善处理渠道冲突、提高渠道增值等。同时,要明确每个策略的执行时间和负责人,确保各项策略能够顺利执行。

(2)监控与评估。建立有效的监控体系,对渠道优化策略进行监测和评估。通过收集销售数据、市场反馈、客户满意度调查等信息,评估策略的有效性和可持续性。

(3)反馈与改进。根据监控和评估结果,及时反馈意见和改进建议,调整和优化策略。同时,要注重收集渠道成员的意见和建议,不断完善和优化行动方案。

(4)激励与支持。为激励渠道成员积极参与优化调整行动,可以制定相应的奖励措施和支持计划。例如,对配合度高的渠道成员给予更多的支持和奖励,对积极参与的渠道成员给予肯定和鼓励等。

(5)培训与沟通。针对渠道优化调整行动方案,开展必要的培训和沟通工作。让渠道成员了解优化调整的目的、意义和具体措施,增强其信心和支持度。同时,要保持与渠道成员的沟通交流,及时解决问题和反馈意见。

(6)实施与跟进。在实施渠道优化调整行动方案时,要注重细节的把控。对出现的问题,要及时采取措施进行跟进和处理。同时,要持续关注市场变化和竞争态势,及时调整和优化方案。

总之,形成渠道优化调整行动方案需要全面考虑各方面的因素,以确保方案的有效性和可行性。同时,在实施过程中要注重细节的把控,不断完善和优化方案,以实现渠道的长期稳定发展和提升经济效益。

第二节 渠道整体绩效评估

▶ 一、从社会的角度评估

斯特恩等提出了评估渠道整体绩效的3E模型,包括对渠道成员的财务绩效和渠道的社会贡献的测量。其中,效果(effectiveness)是指渠道以尽可能低的成本将服务或产品交付给最终消费者的全球绩效。总体而言,工业化国家的渠道效果优于非工业化国家的渠道效果。公平(equity)是指一个国家的所有公民有相同的机会去使用现有的渠道,有相同的能力去接触现有的渠道。从这个角度而言,全球性分销的公平性是相当差的,如在购买同类产品时,农村和内陆地区的消费者往往要比城市和沿海地区的消费者支付更高的价格,但所得到的却是相对较差的质量和服务。效率(efficiency)是指以较低的社会资源达成某些具体结果,由于这些具体结果通常是针对细分市场的目标消费者的服务条款,因而效率和效果是紧密相连的,信息技术的发展提高了渠道的效率。3E模型如图10-3所示。

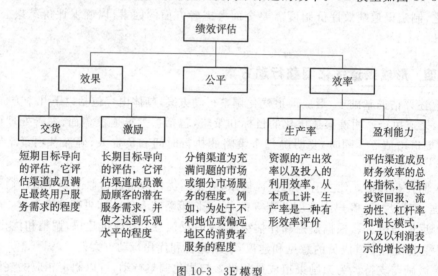

图 10-3　3E 模型

▶二、从企业的角度评估

从企业的角度评估整个渠道,可以从渠道管理组织、渠道运行状况、渠道服务质量和渠道经济效果四方面进行。前三者主要是定性分析,后者是从财务角度定量分析。

▌(一)渠道管理组织评估

渠道管理组织的评估包括两个方面的内容:一是考察渠道系统中销售经理的素质和能力;二是考察企业分支机构对零售终端的控制能力。

▌(二)渠道运行状况评估

渠道的运行状况是指渠道成员之间的配合、协调及积极性发挥等方面的综合表现。它决定渠道的效率和功能。渠道运行状况评估以渠道建设目标和分销计划为依据,考察任务的分配是否合理、渠道成员的合作意愿与努力程度、渠道冲突的性质与程度、销售是否达到既定目标等。具体分析时可从渠道通畅性、渠道覆盖面、渠道的流通能力及利用率、渠道冲突等方面展开。

1. 渠道通畅性

渠道通畅性是指产品流经渠道各环节时的通畅程度,即产品能否在合适的时间到达客户手中。这可以通过以下几方面情况来判断:渠道的某些环节是否有断货现象,产品是否在中间环节积压,产品到达某一环节的时间是否正常等。

2. 渠道覆盖面

渠道覆盖面是指最大的销售区域,即某个品牌的商品(或来自某个厂商的商品)通过一定的渠道销售能够达到的最大销售区域范围。可从渠道成员数量、分布区域和零售商的商圈大小等方面衡量。市场覆盖面是衡量商品渠道运行状态和功能的重要指标之一。渠道覆盖面越大,则该商品能够接近的潜在客户就越多,购买该商品的客户数量就越大。

(1) 渠道成员数量。渠道成员数量在一定程度上能够反映该渠道的市场覆盖面。

(2) 渠道成员分布区域。现代经济运行中出现了商品渠道扁平化的趋势。具体来说,越来越多的商品销售渠道的环节数(级次数)趋向于在二级或二级以下,同一个环节的中间商数量(渠道宽度)越来越多。而同一渠道上中间商的合理分布应当是彼此拉开距离,不会出现商圈或销售区域的重叠,以避免自相竞争的情况发生。

(3) 零售商的商圈大小。零售商的商圈是指在零售商周围,能够方便地光顾零售商店铺的潜在客户的分布范围。一般来说,零售商的商圈受交通条件、商店声誉、经营规模、竞争者的相对位置(距离)、周围服务环境及消费者购买行为习惯等因素的影响。不同地区的零售商的商圈可能是有差异的。

对应于市场覆盖面,还有另外一个常用的评价指标——市场覆盖率,它是指在某个特定的市场范围内,企业商品渠道所形成的市场覆盖面的相对大小。它反映企业所利用的商品渠道在服务某个特定市场范围时的全面程度,用特定市场范围的面积和在该区域内渠道产生的市场覆盖面积之比来量化说明,计算公式为

$$CR = \frac{S^*}{S_0} \times 100\%$$

式中,CR 为市场覆盖率,用百分比来表示;S_0 为特定市场范围的面积;S^* 为在该区域内渠道产生的市场覆盖面积。

特定市场区域通常是指企业的目标市场区域。市场覆盖率也可以用相应区域的目标客户数量和所有商圈范围内的目标客户数量来计算。

3. 渠道的流通能力及利用率

渠道的流通能力是指厂商在单位时间内经由该渠道将产品转移到用户手中的平均数量,流通过的产品数量与时间的比值则是流速。一般而言,渠道的流通能力取决于渠道的瓶颈部分。流通能力的评估指标可以通过流通能力利用率来衡量,而后者又可以细分为以下指标:平均发货批量、平均发货间隔期、日均销售数量和平均产品流通时间。

了解了渠道中的瓶颈环节,可以使渠道建设的力量投放到合理的地方。例如,扩大薄弱环节的承担单位数量、增加人员,或者设法改进渠道结构,利用其他渠道来弥补薄弱环节的不足,也可以考虑减少对非瓶颈环节的投入,借以减轻瓶颈环节的压力负担,还可避免造成渠道资源的浪费。

在设计和建设渠道时,要特别重视评估渠道的流通能力。在渠道的运转过程中,渠道流通能力评估的重点是流通能力利用率,即实际商品流通量与流通能力的比较,其计算公

式为

$$流通能力利用率 = \frac{实际商品流通量}{渠道的流通能力} \times 100\%$$

流通能力利用率在一定程度上可以说明渠道成员参与商品分销的积极性的发挥程度。具体来说,流通能力利用率的大小与每个生产商的供货量、仓储运输的效率、批发零售企业的促销努力以及各个环节之间的有效配合有关。常用来考核流通能力利用率的主要指标如下。

(1) 平均发货批量(一次发多少)。前后环节之间的发货(购货)批量是指根据后续环节的销售需要和送货通知,前一环节向后续环节发送一批货物的数量。发货批量直接影响在渠道中的商品流通量。一般来说,流通能力利用率与发货批量成正比,发货批量越大,则通过渠道销售的货物就越多,流通能力的利用率也就越高。

(2) 平均发货间隔期(多久发一次)。发货间隔期是指前一环节向后续环节先后两次发送货物的间隔时间。这个指标可用于说明供应单位向后续环节发送货物的频繁程度,也可从一方面表明供应单位的供货能力。平均发货间隔期短,说明后续环节销售量大、速度快,也表明仓储运输运转效率高。后续环节日均销售量可以用平均发货批量和平均发货间隔期两个指标来计算,计算公式为

$$后续环节日均销售量 = \frac{平均发货批量}{平均发货间隔期}$$

与平均发货间隔期对应的另一个指标是年均发货次数。平均发货间隔期与年均发货次数的乘积等于一年的天数。平均发货间隔期与年均发货次数成反比。可以根据平均发货间隔期计算年均发货次数,计算公式为

$$年均发货次数 = \frac{365 \ 天}{平均发货间隔期}$$

后续环节的年均销售总量是平均发货批量与年均发货次数的乘积,也可以说是其日均销售数量的 365 倍。

(3) 日均零售数量。日均零售数量反映了零售商的销售努力程度,也反映了生产商与批发商对零售商的服务水平。如果这个指标较高,则说明在整个渠道中商品的流通能力也较高,或者说流通能力利用率较高。

(4) 平均商品流通时间。商品流通时间是指商品从生产线下来或出产之日算起,到最后销售到消费者手上之日为止所经历的时间长度。这个时间长度是商品在流通过程中,占用仓储设施和资金的时间长度。按照渠道中转移的全部商品来计算,若平均商品流通时间较长,则表明在流通过程中商品占用的仓储设施和资金的时间长,仓储环节的工作效率较低,或者批发零售环节的销售速度较缓慢。

平均商品流通时间也可以反映滞留在流通过程中的商品数量,其计算公式为

滞留在流通过程中的商品数量=(日平均产出量-日平均零售量)×平均商品流通时间

这些商品中绝大部分停滞在仓库,等待转运或销售。造成大量库存商品的主要原因可能有:①商品不对路,需求过少;②市场不景气,需求不旺;③促销不力,没有引起消费者的注意和兴趣;④供过于求,商品竞争力不高;⑤销售淡季;⑥运力不足。由于这些商品占用过多的仓储设施和资金,严重影响了商品流转、资金周转和流通经济效益,因

此,必须对库存商品进行严格的监督和控制,并通过提高流通环节的运行效率来改进库存状况。

上述这些指标都可以用来说明流通能力的利用情况,判断渠道运转的有效性。正常运转的渠道应当能够使流通能力充分利用,而且没有浪费。但是,如果由于渠道的畅通性存在问题,或者有关成员的积极性和主动性没有得到充分发挥,渠道流通能力的利用率就不会很高。在这种情况下,企业就要寻找对策,尽快扭转局面。

4. 渠道冲突

渠道冲突是交换过程的一部分。无论怎样对渠道进行设计和管理,都不可能完全消除冲突。过多的渠道冲突会导致渠道的失调,但一定程度的渠道冲突能产生建设性的作用,使渠道获得适应环境变化的动力。因此,处理渠道冲突的重点不在于如何消除,而在于如何管理。

（三）渠道服务质量评估

对服务质量的评估可以从信息沟通、实体分配服务、促销效率和顾客抱怨与处理等方面进行。

1. 信息沟通

市场信息的收集者和传送者主要是零售商或批发商,信息的接收者和使用者主要是生产商或渠道领导者。信息沟通质量主要考察渠道的下游对上游所反馈的市场信息与产品信息是否有效,衡量指标包括沟通频率、沟通内容、沟通时间和沟通方式。在沟通良好的情况下,下游企业在某种程度上可以常年为上游企业承担市场调研的职能。沟通的信息范围可以是当地的经济状况与发展趋势、政府的政策与法规,可以是竞争品牌的营销新举措、新进入者的情况,也可以是自身业务开拓如市场份额变化、宣传与促销等诸多方面。因而,渠道信息沟通质量对于生产商的营销决策具有重要意义。

2. 实体分配服务

实体分配也称为物流,是指对原料和最终产品从生产者向使用者转移,以满足顾客的需要,并从中获利的实物流通的计划、实施和控制。实体分配的基本功能包括物质的运输、保管、装卸、包装、流通加工以及与之相联系的物流信息。实体分配服务质量是指渠道成员满足顾客需求的及时程度。及时满足顾客需求不仅要求快速完成谈判、签订合同,而且要快速交货,使顾客在需求产生时能立即购买到所希望的产品。

3. 促销效率

促销效率是指在促销活动的前后渠道中产品流通量的变化与预期效果的比较。促销效率的事后评估是检验促销活动是否达到预期目标以及促销花费是否合算的较好途径,也是为下一次的促销决策提供参考和衡量的标准,避免盲目行动的风险。为了提高促销效率,营销管理者应该坚持记录每一次促销活动的成本和对销售的影响,可以通过统计促销促成的销售比例、赠券回收率、询问人数等来研究促销效率。企业可采用多种方法对渠道的促销效果进行评估,而且在不同市场可采取不同的做法。

4. 顾客抱怨与处理

顾客对产品或服务的不满和责难叫作顾客抱怨。顾客的抱怨行为是由对产品或服务的不满意引起的,所以抱怨行为是不满意在具体行为上的反映。顾客对服务或产品的抱怨即意味着经营者提供的产品或服务没达到其期望,未满足其需求,也表示顾客仍对经营者抱有期待,希望提高服务水平。一位不满意的顾客对商家的负面影响是不容忽视的,将给企业的形象蒙上一层阴影,使商家的利益直接或间接地蒙受损失。企业应该全面了解顾客抱怨的前因后果,积极采取应对措施,使顾客由抱怨到满意再到惊喜。顾客的抱怨实际上是企业改进工作、提高顾客满意度的机会。

（四）渠道经济效果评估

评估渠道的经济效益,一是评估产出,体现在销售分析;二是评估投入,主要是分析渠道的费用。此外,通过一些财务指标如盈利能力和资产管理效率的计算和比较,分析较深层次的原因。渠道绩效评估的常用方法有两种,一是历史比较法;二是区域比较法。通常而言,这两种方法都比较适合于定量评估。

历史比较法是指将渠道系统或渠道成员的当期销量与上期销量相比较,得出上升或下降的比值,然后与整体市场的升降百分比进行比较。对高于整体市场平均水平的渠道系统或渠道成员予以奖励,对低于整体市场平均水平的渠道系统或渠道成员则要做进一步具体分析,找到准确原因并帮助其改进。该法的难点在于需要准确把握整体市场平均水平。

区域比较法是指将各渠道成员的绩效与该区域销售潜量分析所得出的数值进行比较。具体做法是将某区域内各渠道成员在某一时段的实际销售量与通过分析得出的该区域销售潜量进行比较并排序,通过测算相关指标,确定这些渠道成员在这一时段是否达到了某一标准。该方法的难点在于需要客观把握该区域内的销售潜在量。

经济效果评估主要包括以下方面。

1. 销售分析

销售分析是渠道运行的经济效果评估的重要内容,它主要评价销售计划与目标的实现情况。销售分析可以进一步分为销售差异分析和区域/产品分析。

销售差异分析是指对实际销售额和计划销售额之间差异的原因分析。通过分析销售目标和实际销售情况之间的差异,可以帮助企业了解销售业绩未达到预期目标的具体原因,从而进行针对性的改进和优化。

区域/产品分析是指按产品类别和销售区域进行比较分析,方法是先找出营销销售额的主要区域/产品,再按照销售差异分析的思路找出主要影响因素。

2. 市场占有率分析

仅分析企业销售绩效并不能反映出企业相对于其竞争企业的经营状况如何。企业销售额的增加可能是由于企业所处的整个经济环境的发展,也可能是因为其市场营销工作较其竞争者有相对改善。市场占有率正是剔除了一般的环境影响来考察企业本身的经营工作状况的指标。如果企业的市场占有率上升,表明它较其竞争者的情况更好;如果下降,则说明相对于竞争者其绩效较差。

市场占有率分析的目的在于:通过对市场占有率的严格定义,为决策者提供可供比较的市场占有率;通过对市场占有率的构成因素分析,找到市场占有率上升或下降的具体原因,并为企业改进其渠道系统提供明确建议。市场占有率有以下三种不同的计算方法。

(1)全部市场占有率:以企业的销售额占全行业销售额的百分比表示。使用这种测量方法必须做两项决策:一是要以单位销售量或销售额来表示市场占有率;二是要正确认定行业的范围,即明确本行业所应包括的产品、市场等。

(2)可达市场占有率:以其销售额占企业所服务市场的百分比表示。所谓可达市场是企业产品最适合的市场、企业市场营销努力所及的市场。企业可能只有相对较小百分比的全部市场占有率,却有近100%的可达市场占有率。

(3)相对市场占有率:企业销售额与主要竞争对手的销售额之比。根据比较对象的不同,又可以分为相对于三个最大竞争者的相对市场占有率和相对于市场领导竞争者的相对市场占有率。前者以企业销售额与最大的三个竞争者的销售额总和的百分比来表示。如某企业有30%的市场占有率,其最大三个竞争者的市场占有率分别为20%、10%和10%,则该企业的相对市场占有率是75%。一般情况下,相对市场占有率高于33%即被认为是强势的。后者以企业销售额与市场领导竞争者的销售额的百分比来表示。相对市场占有率超过100%,表明该企业是市场领导者;相对市场占有率等于100%,表明企业与市场领导竞争者同为市场领导者。相对市场占有率的增加表明企业正接近市场领导竞争者。

3. 渠道成本分析

渠道系统的成本直接影响生产商的利润。因此,对渠道系统成本的有效控制,对生产商来说就显得非常重要。

(1)渠道成本的构成。渠道成本是指以最终用户支持的任何方式将产品从生产者向最终用户转移过程中产生的所有成本。企业的渠道无论采用哪种模式,其单位产品渠道成本都来自建立之初的初始成本和运转中的变动成本,企业通过市场预测和会计核算都可以估算出这两种成本。

实务操作中,渠道系统中的成本可划分为以下几个方面。

① 直接推销费用,主要包括直销人员工资、奖金、差旅费、培训费以及招待费等。

② 市场促销费用,主要包括宣传海报、产品介绍等的印刷费、赠品费、展览费、促销人员劳务费等。

③ 渠道成员的代理费用,即给予渠道成员的佣金。

④ 生产商自建渠道成本,包括初始投资成本以及此后的营运成本等。

⑤ 仓储费用,包括租金、维护费、折旧、保险和存货成本等。

⑥ 包装与品牌管理费用,包括包装费、产品说明书费用、品牌制作费和品牌管理费等。

⑦ 其他市场营销费用,包括市场营销管理人员工资、办公费用等。

其中,有些费用与销售额直接相关,称为直接费用;有些费用与销售额无直接关系,称为间接费用。有时两者也很难划分。

(2)渠道运行效率与单位产品渠道成本。渠道运行效率是指通过某个营销渠道的商品流量与该渠道成本之比。实务操作中常计算渠道成本与销售额比率,也就是用当期渠道成本除以当期销售总额的比率。该指标主要用来衡量厂商的渠道系统的运作效率。若该比率较高,表明厂商的渠道效率较低,应注意渠道成本费用的控制;若该比率较低,则说明厂商现行的渠道系统效率较高,应继续保持。渠道成本与销售额比率,用公式表示为

$$渠道成本与销售额比率 = \frac{当期渠道成本}{当期销售总额} \times 100\%$$

用传统经济学的概念分析渠道成本构成的假设前提是大多数行业处于垄断竞争状态,产品的价格由激烈的市场竞争决定,某一供应商对价格只有很小的控制能力,可以说市场价格是个既定量。对某一细分市场来说,在某一决策时点上,产品销售量的最大值也是一定的,它由产品的市场容量和企业总体的供给能力决定:两者之中的较小者就是最大销售量,即 max 销售量 = min(市场容量,企业总体供给能力)。其中,市场容量由产品的档次、消费者市场的规模、消费者市场与供应者之间的空间距离等因素决定;企业总体供给能力则主要受人力、资金、设备设施的影响。在以上条件下,由于价格和最大销售量都是既定的,所以企业渠道效率的最大化取决于单位产品渠道成本的最小化。单位产品渠道成本是指平均到单位产品中的、由销售环节和其他渠道环节发生的两部分费用。

(3)渠道成本评估原则。渠道成本评估遵循两个原则:一是费用比例与功能地位的匹配性;二是费用增长与销售增长的匹配性。渠道成本的构成应与分销功能相匹配。各渠道功能的有效运行都需要一定的费用做保证,重要或难度大的分销功能应获得较多的费用支持。合理的费用分配应当是:对于每一项功能而言其费用系数与功能系数之比等于1,否则就表明有些费用支持不合理,应分析原因并加以改进。渠道总成本与产品销售额应保持一个合理的比例。在市场竞争激烈的情况下,常出现渠道费用大幅度增长而销售额却缓慢增长的现象,此时有些渠道费用支出的效果被竞争抵消了。

4. 盈利能力分析

(1)销售利润率。销售利润率是指渠道系统当期利润与当期销售收入之间的比率,表示每销售 100 元时企业获得的利润,用公式表示为

$$销售利润率 = \frac{当期利润}{当期销售收入} \times 100\%$$

有些企业销售额的增长是因为采取了大量的促销和低价销售手段而实现的。此时,销售额虽然上升,利润却下降了,而单独考察销售额指标却不能揭示这种状况。因此,渠道成员和生产商都引入销售利润率作为评价一个渠道系统获利能力的主要指标。对渠道成员来说,销售利润率在一定程度上影响渠道成员的积极性,进而影响渠道系统的稳定性;而对生产商来说,销售利润率则影响厂商的持续发展能力。

同一行业各个企业间的负债比率往往大不相同,而对销售利润率的评价又非常需要与同行业平均水平进行对比。因此,在评估企业获利能力时最好能计算税后息前利润,以便大体消除由于举债经营而支付的利息对利润水平产生的影响,增强在同行业间衡量经营水平时的可比性,以正确地评价市场营销效率。前述的销售利润率计算公式实际应为

$$销售利润率 = \frac{税后息前利润}{产品销售收入净额} \times 100\%$$

(2)资产收益率。资产收益率是指生产商所创造的总利润与生产商自身全部资产的

比率。与销售利润率的理由一样,为了在同行业间有可比性,利润的含义是指税后息前利润,用公式表示为

$$资产收益率 = \frac{当期利润}{资产平均总额} \times 100\%$$

$$= \frac{税后息前利润}{资产平均总额} \times 100\%$$

其中,

$$资产平均总额 = \frac{年初资产总额 + 年末资产总额}{2}$$

之所以用资产平均总额来计算,是因为年初余额和年末余额相差很大,如果仅用年末余额作为总额显然不合理。

(3)净资产收益率。净资产收益率是指税后利润与净资产的比率。净资产是指总资产减去负债总额后的净值。这是衡量企业偿债后的剩余资产的收益率,体现的是投资的绩效。净资产收益率的计算公式为

$$净资产收益率 = \frac{税后利润}{净资产平均余额} \times 100\%$$

式中,分子之所以不包含利息支出,是因为净资产已不包括负债。

5. 资产管理效率

(1)资产周转率。资产周转率是指一个企业产品销售收入净额除以资产平均总额得出的全部资产周转率,其计算公式为

$$资产周转率 = \frac{产品销售收入净额}{资产平均总额} \times 100\%$$

该指标反映的是渠道现有资产循环的次数,用以衡量企业在渠道全部投资的利用效率。资产周转率高说明投资的利用效率高。

(2)存货周转率。存货周转率是指产品销售成本与存货(指产品)平均余额之比,其计算公式为

$$存货周转率 = \frac{产品销售成本}{存货平均余额} \times 100\%$$

该指标说明某一时期内存货周转的次数,从而考核存货的流动性。存货平均余额一般取年初余额和年末余额的平均数。一般来说,存货周转率越高越好,说明存货水准较低、周转快、资金使用效率较高。

（五）渠道成员的财务贡献评估

前文所述的方法主要是从整体的角度对渠道进行评估。但对渠道管理而言,仅了解渠道的整体绩效还不够,企业需要根据不同渠道成员的不同成本及获利性特点来调配资源。为了揭示渠道体系中不同渠道成员的成本与获利性,可采用作业成本法和直接产品利润法。

1. 作业成本法

作业成本法(activity-based costing,ABC)是指将成本分解到生产该产品所必需的活

动中的方法。首先对作业成本法给出明确解释的是哈佛大学的学者罗宾·库珀和罗伯特·卡普兰。他们认为,成本计算的基本对象是作业而非资源;作业消耗资源,产品消耗作业。作业成本法是以作业为中心的。作业成本法的理论基础是成本动因理论,这种理论认为费用的分配应着眼于费用发生的原因,把费用的分配与导致这些费用产生的原因联系起来,按照费用发生的原因分配。这包括后勤、生产、服务、技术、市场、销售、行政和信息资源成本。在产品层面,一旦成本被充分地考虑,管理者就能克服传统成本计算制度对成本的扭曲,认识到哪些产品的成本比别的产品的成本要高。

作业成本法把作业分为四个层次:单元作业、批别作业、产品作业、支持作业。其中,单元作业的成本与产品的产量成正比,批别作业的成本与产品的生产批数成正比,产品作业的成本与生产产品的品种数量成正比,支持作业与产品生产无直接关系。显然,不同层次的作业具有不同的成本动因。按照传统成本的处理方法,对批别作业和产品作业的成本按产品产量分配必然会导致产品成本计算的扭曲。在多品种、小批量的生产模式下,这种扭曲尤为严重。

作业成本核算的运行需要先确定资源、作业、成本对象以及资源动因和作业动因,并根据实际的消耗关系建立资源向作业的分配和作业向产品的分配。资源就是各项费用,来自企业总分类账户;成本对象通常是各种产品;作业根据企业的实际情况确定。作业成本采用二阶段分配实现成本计算,即资源成本按资源动因分配到各个作业,归集到作业的成本按作业动因分配各产品。

作业成本法的实施一般包括以下几个步骤:①设定作业成本法实施的目标、范围,组成实施小组;②了解企业的运作流程,收集相关信息;③建立企业的作业成本核算模型;④选择开发作业成本实施工具系统;⑤运行作业成本;⑥分析解释作业成本运行结果;⑦采取行动。企业是一个变化的实体,在作业成本正常运行后,还需要对作业成本核算模型进行维护,以使其能够反映企业的发展变化。伴随企业的运行,作业成本的运行、解释和行动是一个循环的过程。

作业成本法为企业成本管理提供了良好的基础。将这一概念应用到渠道的情境中,只需将“产品”解读为“渠道”或“产品与渠道”,即可以采用作业成本法比较不同渠道的效率,或者比较特定渠道销售不同产品的效率。

渠道的主要作业有采购、销售、库存、结算等。采购作业的成本动因包括订货、运输、包装、采购员的工资及差旅费等;销售作业的成本动因包括广告费、促销费、宣传费、销售人员工资等;库存作业的成本动因包括保管费、整理费和保管人员工资等;结算作业的成本动因包括财务费、结算人员工资等;其他作业成本动因有折旧费和职工培训费等。实际评估时,将发生的成本按照资源动因分配到作业,再依照作业动因分配到产品,从而得出最终产品的成本。

2. 直接产品利润法

直接产品利润法(direct product profit,DPP)是一种会计核算方式,用来检验每一种产品对零售商的总利润的贡献,它是按单个存货单元,将毛利分摊成净成本和利润。为了确定一个单品的DPP,创造出了一个特殊的公式来推导该单品的所有直接成本和间接成本。DPP不涉及管理费用的分摊问题,只涉及与产品直接相关的成本,如订货和存货;

ABC 涉及管理费用和间接成本。DPP 是从渠道下游成员看上游成员的角度,关注单个产品或存货单位(SKU)的财务绩效。

DPP 概念是由麦肯锡公司于 20 世纪 60 年代初为通用食品公司建立起来的。这种方法为每一产品建立了独立的损益账目,调整每一项目的毛利率以反映交易、预期收入和现金折扣,识别和测量某一产品的直接组成成本(劳动力、空间、库存和运输)。这种方法需要详细的会计资料,最好是通过作业成本法得出的资料。信息系统和扫描系统加强了该方法的可操作性。

相对于毛利润、毛利率和单位产品毛利率等传统的价值衡量标准而言,DPP 为批发商和零售商提供了更精确的衡量产品盈利能力的标准。DPP 只关注与每一种产品相关联的、由运营或销售产生的直接成本,其他的固定成本(如非直接劳动力、总部管理费用等)则不计算在内。表 10-1 显示的是两种不同食品的成本构成,其中的数据说明两种不同产

表 10-1　直接产品利润示例

项　　目	产品 A/%	产品 B/%
销售收入	100	100
一产品成本	79.5	76.5
毛利润空间	20.5	23.5
＋现金付款折扣	1.6	0.0
＋交易折扣	2.0	1.2
＋预期付款利润(净利润)	1.3	0.0
＋回程运费收入	0.8	0.0
调整后的毛利润空间	26.2	24.7
仓库成本	—	—
一劳动力	1.1	1.6
一空间	1.0	1.2
运输成本		
一劳动力/设备	1.2	1.5
商店成本	—	—
一办货劳动力	2.6	2.9
一收银劳动力	1.7	1.9
一空间(能源和占用)	2.2	2.7
总部成本	—	—
一存货持有成本	0.7	0.4
直接产品成本总计	10.5	12.2
直接产品利润	15.7	12.5

品的真正价值贡献可能与其边际毛利率完全不同,这也说明边际利润率在实际产品作用评估时可能存在误导。

净利率对于单类产品而言通常毫无意义,毛利率忽视了直接运营成本和现金折扣,而DPP则在这两者之间实现了平衡。

DPP方法使分销商关注仓库和库存的诸多细节,如收货、入库、文书工作、选择和检查货物、装载货物和空间成本。对小宗商品而言,上架和收银成本必须仔细检查、核对;对大件商品来说,保存的货架空间必须计算在内。DPP尤其有助于改善空间管理。

第三节　渠道成员综合评价

▶一、影响渠道成员绩效评估的因素

（一）制造商对渠道成员的控制程度

制造商本身对其渠道成员的控制程度对制造商确定其评估范围和次数有重要的影响。如果制造商对其渠道成员的控制以双方牢固的合同协议为基础,那么该制造商就处于可以要求获得渠道成员大量的绩效信息的地位,甚至是可获得渠道成员运作的各个方面信息的地位。此外,若制造商生产的产品市场接受程度很高或在市场上占主导地位,则这些制造商对渠道成员就会有很大的影响力。对处于这样的市场地位的制造商来说,它们能更容易地从渠道成员处获取大量的绩效数据信息,以便对渠道成员的绩效进行较为全面的评估。但若制造商的产品市场接受程度不高,即使制造商以合同条款为基础来实施渠道控制,也不一定能对渠道成员发挥强有力的控制。此外,由于该制造商的一些特殊品牌的产品可能只占渠道成员销售额很小的百分比,许多渠道成员并不认为该产品品牌对它们来说有很大的重要性,不太愿意花费过多的时间和精力向制造商提供与此相关的绩效数据。这样制造商对渠道成员就因缺少这部分绩效数据而不能进行全面的渠道成员绩效评估。所以,制造商在确定绩效评估范围和次数时,对其渠道成员的控制程度具有关键性的作用。

（二）渠道成员的重要性

对通过专业的市场开发代理机构销售其产品的制造商来说,对渠道成员的绩效评估可能比不太依赖这种专业机构的制造商要全面、完整得多,这是因为这样的企业在市场上的成功直接取决于渠道成员的绩效。例如,工业品器械制造商的全部产品一般都由分销商和经销商销售出去,而这些分销商和经销商是产品进入最终市场的唯一通道,所以,制造商就要对这些渠道成员进行仔细而详尽的全面评估。若一家生产高级化妆用品的制造商利用自己的零售商店或与自己连锁经营的专卖店来销售其大部分产品,同时靠独立的生活用品商店销售较小比例的产品,这时制造商只要对这些经销商进行粗略的评估就足够了。

（三）产品特性

一般而言,制造商的产品结构越简单,就越容易进行评估;产品复杂程度越高,对渠道成员绩效评估所涉及的范围就越广。例如,一个大批量生产价格低廉而又几乎不要求售后服务产品的制造商,要是进行渠道成员绩效评估,可能只会以日常销售数据作为评估渠道成员的依据,不会在很广的范围内进行审查。另外,一个生产较复杂、高价值的甚至是需要提供相当全面的售后服务的成套工业设备的制造商,就必须在相对广阔的范围内,按照不同目标市场的满意度等相关标准来仔细审查其渠道成员。另外,对单价很高的产品,获得或失去一个订单对制造商来说至关重要,这甚至会直接影响其盈利或亏损。在这种情况下,制造商可能会非常仔细地审查渠道成员的绩效。

（四）渠道成员的数目

渠道成员的数目会影响制造商对其进行绩效评估时的工作量。对采用密集分销方式的制造商,对渠道成员的绩效评估只要粗略地从头到尾看看最新的销售数字就行了,有些制造商甚至只会对销售数字异常的渠道成员进行较为彻底的评估。利用经过精心选择的分销机制的制造商与渠道成员之间的紧密的工作关系也能使制造商获得大量数据,以便对渠道成员进行全面的绩效评估。

▶ 二、制定绩效评估标准

对渠道成员绩效的评估,大多数制造商会采用渠道成员的销售业绩、渠道成员库存维持状况、渠道成员的销售能力、渠道成员的态度、渠道成员面临的竞争和渠道成员的发展前景等指标。

（一）渠道成员的销售业绩

在制造商看来,渠道成员的销售业绩毫无疑问是最直接、最重要,且应用最普遍的评估渠道成员绩效的标准。如果渠道成员的销售业绩不佳,制造商的第一直觉就是该成员的绩效不好。

在制造商检查渠道成员的销售业绩时,负责绩效评估的渠道管理者应该特别注意区分以下两点。

（1）制造商销售给渠道成员的销售量。

（2）渠道成员把制造商的产品销售给渠道成员的客户的销售量。

这两者在衡量销售业绩时的作用是不同的。渠道管理者要想对渠道成员进行相对准确的评估,应该尽可能设法取得渠道成员把制造商的产品销售给其客户的数据资料。然而,制造商能否获得这些信息,在很大程度上取决于其对渠道成员实施控制的程度。若在渠道中渠道成员是特许经销商,制造商则可以利用特许经营合约的法律条款约束来获取这些信息。若是在传统的松散结盟的渠道体系中,制造商要想获取这些对绩效评估相当重要的销售资料则可能相对较困难,因为制造商对其渠道成员的控制达不到这样的程度。在这种情况下,制造商就只能近似地用自己销售给渠道成员的销售数据作为渠道成员当前的销售量,这时渠道管理者只能依靠经验数据对渠道成员做出绩效评估。

但是不管使用以上两种销售数据中的哪一种,渠道管理者应该根据下列要点来评估销售数据。

(1)渠道成员在当前的经济增长水平和竞争状况下,其销售量同历史销售量的对比。

(2)一个渠道成员的销售量同其他渠道成员的销售量的横向比较。

(3)渠道成员的销售量同预先确定的销售定额的比较。

当与历史数据资料比较时,渠道管理者既要注意整个产品线总的销售数据,也要关注某些单项产品的具体销售数据。这些数据按产品类别分得越细,数据资料越详尽,渠道管理者就越能够发现其不同类型产品销售情况的变化,并根据这些销售变化来改变产品线的销售类型。

如果制造商已经给渠道成员制定了销售定额目标,就应该把渠道成员实际完成的销售业绩与定额相比来做评估。如果将这种定额转化为产品类别,那么就应该对渠道成员每一类产品的销售业绩进行考核。此外,把渠道成员的销售业绩与定额进行比较时,渠道管理者不仅要关注比例本身,还要考虑在完成这些销售定额基础上所获得的绩效。如果渠道成员达到定额的比例普遍较低,那么问题很有可能不是渠道成员的经营业绩不好,而是销售定额过高,不切实际。所以,制造商使用这种方法必须建立在销售定额目标合理的基础上,在制定各渠道成员的销售目标时,应该根据不同渠道成员的具体情况进行深入、全面的分析,为每个渠道成员制定合理的销售目标。

(二)渠道成员库存维持状况

渠道成员能否维持适当的库存水平是制造商对其考核的另一项主要的绩效指标。从本质上来讲,制造商要求渠道成员保持一定的库存水平,特别要求达到制造商与渠道成员最初签订的合同协议销售额。为适应个别需要,制造商和渠道成员可根据对该地区市场销售潜力的预测共同制订一份库存要求计划。这样,渠道成员就应自觉遵守协议,并相应地接受评估。如果渠道成员达不到协议中的要求,则经常被制造商看作严重问题。

即使在双方的合同中没有对渠道成员的库存做出正式规定,保持一定的库存依然是一项重要的评价标准。然而,由于没有正式合同,制造商就不能较好地控制在这方面表现不佳的渠道成员。因此,如果制造商将库存维持作为渠道成员绩效考核的标准之一,并把它当作非常重要的问题来看待,就应该在渠道设计的选择阶段,想尽一切办法将这些内容写到正式协议中。当然,许多不具优势的小型制造商不具备这样的权力,无法使有潜力的渠道成员接受内容苛刻的库存储备条款。

在考核渠道成员库存水平时可能很简单,也可能非常困难。如果制造商在批发层次上只与少量渠道成员打交道,那么通常只要求其销售人员以常规的销售拜访方式来对渠道成员的销售数据进行统计,为制造商的绩效评估决策提供依据。不管是由制造商自己调查分析其渠道成员的库存,还是由外部的专门公司来做这项工作,都应该考虑以下问题。

(1)库存商品和库存设施的状况如何?

(2)有多少货架或场地可供存货使用?

(3) 有多少货架或场地提供给了竞争者的存货使用？

(4) 渠道成员库存的总体水平如何？

(5) 按件数和金额计算的特殊产品有哪些？

(6) 渠道成员预测购买的相关产品和竞争对手的产品类别相比较，结果如何？

(7) 原先的库存还有多少？为出清库存做了哪些努力？

(8) 渠道成员库存管理和库存记录保管制度是否恰当？

（三）渠道成员的销售能力

制造商对其渠道成员尤其是批发商层次进行绩效评估时，通过对渠道成员的销售能力进行分析，从而推断它们可达到的销售业绩。因此，制造商将渠道成员的销售能力也当作绩效评估的一项衡量指标。渠道成员的销售能力主要是由其销售人员的销售能力来决定的，所以制造商认为可以通过评价渠道成员的销售人员来直接评估渠道成员的能力及价值。如果能够获得渠道成员的销售人员个人销售记录，那么制造商就有了极好的信息来源作为评估的依据。通过这些个人销售记录，制造商能看出销售业绩状况，并为每个渠道成员进行总销售能力评分，然后将此用于渠道成员之间的横向比较。不过获取这样的信息一般较为困难，因为渠道成员一般不愿意向制造商透露这些信息，它们不希望制造商对其有全面的了解，清楚地知道它们的经营状况。

关于渠道成员的销售能力，制造商应能根据以下几点进行判断。

(1) 渠道成员为制造商的产品类别配备了多少销售人员？

(2) 销售人员的业务知识和能力。

(3) 销售人员对制造商产品的兴趣。

(4) 渠道成员及其销售人员对竞争对手的产品和服务的了解程度。

(5) 渠道成员是否具有经营制造商产品所需的技能？

从渠道成员愿意为制造商的产品配备销售人员的数量可以看出制造商的产品会有怎样的陈列，产品的市场覆盖面会有多大，以及经销商对制造商的销售投入的精力有多少。

业务知识和能力常常是销售能力评估的基础。然而，有些制造商已经通过其他衡量方法来给渠道成员的业务知识和能力定量地打分，看该渠道成员总共要用多少额外的销售时间才能完成销售任务。渠道成员需要额外的帮助和时间越多，说明其销售能力越差。无论用哪种方法，一定要看到评估结果随时间的变化，这才是最有用的数据，而要想得到这些最有用的数据，制造商就得进行长期的数据收集。如果渠道成员的销售人员专业知识比较薄弱，就会影响未来销售的业绩数据。

随着市场化的不断发展，市场竞争的激烈程度日益增加，企业要想守住自己的阵地，百战不殆，就应该知己知彼。这就要求渠道成员及其销售人员要很好地了解竞争对手的产品和服务，既承认竞争对手的优势，更要了解它们的不足，以便在销售中针对它们的不足培育自己的市场优势。

（四）渠道成员的态度

渠道成员的态度也可以说是渠道成员对制造商某些政策的服从度。以渠道成员对制造商及其各类产品的赞同态度作为评估标准,渠道成员的态度最终会影响销售业绩,对这点的重要性一点也不能低估。然而该指标在实际的应用中,除非渠道成员的销售业绩不能令人满意,制造商通常不会对它们的态度做评估。

因此,只有在不好的销售数据反映出来后,渠道成员态度的问题才会被制造商关注。为了在渠道成员的态度问题影响销售绩效之前及早发现这种消极因素,应该在销售数据以外单独地对渠道成员的态度进行评估。要做到这一点则可以借鉴了解渠道成员需求和问题的方法,由制造商利用内部的调研部门或外部的研究机构所做的正式调研,以及渠道审计和经销商咨询委员会,都可用于渠道成员态度的评估。最后,尽管不如正规的方法那么令人满意,但是渠道管理者还是可以利用自己的销售队伍的非正式反馈来跟踪渠道成员的态度。

（五）渠道成员面临的竞争

在制造商进行渠道成员绩效评估时,渠道管理者还应该了解渠道成员所处地区的竞争状况。一般应考虑两种竞争类型:一是来自同一区域其他中间商的竞争;二是来自制造商自己的渠道成员经营其他产品类别的竞争。

针对渠道成员面临的同一区域内其他中间商的竞争来评估渠道成员的绩效有两个目的。首先,为渠道成员的绩效评估提供了一个参照物,有助于提高渠道成员的销售绩效。其次,如果制造商决定通过增加新的渠道成员来拓展分销业务,或认为必须替换现有那些销售绩效不佳的渠道成员时,渠道成员之间的对比信息就非常有用。虽然要获得有关竞争对手绩效的精确而又详尽的数据有难度,但是通常制造商的销售人员和销售管理人员能提供一般的信息和排名资料。

第二种类型的竞争,即由制造商自己的渠道成员经营的各类竞争产品,也应该仔细评估。这里评估的主要问题是看渠道成员为制造商的产品及竞争对手的产品各提供了多少支持。如果渠道成员给予竞争产品更多的支持,而仅给予制造商的产品较少的支持,那么这一事实通常会在制造商评估的其他绩效标准(特别是销售业绩标准)中反映出来。但是,渠道成员注意力转向竞争者产品与制造商产品销售下降之间存在一定的时间滞后。因此,及早发现渠道成员精力投入的变化,可使渠道管理者处于一个相对有利的地位,以便在渠道成员的行为影响销售额之前,采取相应的措施。

（六）渠道成员的发展前景

通过定期对大部分或全部渠道成员按照下面列出的增长前景问题进行评估,渠道管理者可以较完整地把握整个渠道体系。这可以为制定切实可行的渠道目标,特别是对营销策略规划以及确定渠道中各渠道成员的作用,提供非常有用的信息。

（1）渠道成员过去的绩效是否表明制造商产品的销售情况能与为渠道成员所在的销售地区或贸易区所规划的销售情况保持同步?

（2）渠道成员的整体业绩是否与该地区商业活动的一般水平保持一致?

（3）渠道成员的组织机构是否在扩展,是否在设施、资本运作、库存保持和展示产品的质量上有改进?

（4）渠道成员的销售人员是否不仅在数量上有所增加，而且素质也在提高？

（5）渠道成员以及制造商在该地区的代表是否有可能在未来某一天由于渠道成员的管理、年龄、健康状况或继任者的安排，而陷入某种危险境地？

（6）渠道成员是否有适应能力和接受能力以满足该地区有可能出现的市场营销扩张？

（7）渠道成员对自己中期和长期发展有哪些预测或展望？

▶三、绩效评估实施

在制造商制定了一系列渠道成员的绩效评估标准后，渠道管理者就要根据这些指标对其渠道成员进行评估。

（一）绩效评估实施的一般方法

制造商根据其制定的绩效评估标准来对渠道成员进行考评时，主要采取以下三种方法。

1. 独立绩效评估法

独立绩效评估法是指制造商通过一项或多项指标来对渠道成员的绩效进行评估。这种方法适用于密集分销的渠道体系中，即当制造商渠道成员的数目较大，并且制造商所采取的只是销售业绩、库存维持状况和销售能力这些指标时，这种方法则更适用。制造商将这三项指标用于绩效评估时各项具体指标是单独进行考核的，一旦制造商获得了某项考评指标所需的数据信息，就可以对该指标进行独立的考核，而没有必要等收集了所有考核数据后再做考评，可以提高考评的效率。采用这种方法的优点是使制造商对渠道成员的考评变得相对简单、及时、快捷且有条理。

不过这种方法也有一定的缺陷，因为在追求条理和快捷的同时，必然会使绩效评估的综合性有所下降，不能很好地提供综合绩效的深入分析，特别是当渠道成员在各项评估指标方面的表现不平衡时就更为突出。比如一渠道成员从销售业绩来看表现良好，但库存水平却很低，这也许能说明该渠道成员能以较低的库存完成较好的销售业绩，而事实上可能是该渠道成员将它的"库存"存在制造商那里，使自己的库存管理相对轻松。这种情况在相对较短的时期内制造商可能还能接受，但从长期看来，这无疑增加了制造商的成本，渠道成员的这一行为必定会暴露出问题。也就是说，它的所谓好的销售业绩是没有经过综合评价的，是以牺牲制造商的库存成本来换取的。

2. 非正式多重标准组合评估法

非正式多重标准组合评估法比独立绩效评估法更科学，它将各类标准组合起来对渠道成员的绩效进行综合考核。这种方法就是将每个标准以非正式的形式组合起来的，其主要优点是简单而且灵活。根据不同的标准进行绩效考评后，渠道管理者根据自己对渠道管理的经验来决定它们的权重，而不需要对每个标准都做明确的权重分析。这样就使考评工作变得简单。而这种方法的灵活性表现在，当这个标准的相对重要性发生变化时，权重也可做相应的调整来反映这种变化。

但是这种方法也存在一定的问题。首先是渠道管理者在给渠道成员绩效打分时，当渠道成员有一些方面做得很好，而另一些方面做得不好，由于渠道管理者在打分时没有正式对每个指标分别打分,就会在综合绩效考核评分上出现很大的主观性和随意性。其次,这种非正式多重标准组合评估法最终也仍然不能提供反映综合绩效的定量指标。

3. 正式多重标准组合评估法

正式多重标准组合评估法的实施首先要求制造商为考评制定相关的标准和操作方法;其次要根据各个指标的重要性分别定出相应的加权数;最后将各项指标的加权分数加起来,就得到了每个渠道成员的综合绩效的总分。

该方法的主要优点是对每一个标准的各项指标的绩效衡量都做了明确的权重分析,解决了非正式标准组合的缺陷。其不足之处在于,如果制造商对渠道成员的绩效评估采用多种标准,而且每个标准中都有很多操作条款,那么采用这种方法就会给渠道管理者带来相当大的工作量。

（二）绩效评估的财务方法

制造商和渠道成员在渠道体系中处于不同的位置,它们分别作为独立的经济实体而存在。所以,在进行渠道绩效分析评估时,双方关注的内容是不一样的,这样在对渠道成员的绩效进行评估时,各自采用的方法也不是完全相同的。下面针对只适合制造商的财务绩效方法——贡献率法,做一定的讨论。

运用贡献率法可以帮助制造商就不同的分销方式、不同的渠道和不同的渠道中间商对净利润的贡献度来进行比较对照,可为制造商的决策提供可靠的依据。

贡献率法将与渠道相关的所有成本分为四个部分:固定成本、变动成本、直接成本和间接成本。这里所讲的固定成本是指在短期内不会发生变化的成本,要与管理会计中的固定成本相区别。例如,企业工作人员的工资,在短期内是不会变化的,属于贡献率法中的固定成本。变动成本是指在一定时间内会随一些指标的执行情况变化的成本。

第四节　数字化对渠道绩效评估的影响

随着数字化技术的不断发展,越来越多的企业开始使用数字化渠道,实施全面数字化营销。在数字化时代,渠道绩效评估已经成为企业营销中重要的一环,而数字化对渠道绩效评估产生了重要影响,本书从手段、方法和内容三个方面探讨数字化对渠道绩效评估的影响。

▶一、手段的变化

数字化技术在渠道绩效评估中的应用改变了渠道绩效评估的手段,使评估更具参考性和科学性,也使渠道管理更加精细化和高效化。

（一）拓展了数据分析和管理的手段

运用数据分析的方法可以更为准确地分析市场趋势、消费行为和偏向。同时,数字化技术也为数据分析提供了更加先进的数据分析方法,通过分析大量的用户行为和反馈数据,可以更精准地把握市场脉搏,并且获得更加具体和深入的营销策略和渠道效益的预测和建议。因此,数字化在渠道绩效评估中促进企业建立科学分析和管理体系,提升数据的科学性和准确性。

（二）推动了渠道绩效评估手段的更新

利用 AI 和自然语言处理技术,企业可以更好地把握市场和用户的需求,并精确地分析用户的反馈数据。通过这一方式,企业可以更好地评估渠道管理的效果和运营行动的效果,从而针对不同的市场需求和用户需求进行策略调整,提升渠道效益和用户满意度。

（三）改变了传统的营销渠道和手段

传统的营销渠道和手段会受到资源的制约和限制,数字化技术扩大了渠道多样化和组合化,促进了多元化扩展,提高了营销的覆盖率和效率。例如,通过社交媒体、移动应用、搜索引擎等渠道,企业可以实现更加个性化且具有创新性的推广策略。在数字化技术的支持下,企业可以更好地触达目标受众,提升营销的点击率和转化率,从而全面提高渠道效益。

（四）推动了渠道绩效评估的实时性和精准度的提高

传统手段的渠道绩效评估方法不够灵活和敏捷。通过数字化工具和平台,企业可以实现实时数据的获取和分析,评估渠道的效果和运营的效果。针对不同的市场变化和用户需求,企业可以更快速、有效、精准地应对和调整。

综上所述,数字化技术的应用大大拓展了渠道绩效评估的手段且使其不断地更新和发展。数字化技术通过智能化的分析、精细化的数据管理、多元化的营销策略和实时分析等方式,全面提升了渠道管理的效果和营销的效率。在数字化时代,企业需要重视数字化技术的运用,深入挖掘数据,全面评估和优化渠道效益,提高产品质量和客户满意度;时刻关注数字化的发展趋势,利用数字化技术创新,不断探索和调整渠道绩效评估的手段,以适应数字化时代快速变化的市场环境和商业需求。

▶ 二、方法的更新

数字化技术的应用为传统的渠道绩效评估提供了新的方法,使评估方法向更加科学、精细的方向发展,为企业管理创新和市场运作提供了强有力的基础支持。

（一）多面向的以客户为中心的评估方法

企业在数字化时代,可以充分利用数字化技术进行用户数据的采集、处理和管理,通过多指标、多角度,全面评估和分析用户行为、需求和反馈,从而获取更加明确的市场趋势和用户需求,针对性地进行营销策略的调整和渠道优化。这种以客户为中心的评估方法,为企业带来更加精准、效益明显的渠道管理和优化。

（二）基于智能算法和大数据分析的绩效评估方法

通过智能算法和大数据分析，企业可以更加科学、快速、精准地评估渠道的运作效果。企业通过收集和整合数据，运用机器学习、人工智能等算法分析大量的用户数据，分析市场趋势、消费习惯、用户收益等，提高绩效评估的准确性和全面性，从而更好地开展渠道优化工作。

（三）基于互联网营销的评估方法

随着数字化时代的到来，企业的营销手段已从简单的广告、海报，发展到基于互联网的多功能营销手段，包括搜索引擎营销、社交媒体营销、内容传播、应用内容推广等，这些互联网营销手段也提供了新的方法和工具来评估渠道绩效。例如，搜索引擎营销和社交媒体营销等可通过广告展示量、转化率、互动等指标来评估效果。企业还可以通过第三方评估机构进行广告投放的评估，以进一步提高广告效益和推广效果。

（四）多元化的评估方法

数字化技术推动了品牌渠道的多元化发展，企业需要根据不同的市场和用户需求，灵活选择渠道模式和运作模式，以满足广泛的市场需求。因此，多元化的评估方法也显得尤为重要。企业可以根据不同的渠道模式和运作模式，采用不同的评估指标和方法来评估渠道绩效。例如，通过影视等娱乐宣传，企业可以扩大品牌知名度和影响力；通过活动宣传和互动营销，可以更有效地吸引目标用户，提高用户黏性和忠诚度，需要对此进行评估。

综上所述，数字化技术对渠道绩效评估方法的创新和更新提供了新的思路和方法。企业可以根据数字化的趋势和市场环境的实际需要，结合各种评估指标和算法，全面分析渠道绩效，进而优化渠道运营策略，提高渠道效益和用户满意度。未来数字化技术将更加深入渗透渠道绩效评估领域，企业需要始终关注并积极采用数字化技术，更新评估方法和工具，以适应数字化时代快速变化的市场环境和商业需求，实现更好的效益和用户体验。

▶三、内容的拓展

数字化技术在企业渠道绩效评估中的应用，不仅提高了评估的效率和准确度，也拓展了评估范畴，有利于企业对渠道销售相关的内容进行更深入、全面的评估。

（一）基于数据和指标的绩效评估

数字化技术为企业提供了更加全面的渠道销售数据，使企业可以利用客户和渠道数据，直观了解市场动态。同时，数字化技术将数据和多个维度指标结合，可以更加合理科学地评估渠道绩效。例如，销售额、市场份额、客户满意度、服务响应时间、配送时间等指标，都是数字化评估中广泛应用的内容，并能通过多指标绩效评估的方式进行综合分析。

（二）基于客户体验的绩效评估

数字化技术极大地提高了客户体验评估的手段和方式。例如，企业可以通过在线客户留言平台和社交媒体捕捉并分析客户反馈，了解客户在采购、使用、维护和退换等方面的满意度和需求，从而改进服务质量和营销策略。特别是在互联网时代，客户体验不再局限于实体店面，数字化技术扩展了客户体验评估的内容和方式，涵盖了客户细分、视觉和听觉体验、网络营销等多个方面。

（三）基于营销策略的绩效评估

数字化技术推动了渠道营销策略的精细化和个性化。例如，通过大数据分析，企业可以了解消费者购买行为、需求趋势等信息，结合社交媒体、搜索引擎和移动端应用，有针对性地开展精准营销、促销和个性化推荐，从而提高渠道绩效。另外，基于人工智能和机器学习等技术，企业可以实现营销策略的智能化和优化，如精准广告投递、呈现方式的优化、信息流推荐等。

（四）基于渠道多元化的绩效评估

数字化技术推动了企业渠道多元化和组合化，包括网购平台、线上渠道、社交媒体营销、实体渠道等多个方面。企业可以利用数字化技术更加细致而全面地对渠道进行评估。例如，通过数据分析和机器学习，对各个渠道的销售和客户体验进行评估，从而优化渠道组合，提高绩效。

综上所述，数字化技术对渠道绩效评估的内容进行了全面拓展。数字化技术提供了多种评估手段，深化了基于客户体验和营销策略的绩效评估方法，也增加了企业对渠道多元性和组合的评估。目前，数字化技术和工具的不断更新和进化，促使企业能更加有效地评估渠道绩效，切实提高销售效益和提升品牌声誉。

基本概念

渠道覆盖面　渠道通畅性　渠道冲突　作业成本法

思考题

1. 渠道绩效评估可从哪几个方面展开？各有什么特点？
2. 简要谈谈作业成本法在渠道绩效评估中的应用。
3. 简述渠道成员综合评价的主要方法。
4. 谈谈你对渠道绩效评估在渠道管理中地位的认识。
5. 简述数字化对渠道绩效评估的影响。

案例分析

大华公司的渠道评估

小李是大华公司销售部经理,正在紧锣密鼓地为即将召开的由董事长主持的"下一年公司战略发展讨论会"做准备。公司分管营销的副总经理已经通知他,让他主要谈谈如何调整公司目前的渠道,以达到进一步减少公司营销成本和提高公司干性、湿性农业用途化学产品的销售渠道质量和售后服务质量等问题。

1. 大华公司的组织结构和销售系统

大华公司的组织和销售系统(见图10-4)由以下几部分构成:2家直属厂是全年生产的工厂;5家签约合作的生产厂家属于季节性生产的工厂;3个负责内部流通的仓库;分布在全国的10家全天候的销售中心;分布在全国各地的约100家特约经销商。大华公司主要销售49种不同商品和库存物品,这些商品可分为两大类:A类和B类。A类由13种库存商品组成,这类商品的销售具有很强的季节性,占据了公司85％的收入。B类由其余36种商品组成,虽然全年都在销售,但同A类商品一样,也具有较强的季节性,这类商品虽然只占销售额的15％,却贡献了30％的税前利润。

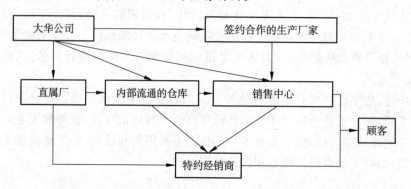

图10-4 大华公司的组织和销售系统

2. 大华公司现行的销售政策和销售业绩

为了更好地利用现有的销售渠道,大华公司对提前90天以上向公司订购产品的经销商提供了大量的库存津贴和折扣奖励。因此,目前预先订购的销售额占总销售额的30％～40％。然而对经销商而言,这一政策的实施意味着将积压更多的存货。事实上,库存津贴对全年销售的商品而言是一种特别折扣。为了避免这一优惠的滥用,大华公司规定了适用于这类优惠措施的最低订购量;公司也接受低于预先订购量15％的退货,同时承担货物的运输费用。

显然,这一政策的实施有两点好处:公司可以比较准确地预计装载的货物量,有利于节省运输费用;实施预先订购的销售商可以享受额外的折扣,可以削减一定成本。

经销商在季节性商品预购期90天内向大华公司订购产品的占销售额的60％～70％。这样,季节性商品的销售量在很大程度上取决于公司运输货物的速度。在季节性商品的销售旺季,大多数经销商希望公司能够在一天内把货物从销售中心送达商家。对于大华公司的特约经销商而言,更希望公司能够将货物连夜送达。当然,在销售旺季,这类服务的花费非常高,但经销商仍有利可图,因为在这个季节农民往往会以较高的价格购买产品。对经销商来说,选择一个能够快速送货的公司是至关重要的。这类商品的80%的需求集中在中东部各省。

大华公司的销售系统相对比较简单,通过公司的10家销售中心销售的商品占整个销售额的33%,也就是说,特约经销商的销售渠道对大华公司的销售额贡献率达67%。表10-2列举了大华公司各销售渠道的销售额和成本的情况。

表 10-2　大华公司各销售渠道的销售额和成本　　　　　　单位:元

项　目	传统供销社	新兴专业农药零售店	总体情况
销售额	71 522 500	30 652 500	102 175 000
间接变动成本	23 602 425	12 874 050	36 476 475
直接变动成本	7 152 250	4 291 350	11 443 600
直接固定成本	12 874 050	4 904 400	17 778 450
间接固定成本			3 780 475

3. 分销现状评估

根据副总经理的要求,此次对整个分销系统进行评估,主要突出两个重点:对公司的现有营销成本和服务成本进行评估。尽管就整体而言,整个分销系统运行良好,但在每个订货季节之后,仍有一大部分销售商抱怨他们的要求得不到满足,还有一部分销售商在退货。但通过新兴专业农药销售商销售的商品退货少,相比较而言,该渠道的客户服务质量比较高。小李分析这也许和新兴农药销售商具有较高素质和较强的顾客意识分不开,这是他从平时所接触到的经销商的抱怨中得到的结论。

为了制定有效提高公司渠道销售绩效和顾客满意度的策略,小李决定首先考察每条渠道的渠道贡献率,找出公司现行渠道结构中,哪条渠道的财务绩效比较高,同时搞清楚哪个渠道结构的顾客满意度比较高以及高的原因。他相信,只有在掌握事实的基础上,才可能提出有效的改进策略。

资料来源:新浪科技. 大华股份与全国渠道合作伙伴携手共拓开新局[EB/OL]. [2023-3-14]. https://baijiahao.baidu.com/s?id=1760335949478764474&wfr=spider&for=pc.

问题:

1. 结合案例分析渠道评估的流程。
2. 结合案例探讨渠道系统的成本可划分为哪几个方面。

第 五 篇

数字化渠道类型

第十一章 互联网渠道

学习目标

随着互联网的发展,互联网渠道成为许多企业营销创新的突破口。因此,需要了解和熟悉互联网渠道的概念和特点,掌握互联网渠道的优势和劣势,并深入理解互联网中间商的类型与作用,从而掌握互联网渠道的管理方法,帮助企业提高销售量,实现营销目标。

通过本章的学习,掌握以下知识:

- 了解互联网渠道的概念;
- 了解互联网渠道的特点;
- 掌握互联网渠道的优势与劣势;
- 理解互联网渠道的模式;
- 理解互联网渠道中间商的类型;
- 掌握互联网渠道设计与管理的内容。

素质目标

通过本课程的学习,培养学生的人文素养,使其具有宽阔的文化视野和正确的价值观念,重视商业伦理和客户体验,推动数字化渠道优化和服务升级;提高学生的数字素养,使其具备数字技能,掌握互联网应用和数字技术,不断推动企业数字化转型,充分利用互联网渠道实现企业的可持续发展。

第一节 互联网渠道概述

互联网自诞生以来,其发展速度无疑是空前的。自1994年5月1 000多名科学家使用我国第一套互联网服务器,到2022年12月我国网民规模达到10.67亿人,互联网普及率达75.6%,互联网的出现,改变了人类的生活方式、工作方式,也改变了商业活动中的许多模式,给经济发展带来了无限的活力和商机。例如,阿里巴巴旗下平台总交易规模从2009年首创"双11"至2022年"双11"不断突破交易纪录,2009年总交易规模仅为0.5亿元,2022年全网总交易规模达到令人震撼的5 571亿元。由此可见,网络交易逐步成为商品交易的重要渠道方式之一。因此,了解互联网渠道的概念及特点,认识互联网渠道的优势及劣势,理解互联网渠道的模式以及中间商类型,以及掌握互联网渠道管理的内容具有重要的意义。

▶ 一、互联网渠道定义

20世纪末,企业营销实践与现代信息技术相结合催生了互联网营销。互联网营销发展仍在不断创新,迄今为止互联网渠道尚没有形成公认的定义。目前,互联网渠道的定义可分为两种类型。

▌(一)从互联网作为信息传播媒介的视角界定互联网渠道

贝尔曼提出互联网渠道就是一个以卖方为主导,通过向消费者提供相应的单向信息来实现广告推广的渠道。埃文斯等认为互联网渠道是传统营销渠道的附属,是一个能让终端的消费者接触交易,能丰富交易环节的分支渠道。艾伦指出互联网渠道是便捷、低成本地向消费者传递信息的渠道。张卫东给互联网渠道下的定义是为了能使某一产品或服务实现其价值与使用价值而配合起来完全利用或不完全利用互联网履行供应、生产、分销和消费等功能的所有企业与个人。

▌(二)从互联网作为一种商务交易平台载体的视角来界定互联网渠道

麦克唐纳把互联网渠道看作为买方提供产品和服务的平台,通过互联网营销平台,网络消费者可以完成选购商品、在线支付和选择配送方式等功能。科夫兰认为互联网渠道是指应用互联网来接近最终用户的渠道,且可划分为企业面向消费者销售(B2C)和企业与企业间销售(B2B)两种形式。瞿彭志认为互联网渠道是借助互联网将产品从生产者转移到消费者的中间环节。一个完善的互联网渠道应有三大功能:订货功能、结算功能和配送功能。

我们认为伯特·罗森布鲁姆在《营销渠道管理》一书中界定的互联网渠道定义更符合其本质,即互联网渠道是指应用互联网提供可利用的产品和服务,以便使用计算机或其他能够使用技术手段的目标市场,通过互联网信息平台完成交易活动。

▶ 二、互联网渠道的特点

互联网渠道具备营销渠道的基本功能,如信息沟通、资金转移和产品转移等。但是,由于互联网这一信息交易平台具有全球性、全天候、虚拟性、高互动、高效性等特点,互联网渠道呈现以下特点。

▌(一)时空限制性小

传统营销渠道中产品和服务从生产者向消费者转移的过程中,其交易方式受制于双方的时间和空间限制。而互联网的网上服务器一般24小时开放,用户可以随时访问,用户的很多要求(如软件在线升级),自动服务系统都能即时满足。并且,用户通过互联网既可以访问全球的网上信息,也可以很方便地向全球发布信息,从而打破了传统营销渠道在地域上的限制,使用户可以方便地在全球市场上从事营销活动。因此,在互联网渠道中,互联网将全球的生产者和客户或者消费者联系在一起,交易双方的时空限制被彻底打破,交易双方能在任何时间和地点轻松地在互联网上解决从收集信息、达成交易到完成支付的整个过程。

（二）虚拟性

互联网空间是一个虚拟的世界。交易双方通过互联网在网络店铺中从事交易，没有传统意义上的店铺建筑，只有网络店铺上产品和服务的相关信息，如产品和服务的价格、规格、特性，以及既有消费者留下的交易和使用评论；交易过程中所需要的信息流、资金流在互联网上一次性完成，有形产品的流动是虚拟的信息流与传统营销渠道的物流配送体系相结合，无形的数字化产品（文字、图形、声音、视频等）和服务则完全通过虚拟的互联网空间完成商品转移。

（三）精准性

互联网打破了信息的不对称，互联网渠道为交易双方提供了一个高水平、低成本的一对一信息双向沟通和互动的交易平台，使双方可以快速反馈各种信息。网络店铺可以通过个性化推荐系统的推荐引擎深度挖掘出目标市场客户的行为偏好，并根据这一行为偏好低成本向客户提供定制化产品和服务，非强迫性地、循序渐进式地向目标市场客户展示符合其兴趣偏好和购买意愿的定制化产品和服务，让目标市场客户在购物过程中有更流畅、更舒心的交易体验。

（四）整合性

互联网渠道以电子信息技术作为一个工具，把企业价值链和供应链中的活动整合在一起。互联网上的营销可从产品和服务的信息收集至交易支付、物流配送（非有形产品）、售后服务一气呵成，因此，互联网渠道也是一种全程营销渠道。另外，企业可以借助互联网将不同的营销活动进行统一设计规划和协调实施，以统一的传播内容向消费者传达信息，避免传播内容不一致产生的消极影响。

（五）高效性

互联网服务器可存储大量的信息，方便消费者查询，可传送的信息数量与精确度远超其他媒体，并能因市场需求及时更新产品或调整价格，因此能及时有效了解并满足消费者的需求。此外，互联网渠道大幅降低了渠道中间商的数量，缩短了企业与消费者的距离，并大大降低了企业建立直销渠道的难度，企业可低成本地利用自己或第三方网络服务平台发布企业和产品方面的信息，接受目标市场客户的访问和订购。

（六）外部性

互联网的外部性是指当互联网用户数量增加后，每个用户从中得到的效用会增加，而加入互联网的成本却不会随之增加。比如中国制造网站，当它上面注册出售中国制造产品的客户和注册购买中国制造产品的客户增加时，无论对中国制造产品出售者还是购买者而言，它提供的信息都变得更有价值了，而注册成为会员的成本并不会随之增加。

▶三、互联网渠道的优势

（一）降低交易成本

交易成本是经济行为的主体在市场交易活动中为实现交易所支出的费用,包括事前发生的为达成一项合同而发生的成本和事后发生的监督、贯彻该项合同而发生的成本。首先,互联网渠道降低了信息获取成本。通过互联网渠道,交易双方可以轻松获取到对方的信息,包括产品信息、服务信息、信誉状况等,避免了传统方式需要大量时间和人力的信息收集工作。其次,互联网渠道降低了沟通成本。互联网提供了即时通信工具,使交易双方可以实时在线沟通,避免了传统方式需要花费大量时间和金钱的沟通成本。再次,互联网渠道降低了交易风险。互联网渠道可以实现电子签名、电子合同等,避免了传统方式需要打印纸质合同等烦琐流程。最后,互联网渠道降低了物流成本。通过互联网渠道,交易双方可以实现线上购销,避免了传统方式需要花费大量人力、物力。

（二）降低流通成本

流通成本分为纯粹流通费用、保管费用和运输费用三部分,纯粹流通费用包括直接与买卖商品有关的费用、簿记费用、货币生产上所支付的费用,这些费用可以看作是由商流和资金流所形成的成本,而保管费用和运输费用则是物流方面的成本。互联网渠道所具有的时空无限性,以及其对商品交易中的信息流、商流、资金流的整合,使流通时间大幅缩短,节约了流通中垫付的资金,加快了资金周转速度。首先,通过互联网技术,流通企业可以实时跟踪商品的库存、在途和销售情况,实现库存自动化管理和精准调配,减少了库存积压和浪费,提高了库存周转率和销售效率。其次,互联网技术可以实现生产企业和消费者之间的直接对接,避免过多的中间环节和经销商,从而减少了流通环节。最后,互联网渠道降低了时间成本。互联网渠道可以实现 24 小时不间断的交易和流通,避免了传统方式需要花费大量时间的购销和物流过程,从而降低了时间成本。

（三）提高分销效率

一个完善的互联网渠道应具有三大功能:订货功能、结算功能和配货功能。互联网渠道的订货功能,不仅可以使客户通过互联网了解有关信息,进行比较后直接下订单,而且可以通过互联网直接了解订单执行情况。同时由于网上交易大大加快了客户反馈的速度,无形中提高了客户忠诚度。互联网渠道的结算功能,不仅可以减少人工干预,实现自动化的财务管理,提高结算效率,还可以支持多种支付方式,实现对分销过程的实时监控和数据分析。通过互联网渠道的结算,能够提高交易效率、优化财务管理、提升客户体验、促进企业运营效率提升以及增强市场拓展能力。互联网渠道的配货功能是指利用互联网技术,通过电子数据交换（EDI）和物流管理系统,实现快速、准确、高效的配货和分销。通过互联网渠道的配送,可以提高配货速度和准确性、降低物流成本、快速响应市场需求、提高客户满意度。

（四）提高渠道透明化程度

互联网渠道可通过互联网对信息流、商流和资金流进行实时监控,提高渠道透明化程度。企业可以引进及时管理(JIT),动态跟踪产品的流通情况,在产品的运输过程中,通过引入全球定位系统(GSP),实时动态跟踪商品的在途情况。对厂家而言,可以及时跟踪产品的运动过程,了解渠道是否畅通,商品是否畅销,了解库存状况,从而可以更加准确地把握市场动态,更加了解消费者需求,进而制订准确的生产计划。例如,世界速递业三大巨头之一的敦豪快递公司(DHL),引入 WAP 系统,及时跟踪在途邮件,为客户提供满意的速递服务,使其在新的经济环境中保持勃勃生机。

▶四、互联网渠道的劣势

（一）交易安全问题

交易安全是电子渠道得以健康发展的保障。互联网交易是虚拟性的,这使企业和消费者对互联网交易的安全问题存在顾虑,并由此影响企业的渠道策略和消费者进行网上购物的积极性。调查显示,虽然《中华人民共和国电子商务法》自 2019 年 1 月 1 日施行,但企业和消费者对网上交易安全问题仍然非常关注,认为网上支付和网上产品的安全性仍低于传统线下渠道。

（二）物流配送的制约

有形产品通过互联网渠道从生产者转移至消费者的过程中需要物流配送。消费者期望能获取与互联网渠道交易相匹配的高效、便捷的物流配送系统,其中消费者对生鲜类农产品的快速物流配送尤为关注。但是,网上购物的消费者经常遇到交货延迟的现象。"电诉宝"显示 2022 年中国生鲜电商用户投诉问题中发货及物流问题位居第三,占比为 13.75%,这严重影响了消费者的互联网购买生鲜产品的信心和热情。

（三）体验感缺失

消费者能在实体店观察、触碰商品实物,实际感受商品的品质、触感、气味及口感等。实体店销售人员能为消费者提供面对面的服务,能根据现场对消费者的观察提供更贴心的服务。并且,实体店内丰富的商品品类和业态类型,能使消费者同时享受购物消费和餐饮娱乐的快乐,而互联网购物是基于不可触碰的虚拟商品展示的交易,消费者缺乏体验感。

第二节 互联网渠道模式

互联网的应用使传统中间商凭借地缘因素获得的优势被互联网的优势所取代,从而出现了互联网环境下的新渠道。根据渠道的长度不同,互联网渠道模式可分为三类:互联网直销、互联网间接分销、混合型互联网渠道。

▶一、互联网直销

▍(一)互联网直销的定义

互联网直销是指综合利用网络、电子计算机和数字交换等多种技术,把商品或服务从生产商手里转移到消费者手里的经营活动。

在互联网直销中,生产商可以通过建立企业电子商务网站,让客户直接从网站订货,再通过与一些电子商务服务机构(如网上银行)合作,直接在网上实现支付结算,简化了过去资金流转的问题。在配送方面,网络直销可以根据产品的特性选择是利用互联网技术来构造物流系统,或是通过与专业物流公司进行合作,或是通过自有的线下仓储物流体系建立有效的物流系统。

▍(二)互联网直销的两种基本模式

1. 面对个体消费者的互联网直销模式

面对个体消费者的互联网直销模式即通常所说的 B2C(business to customer)模式,其特点是供需直接接触、速度快、效率高、费用低。面对个体消费者的直销过程可以分为以下六个步骤。

(1)消费者进入互联网,查看企业和商家的主页或者企业在专业互联网交易市场的官方旗舰店。

(2)消费者通过购物对话框填写姓名、地址、商品品种、规格、数量、价格等。

(3)消费者选择支付方式,如信用卡,也可以选择用电子货币或电子支票等。

(4)企业或商家的客户服务器检查支付方式服务器,确认汇款金额是否认可。

(5)企业或商家的客户服务器确认消费者付款后,通知销售配送部门送货上门。

(6)消费者的开户银行将支付款项传递到消费者的信用卡公司,信用卡公司负责发给消费者收费单。

2. 面对企业的互联网直销模式

面对企业的互联网直销模式通常被称为 B2B(business to business)模式。它是指企业与企业之间通过互联网进行商务活动。对企业来说,企业和企业之间的业务往来占其业务总量的比重很大,甚至是全部。早在互联网技术被大量使用之前,一些企业就已经采用了电子方式进行数据、表格等信息的交换,如广为流行的电子数据交换(EDI)和电子资金传送(EFT)。不过,早期的解决方式多是建立在大量功能单一的、专用的软硬件设施基础上的,因此费用很高,只有个别大型企业才会采用。

面对企业的互联网直销基本上应按照以下程序进行。

(1)客户向供货方提出商品报价请求,说明想购买商品的信息。

(2)供货方向客户回答该商品的报价,说明该商品的价格信息。

(3)客户向供货方提出商品订购单,说明初步确定购买的商品。

(4)供货方对客户提出的商品订购单予以应答,说明有无此商品及规格、型号、品种、质量等信息。

(5) 客户根据应答提出是否对订货单有变更请求,说明最后确定购买的商品。

(6) 客户向供货方提出商品运输要求,说明运输工具、交货地点等信息。

(7) 供货方向客户发出发货通知,说明运输公司、发货地点、运输设备、包装等信息。

(8) 客户向供货方发回收货通知,报告收货信息。

(9) 交易双方收发汇款通知,买方发出汇款通知,卖方报告收款信息。

(10) 供货方向客户发送电子发票,买方收到商品,完成全部交易。

(三)互联网直销的优劣势

1. 互联网直销的优势

互联网直销能大幅度降低交易成本和流通成本,提高分销效率,增强渠道透明度,协助提供个性化定制服务,帮助企业提高营销量。企业可以在提高分销效率的同时,依托收集到的消费者评价信息和咨询信息,优化产品设计,并为消费者提供个性化定制服务。

2. 互联网直销的劣势

互联网直销过程中易产生信息黑洞。越来越多的企业和商家在互联网上建站,网络信息过多过滥,客户容易迷失于海量信息之中。并且,对大量分散的域名,大多数网络访问者不会有耐心一个一个地访问一般的企业主页面,特别是对一些不知名的中小企业,大部分网络访问者甚至不会浏览。据有关资料表明,我国目前建立的众多企业网站,除个别行业和部分特殊企业,大部分网站访问者寥寥无几,营销数额不大。

▶二、互联网间接分销

(一)互联网间接分销的定义

为了克服互联网直销的信息黑洞这一缺点,互联网商品交易中介随之产生,网络间接销售渠道也就应运而生。所谓互联网间接分销,是指生产者通过融入互联网技术后的中介机构将产品销售给消费者的营销渠道。这些中介机构是连接买卖双方的纽带,使互联网间接分销成为可能。互联网间接分销模式中,生产商不建立自己的电子商务网站,而是基于一些大型或中型的专业电子商务网站进行产品销售。

(二)互联网间接分销的流程

互联网间接分销的流程可分为以下四个步骤。

(1) 买卖双方在互联网商品交易中心发布各自的供求信息,互联网商品交易中心为参与者提供大量的交易数据和市场信息。

(2) 买卖双方选择合适的贸易伙伴,并在互联网交易中心的撮合下签订合同。

(3) 买卖双方在互联网交易中心指定的支付平台办理结算手续。

(4) 互联网商品交易中心通过配送中心负责将企业商品送交客户。

（三）互联网间接分销的优劣势

1. 互联网间接分销的优势

互联网间接分销不仅具有互联网渠道的一般优势，还具有以下特殊优势。

（1）简化市场交易流程。互联网中介机构凭借自己的各种联系、经验、专业知识、活动规模以及掌握的大量信息，对产品信息进行归纳整理，使消费者进入电子商务网站后就可以获得不同厂家的同类产品信息。生产者通过这个渠道可以直接和消费者产生交易关系，比自己推销更简化，也更经济。在这些专业电子商务网站上有平台自营旗舰店或者入驻平台的其他售卖店铺，其中平台经营店由平台负责在其网站上对产品进行展示和宣传、售价、促销、支付系统、信息系统、物流配送都由平台自行运营；入驻平台的其他售卖店铺则需从生产商处进货后，再以生产商自营旗舰店的模式经营。

（2）降低交易风险，实现交易常规化。由于互联网中介机构的规范化运作，减少了交易过程中大量不确定因素，降低了交易风险，提高了交易成功率。互联网中介机构所属的配送中心分散在全国各地，可以最大限度地减少运输费用；买卖双方的意愿通过固定的交易表格规范地表达，降低了交易成本；互联网第三方支付平台的严密的交易支付程序，解决了"拿货不给钱""拿钱不给货"的问题，降低了买卖双方的风险，确保了双方的利益，使互联网交易双方彼此增加了信任感。

（3）使交易双方的信息收集更便利。互联网商品交易中心本身是一个巨大的数据库，聚集了全国乃至及全世界众多的厂商，也汇集了成千上万的商品，厂商和商品实行多种分类，可以从不同角度进行检索。例如，在天猫商城中搜索"童装"，搜索页面上会按照客户偏好有序地显示不同厂商、不同型号和不同款式的童装，以供客户选择。消费者或者生产者只要进入互联网中介机构的网站，在中介机构的协调下，匹配供应意愿和需求意愿，大大简化了交易流程，加快了交易速度。

2. 互联网间接分销的劣势

生产商和客户依托互联网中间商达成交易，会面临来自第三方的业务风险和安全风险。

（1）第三方业务风险。如果生产商过度依赖互联网中间商，生产商将丧失对营销渠道的控制能力，生产商的生产和经营将受制于互联网中间商的数据反馈，财务运作将受制于互联网中间商的支付管理，这不利于生产商形成其自身的竞争优势。

（2）第三方安全风险。采用互联网间接分销，生产商和客户需要先注册，并填写相关隐私信息。互联网中间商的经营能力参差不齐，生产商和客户不得不面临信息泄露、数据丢失等安全风险，互联网中间商非法售卖客户信息的案件时有发生。

▶三、混合型互联网渠道

混合型互联网渠道也称双道法，是指企业同时使用互联网直接渠道和互联网间接渠道以达到销售量最大的目的。在我国竞争日趋激烈的市场环境下，采用混合型互联网渠道进行市场渗透是一种明智的选择。

企业在自己建立网站推销产品或服务的同时，利用间接互联网渠道销售自己的产品，通过互联网中间商的信息服务、广告服务、撮合服务、配送服务,扩大企业的影响,开辟企业的销售领域。对从事营销活动的企业,必须转变原有的分销模式,及时研究和熟悉国内外电子商务交易中介的类型、性质、功能、特点及相关情况,正确选择互联网中间商,建立广泛扁平化营销渠道,顺利完成商品从生产到消费的整个转移过程。例如,海尔集团既自建有互联网直销的海尔商城,又在京东平台建有海尔自营的海尔官方旗舰店、海尔热水器旗舰店和海尔商用冰柜旗舰店等,也有京东平台经营的海尔京东自营旗舰店、智慧全屋家电京东自营专区和大家电京东自营专区,以及入驻京东平台的海尔仑荣专卖店、海尔华美都专卖店等互联网电商分销;在天猫平台也有海尔自营的海尔官方旗舰店、海尔热水器旗舰店、海尔冰箱冷柜旗舰店、海尔洗衣机旗舰店等,天猫平台自营的猫享店和入驻天猫平台的海尔澳墨专卖店等互联网电商分销;海尔还把企业内部的管理信息系统与外部的采购系统结合起来,实现了"一流三网","一流"即以订单信息流为中心,"三网"即全球供应链资源网、全球用户资源网和计算机信息网,海尔的物流系统帮助海尔实现了"三零"目标,即零库存、零距离、零运营成本,提升了海尔的全球竞争力。

第三节　互联网渠道中间商

互联网上存在数量众多的与网上购物有联系的网站,这些网站有的是融入互联网技术的传统企业建立的,有的则是随着互联网的发展而产生的新型组织,它们都是互联网渠道中间商的主要来源。按照在交易中的功能,互联网渠道中间商可分为互联网交易平台商、互联网商店、信息中介商、辅助服务提供商。

▶一、互联网交易平台商

互联网交易平台商通过搭建电子商务平台,运用先进的互联网技术和设备为企业或客户提供网上交易电子平台和各种服务。互联网交易平台商有以下两种类型。

（一）专业互联网交易市场

专业互联网交易市场通过搭建高效的电子商务平台,运用先进的通信设备和互联网技术,在某一行业领域为进行网上交易的厂商提供权威的网上交易电子商务平台和信息管理系统。在交易过程中,买卖双方可以通过交易平台提供商提供的平台开辟专用的交易通道,随时进行信息交换和网上谈判,在双方达成协议后,通过交易平台提供商提供的相关接口获得支付结算和物流等服务。交易平台提供商的收入主要来源于交易双方对使用开放系统平台的租金、系统管理费用或物流渠道使用费等。部分交易平台提供商也进行自营业务。例如,京东既有自营业务,也为商家提供开放系统平台运营业务,在线销售全品类商品。其中,商家使用京东开放平台需缴纳每单交易货款的 0.6% 作为交易服务费(2023 年 3 月 16 日起产生的新订单,若订单取消或产生售后退款,已收取的交易服务费可予以退还),还需根据经营类目在达成每单交易时按比例(该比例在与商家签署的相关协议中称为"技术服务费费率"或"毛利保证率")向京东缴纳技术服务费。

（二）电子拍卖市场

电子拍卖市场是 1998 年出现的一种互联网中间商,它通过提供交易场所并组织、拍卖活动而获得销售佣金和广告收入。中国嘉德国际拍卖有限公司以经营中国文物艺术品为主的综合性拍卖公司,其在 2018 年秋试水网拍 E-BIDDING,截至 2022 年 9 月已举办 34 期。拍卖双方都需在中国嘉德官网注册登录,缴纳底线为 5 000 元、不设上限的保证金,办理号牌参与拍卖,电子拍卖出价有两种方式,一种是拍卖开始前,竞买人为计划竞买的拍卖标的设置预先出价,另一种是系统自动按竞价阶梯代为出价,直至竞买成功或设置的最高出价被其他竞买人出价超越,购买成功后在 PC 端用网银支付。

▶二、互联网商店

互联网商店是销售者和消费者进行互联网交易的主要场所。当消费者需要在互联网上购买商品时,可以选择这类中间商。此类中间商主要面向特定的市场与目标客户群,向消费者提供产品或者服务。这类中间商主要依靠自己构建的信誉、物流系统等来逐渐发展壮大。互联网商店主要有两种类型。

（一）互联网零售商

一般来说,互联网零售商采取的是 B2C 的运营模式,通过自己的渠道购进各种各样的产品,然后通过自建网站或入驻专业互联网交易市场把这些商品直接销售给最终消费者,从中赚取利润。互联网零售商的整体成本明显比同等规模的传统零售商低。互联网零售商无须建设实体店铺,省去了一大笔开支,使开店的固定成本明显低于传统零售商;其次是互联网零售商的每一笔业务都是通过网络完成的,扩大了空间及零售商的客户范围;人力成本也没有同等规模的传统零售商高;互联网零售商没有货架,拥有的只是站点内的链接,可以比传统零售商更容易获得规模经济和范围经济,因而互联网零售商具有很强的价格竞争优势。互联网零售商借鉴了传统零售商的促销经验,也会以打折、发放优惠券等方式来吸引消费者,既促进了销售,又使消费者剩余得到了增加,获得了消费者的忠诚度。

（二）互联网批发商

互联网批发商适用于一定区域内产业市场中大批量、标准化零部件的批发分销。互联网批发商先以较低价格大批量地从生产商手中获得产品,再以一定的价格折扣批发给零售商或用户。在分销过程中互联网批发商通常将服务(如物流配送)外包给区域内的服务组织商,因此与其他类型的分销商关系密切,在其业务覆盖区域表现出了很强的市场力量。例如,慧聪 IT 商务网就是专注于 IT 业的行业商务网站,它依靠自身良好的行业背景,让 IT 厂商在网上开展分销业务,通过集体竞价的方式,直接降低经销商的成本。

▶三、信息中介商

随着市场信息的膨胀,互联网上存在于买方和卖方之间的信息中介网站越来越受欢迎。这些信息中介商同时为消费者和企业客户服务,侧重于提供详细的信息、内容、知识及经验,能为某一特定电子商务领域增加价值。信息中介商不拥有任何有形资产,只能依赖其合作伙伴生存,收入源于销售代理佣金、广告(点击)收入等。信息中介商主要有以下四种类型。

(一)目录服务商

目录服务商是指利用互联网中存在的大量信息进行收集、筛选和整理,以目录的形式体现在自己网站上,使用户能够方便地找到自己想要的信息。目录服务包括三种形式。第一种是综合性目录服务,为用户提供大量不同站点、信息的综合性索引。例如 Yahoo 等门户网站,常被认为是互联网的入口,拥有大量网站的链接,一般不提供出售商品的功能,仅提供索引。这类站点也会提供对索引进行关键词搜索的功能。第二种是商业性目录服务,仅提供对现有的各种商业网站的索引,不提供建设和开发网站的服务,用户通过网站中的链接可以进入不同的常用网站,如被百度公司收购的 hao123 网站。第三种是专业性目录服务,即针对某一专业领域或主题建立的网站,通常由该领域中的企业或专业人士提供内容,包括为用户提供对某一品牌商品的技术评价信息、同类商品的性能比较等,如提供数字期刊目录的中国知网数据知识服务平台。

(二)智能代理商

智能代理商又称买方代理商,这类信息中介商根据消费者的偏好和要求预先为消费者进行搜索,过滤出所需要的销售商、产品信息或相关评价等,最终将结果依照预先设定的格式反馈给消费者。消费者可以自由选择通过这类信息中介商购物或者直接联系供应商购物,而中介商通过收取相关供应商的费用获取利润。智能代理商还会针对消费者以往的消费历史进行分析,选择和过滤出更加适合消费者的商品。在我国,众多电子商务企业正朝着类似的方向发展,这也正是电子商务企业正努力提高企业搜索技术的原因。如 Winerobot 是一个可根据指定葡萄酒的种类、产地、商标、生产日期或价格等信息来搜索澳大利亚在线葡萄酒销售商的网站。一旦客户做出选择,就会被链接到在线销售商的网站上,Winerobot 向其搜索范围内的葡萄酒销售商收取费用。

(三)卖方代理商

卖方代理商在模式上与智能代理商恰好相反,它通过自己的网站为销售商整理消费者及潜在消费者的信息,然后将这些消费者的信息出售给销售商。由于消费者众多,且收集的信息多为消费者不愿意透露或者消费者的隐形信息,因而这类代理商一般是通过其他方式来进行交易的。Autobytel 是一个典型的卖方代理商,收集了大量汽车购买者的信息并且作为汽车交易商的代理,提供了覆盖整个交易过程的金融、物流等一系列服务。

(四)搜索引擎商

搜索引擎商一般被定义为"综合信息的访问点",与目录不同,搜索引擎服务为用户提供基于关键词的检索服务,如百度搜索、谷歌搜索、360搜索等。用户可以根据这些网站提供的搜索引擎对互联网进行实时搜索。这些网站利用大型数据库分类储存各种站点介绍和页面内容,搜索站点不允许用户直接浏览数据库,但允许用户向数据库添加条目。目前,这些搜索服务主要是竞价排名、搜索排名、固定排名和专业排名等。搜索服务商通常利用网站的点击率收取销售的广告费用和排名费用等来实现盈利。在百度上搜索"海鲜",可以找到所有在百度搜索引擎上注册的海鲜在线销售商,在线浏览者直接点击自己所需要的网址即可链接到该网站上。

▶四、辅助服务提供商

辅助服务提供商不像传统渠道成员一样介入交易过程,但为了保证交易的顺利进行,会对交易过程提供一系列服务。辅助服务提供商有以下三种类型。

（一）互联网评估机构

网络上的站点内容繁多,消费者在访问生产者站点时,往往显得束手无策,不知该访问哪一个站点。互联网评估机构直接针对网络上众多的销售者成立,它们根据预先制定的标准体系对网上商家进行评估,为消费者提供网上商家的等级信息和消费评测报告,降低消费者网上购物的风险,尽量避免消费者的权利受到侵害,对网络市场中商家的经营行为起到了间接的监督作用。互联网评估机构一般是由专业机构或者一些逐渐建立起自己信誉的商家所建立,它们的评定过程及结果都受到广大消费者的直接关注,如中国信息技术协议网。

（二）网络金融机构

网络营销要实现网上交易,就需要实现买卖双方授权支付。然而网络的不安全性使交易双方不能相互信任,为网上交易带来困难。一些企业开始利用自己的信用介入渠道中,提供专门的金融服务,如支付、转账、结算等业务。目前主要的支付方式包括信用卡、电子等价物、现金支付或通过安全电子邮件授权支付等。网络金融机构就是专门为网络交易提供金融服务的金融机构,主要有两种形式:一种是一些传统的金融银行纷纷提供电子支付服务,如中国银联、招商银行等网上银行;另一种是虚拟金融服务以第三方的身份提供网络交易安全保障,如支付宝、微信支付等就是具有代表性的第三方支付平台。

（三）网络统计机构

网络渠道发展也需要其他辅助性的服务,比如网络广告商需要了解有关网站访问者的特征,不同的网络广告手段的使用率等信息;企业需要了解消费者的购买趋势、网络用户增长的趋势等。网络统计机构就是为用户提供互联网统计数据,以确保交易过程中的一些必要项目的透明性而建立的。

第四节　互联网渠道设计与管理

▶一、互联网渠道设计

（一）影响互联网渠道设计的因素

1. 商品因素

（1）商品价值。一般而言,商品单个价值越高,渠道路径宜越短,宜通过互联网渠道选择直销或者自营旗舰店模式,且互联网渠道和线下渠道并行的模式更好,这可以提高消费者的信心,降低由互联网中间商带来的不确定性。商品单个价值越低,互联网渠道的类型选择范围越广。

（2）商品技术性和售后服务。商品技术性越强,售后服务要求高,渠道路径宜越短,互联网直销或者自营旗舰店模式越好。同时,生产商还需根据客户的技术时空需求,优化线上技术客户的服务能力和线下技术服务部门的分布,以快速响应客户需要。

（3）商品物流特性。商品的保鲜期、保质期越短,渠道路径宜越短,互联网直销或者自营旗舰店模式越好,这可以保证商品的品质。同时,互联网渠道运营商需加强与物流配送系统的合作,提高商品的物流效率和效果。

2. 目标客户因素

（1）目标客户的规模。如果潜在的目标客户规模大,市场范围大,就需要利用渠道长、混合程度高的互联网渠道,以便实时服务目标客户。

（2）目标客户的偏好。不同的客户具有不同的目标商品品类购买偏好、不同的价格敏感性、不同的物流配送偏好、不同技术服务支持偏好等。对于快消品,客户更乐于在综合性的互联网平台上消费,以实现多品类目标商品的购买,享受多品类的关联交易优惠等。因此,快消品生产商更宜采用互联网间接渠道。若生产商的目标客户大多具有价格敏感性,则宜选择拼多多、美团等团购型平台。目标客户对物流配送要求严格,则生产商宜选择搭配良好物流配送渠道的互联网渠道,如京东等,或者建立搭配自有快速物流配送体系的互联网直销店铺。若目标客户对技术服务支持要求高,则生产商宜采取互联网直销。

3. 企业自身因素

（1）战略目标需要。企业战略目标如要实现市场份额提高或实现品牌认知度快速提高,则不宜选择单纯的互联网直销,可选择互联网间接分销或混合型互联网渠道。企业战略目标如要实现差异化,则要根据差异化优势选择相应的互联网渠道模式和互联网平台。企业战略目标如需控制渠道,以便稳定价格策略和适时促销,则宜选择互联网直销。

（2）资金实力。互联网直销可实现渠道自管自控,但互联网直销需要自建功能完善的互联网平台,或者囤积足量的商品,这需要大量资金的支持。中小企业适宜选择第三方自营渠道或互联网间接渠道。

（3）组织管理能力。互联网直销需要企业市场部门能快速响应目标客户的需求变化，企业若采用互联网直销，则需要将组织扁平化，以便信息能以最快的速度在企业的各个管理层次和各部门间传递和交流。企业若采用互联网分销，则企业市场部门需具有较高的渠道管理协调能力。

4. 互联网中间商因素

（1）分销能力。互联网中间商的活跃用户数量和线上客服能力是反映其市场分销能力的关键要素。生产商要选择活跃用户数量多、线上客户能力强的互联网中间商。并且，生产商应选择具有与目标客户偏好相符的分销优势的互联网中间商。

（2）企业信誉。由于互联网渠道基于虚拟市场进行交易，互联网中间商的信誉至关重要。生产商需选择诚实、信用、守法的互联网中间商，才能保证中间商按约定销售商品，避免发生网络虚假宣传、恶意窜货、恶意低价等损害生产商利益的事件。

（3）财务状况。互联网中间商的财务状况决定了其是否能按时结算货款以及必要时的预付货款，生产商应选择财务状况良好的互联网中间商。同时，生产商还需要关注互联网中间商使用的网络金融机构的财务状况和财务政策，以免发生财务风险。

（4）专业知识。互联网中间商掌握有关产品、目标客户、竞争者、行业特点等方面的知识，能更好地为目标客户提供服务，为生产商的产品设计和营销策略提供信息支持。故生产商的商品技术性越强，越应挑选专业知识强的互联网中间商。

（5）供应链合作意愿与能力。线下中间商销售对一定时空范围内的消费者进行实时交付式销售，互联网中间商分销的目标客户规模大且广、市场信息多且快，但其实物商品交付需要物流配送企业的支撑。生产商选择供应链合作意愿强的互联网中间商，可从中间商处及时得到市场信息的反馈，有利于实施与调整营销策略。生产商选择供应链合作能力强的互联网中间商，可实现商品设计、生产、网上销售、物流配送、售后反馈、设计的良性循环。

5. 环境因素

互联网渠道的设计还应考虑环境因素，当经济周期进入下行阶段时，目标客户的价格敏感性更高，生产商应选择较短的互联网渠道或者专业从事低价销售的互联网平台。从事跨境业务的生产商在选择互联网渠道时，应关注国际贸易形势和国际政治形势，选择信誉良好、政治中立的互联网渠道商，避免出现因为贸易摩擦和政治争端导致的渠道关闭或者支付系统关闭风险。

（二）确定互联网渠道模式

生产商在综合考虑各种互联网渠道设计的影响因素后，确定互联网渠道模式。图 11-1 是常用的互联网渠道选择模型。

▶二、互联网渠道管理

由于互联网存在虚拟性、科技密集性等特性，互联网渠道除了与传统的渠道一样需要控制各渠道成员的权利分配外，还应加强互联网渠道订货、物流配送和支付的管理。

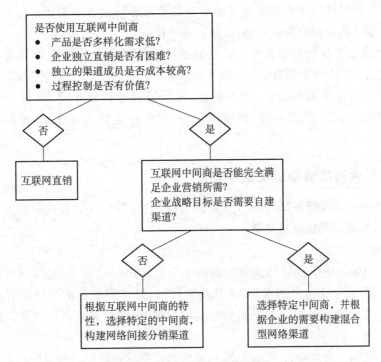

图 11-1　互联网渠道选择模型

（一）互联网渠道订货管理

1. 网络订单系统

（1）个性化产品详情页。产品详情页上能根据目标客户的评价和反馈,提供目标客户关注的产品性能、价格、库存量、月销量、好评率、物流配送、评价信息、在线客服问答、同类产品比较、使用视频介绍等相关信息。同时,产品详情页还应具备信息检索功能和咨询反馈功能,以便目标客户查询产品及关联产品信息,与在线客服交流反馈。

（2）智能化"购物车"。模拟线下实体店为客户提供购物车服务,方便客户选购和结算。同时,"购物车"发生变化时,应实时将数据反馈给在线客服,如购物车内商品较长时间内没有实际提交订单,在线客服接到数据反馈后,可根据目标客户的购物习惯,在客户同意的条件下咨询客户的不满意之处,采取针对性的策略,个性化、定制化服务目标客户,提高其消费体验感和满意度。

（3）自动化线上订单退货审批系统。客户按照退货要求提交退货请求后,信息将直接发送到售后客服处,售后人员确认后,将退货受理信息推送给客户,同时基于客户的收货地址,物流人员联系客户上门取件。

2. 订单信息管理

订单信息包括用户信息、订单基础信息、收货信息、商品信息、优惠信息、支付信息、物流信息和其他。企业可利用订单信息简化、优化企业运营。

（1）订单信息的初步管理。企业可根据订单信息直接分配不同仓库进行物流配送,查询库存信息,对订单进行跟踪和管理。企业将订单信息转化为贴附于商品上的物流订单时,应对用户信息做必要的脱敏处理,以保护客户权益。

(2)订单信息的数据挖掘管理。企业通过挖掘订单信息中的客户信息和支付信息等,对客户进行 RFM 分类管理,尤其是对活跃客户和回流客户进行管理,以提高客户的保留率;通过挖掘订单基础信息、优惠信息,分析优惠券转化率等,评价和优化促销策略;通过挖掘收货信息、商品信息、物流信息等,优化企业的仓储体系,做好补货和采购等工作。

（二）互联网渠道物流配送管理

物流配送体系是互联网渠道不可或缺的支撑,只有具备高效高速的物流配送系统才能实现互联网渠道的实物商品交割。

1. 物流配送

(1)商品包装。由于互联网渠道的商品不是直接交付给客户,故需要对产品进行包装,避免运输、搬运等过程中的损耗,尤其是生鲜类、易碎类商品的包装需要进行特殊处理。随着人们生态意识的加强以及材料科学的发展,包装材料逐渐向环保、轻便、可循环利用等方向发展。

(2)商品运输。商品经过包装后,由物流配送企业承担运输。物流配送企业或者是互联网渠道自有的物流配送,如京东平台的京东快递;或者是第三方物流企业,如顺丰速递、圆通速递等。

(3)存储交付。商品到达客户所在地后,物流配送企业会将商品送到靠近客户的仓库,以利于产品快速地交付到客户手中。最后交付给客户的方式有三种:一是物流配送企业直接送货上门;二是物流配送企业将商品送入客户所在区域的快递驿站,客户接到物流通知信息后到驿站自取;三是物流配送企业将商品放入客户所在小区的快递柜,客户接到物流通知后到快递柜自取,但快递柜有超时收费。

2. 物流配送管理

(1)物流配送成本管理。许多客户会因为没有免运费而放弃购买,故物流配送成本一般由生产商或者互联网渠道商承担。并且,为提高客户的体验感和满意度,一般生产商或者互联网渠道商还会为客户购买运费险,以免除客户退换货时需支付的运费。

(2)物流配送企业管理。鉴于物流配送的重要性,生产商和互联网渠道商需谨慎选择物流配送企业,并与其达成合作伙伴关系。生产商和互联网渠道商在选择物流配送企业时主要考虑以下四个方面:一是物流配送的能力和效率;二是物流配送的费用;三是物流配送企业的信誉;四是物流配送企业的数字信息技术能力,即能否为商品订单提供物流跟踪,能否为客户提供物流状态更新等。

3. 物流配送发展趋势

(1)运营智能化。在人工智能技术的支持下,产品入库、出库、运输、仓储、交付等过程逐渐实现信息及时传送与无人化运营。

(2)服务多元化。基于运营智能化,物流配载平台与互联网渠道深度融合,为企业和消费者提供物流、产品交易、融资等一站式服务。

（3）共享物流集约化。基于运营智能化，物流企业可将仓储容量共享给其他企业，实现集约化的共享智能仓储，提高收益。

（4）物流前置化。生产商可通过预订系统和大数据挖掘提前判断物流需求量，并与物流配送企业及时共享信息，协助物流配送企业安排物流配送。

（三）互联网渠道支付管理

准确、安全的支付系统是互联网渠道发展的基础和保障。

1. 互联网渠道支付

生产商需要根据自身的特点以及客户的支付便利性，选择恰当的互联网渠道支付模式。互联网渠道支付模式主要有以下三种。

（1）网关支付模式，利用连接银行自身支付系统与互联网的接口，即没有账户属性的支付网关，完成支付。

（2）网上银行支付模式，利用企业和客户在各大银行的互联网平台设立的账户完成支付。

（3）第三方支付模式，基于支付宝、财付通等第三方互联网金融机构的账户完成支付。

2. 互联网渠道支付安全管理

互联网的开放性、虚拟性使互联网渠道支付信息存在被泄露、截获、篡改等风险，故需加强互联网渠道支付安全管理。

（1）信息保密。生产商及互联网渠道商应保证不泄露用户信息、支付记录、交易记录，不向和不变相地向客户索取支付验证信息，主动保护企业或者个人的账户信息，尤其是支付密码和支付验证码，开设大额互联网支付信息确认。

（2）信息加密保护。通过架设防火墙，或者使用数据加密技术、数字签名技术、数字时间戳技术、电子商务信息安全协议、电子支付安全认证平台等方法，确保在互联网渠道交易过程中双方的支付信息安全有效地传输。

基本概念

互联网渠道　互联网直销　互联网间接分销　互联网渠道中间商　电子拍卖市场
信息中介商

思考题

1. 互联网渠道的优势和劣势是什么？
2. 互联网渠道的类型有哪些？
3. 互联网渠道设计与管理中需要考虑的因素有哪些？

案例分析

韩都衣舍的崛起与下滑

韩都衣舍创立于 2006 年,在创立之初通过对传统服装企业的分析发现,传统服装企业产品设计周期长、试制成本高、新产品创新能力弱、设计单一,且一般实行反季节生产模式,容易因对市场反应迟钝而造成库存积压等问题。为此,韩都衣舍将服装企业传统的设计、视觉、采购、销售等部门进行整合,构建起以产品小组制为核心的"单品全程运营体系",并依靠互联网渠道与流量效应,建立了以"多款少量、快速返单"为核心的柔性供应链体系。例如,产品小组设计 3 款新衣服,每款衣服工厂只做 20 件,新产品在韩都衣舍旗舰店或自营网站上架 15 天后,根据互联网渠道快速反馈的交易数据和预售信息,将产品划分为"爆""旺""平""滞"四类,"爆"款和"旺"款返单,增加生产几千件,"平"款和"滞"款则在旺销时间立即打折促销,同时产品小组会根据相应指标来判断下一轮生产的订单量。这摆脱了传统服装企业先生产、后销售的模式。这种柔性供应链体系使韩都衣舍取得了迅猛发展。

然而,韩都衣舍在依托互联网渠道迅猛发展的同时,也遭遇了来自互联网渠道的挑战。互联网渠道的信息和技术溢出是非常快速的,韩都衣舍的"爆款"很容易被其他商家"跟卖"。韩都衣舍的柔性供应链体系使其没有规模效应来降低原创成本,供应链优势日渐削弱。与此同时,"限韩令""国风潮"都对以"韩风"为主的韩都衣舍造成巨大冲击。

资料来源:艾斯特说品鉴.韩都衣舍:享受于时代,也败给了时代[EB/OL].[2022-6-12]. https://baijiahao.baidu.com/s?id=1736321950446783008&wfr=spider&for=pc.

问题:

结合案例分析互联网渠道的优势和劣势。

第十二章 移动互联网渠道

学习目标

随着互联网技术的提升,移动互联网蓬勃发展,并催生了移动互联网渠道。越来越多的企业尝试移动互联网营销。因此,了解和熟悉移动互联网渠道的概念和特点,掌握移动互联网渠道的优势和劣势,并深入理解移动互联网中间商的类型与作用,掌握移动互联网渠道管理方法,可帮助企业提高销售量,实现营销目标。

通过本章的学习,掌握以下知识:

- 了解移动互联网渠道的概念、特点及优劣势;
- 熟悉移动互联网渠道的模式;
- 掌握移动互联网渠道管理的内容。

素质目标

通过本课程的学习,培养学生的创新能力,使其掌握移动应用的基础知识和技术,开发和推广有趣、好用、安全的移动应用,增强用户体验,提高企业营销效益;培养学生的社会责任,强调商业伦理、客户体验和环境保护,注重平衡商业目标和社会效益,以此推动移动互联网与社会、环境和经济的协调发展。

第一节　移动互联网渠道概述

据国家统计局统计,2022 年移动互联网用户接入流量 2 618 亿 GB,比上年增长 18.1%,手机上网人数 10.65 亿人。越来越多的消费者通过智能手机、平板电脑、可穿戴设备等移动终端进行在线消费,利用碎片化的时间进行购物,既方便又快捷,移动客户端购物交易量急剧上升,移动互联网渠道蓬勃发展。因此,了解移动互联网渠道的概念及特点,认知移动互联网渠道的优势及劣势,理解移动互联网渠道的形式及中间商类型,以及掌握移动互联网渠道管理的内容具有重要的意义。

▶一、移动互联网渠道定义

信息技术的进步,移动终端 App 和小程序井喷式发展,海量应用从根本上改变了人们以往在计算机端获取信息和服务的期望和体验,其应用范围已经渗透到了生活中的各个场景中。人们逐渐将社交、娱乐和购物等活动转移到移动终端上来完成,开启了新的移动生活方式。与此同时,互联网渠道也发生了改变,其所依托的互联网载体不再局限于固定端的计算机,可以扩张至固定终端计算机和移动终端设备。互联网渠道也扩展为固定终端设备互联网渠道和移动互联网渠道。这里,我们将互联网渠道定义为狭义的以固定终端计算机为依托的互联网渠道,而依托移动客户端的互联网渠道称为移动互联网渠道,互联网渠道和移动互联网渠道组成了网络营销渠道。

移动互联网渠道是指应用移动互联网提供可利用的产品和服务,以便使用相关技术手段的目标市场,通过移动互联网渠道媒介完成交易活动。移动互联网渠道的媒介多为移动终端,即移动应用服务(application,App),是针对智能手机等移动终端设备连接到互联网的业务或者无线网卡业务而开发的应用程序。

▶ 二、移动互联网渠道特点

移动终端互联网是固定终端互联网信息技术升级的产物,移动互联网渠道不仅具有互联网渠道的一般特点,还具有以下特点。

▊ (一)时空无限性

移动互联网渠道让人们的消费进一步摆脱了时空上的局限。移动终端体积较小、方便携带的特性,以及覆盖范围日趋广泛的 Wi-Fi 环境和 4G 业务,人们的上网环境已经不再局限于家中、办公室、网吧等固定场所,而是随时随地享受网络带来的方便快捷。交易双方能够随时通过移动应用了解产品信息,可以随时随地在移动应用上下单或者是链接移动网站进行下单,并及时与对方进行交流,及时得到信息反馈并做出反应。如 1 号店首先推出了移动客户端"掌上 1 号店",并将商品二维码及 3D 图像在地铁站内进行展示,方便客户利用等地铁的碎片时间用移动客户端扫描购买,在移动客户端实现体验式消费;王府井百货集团的新媒体营销 App 功能更是强大,只要进入商城,App 就会显示商城内各种商品所在的楼层和具体位置,提供导购服务,免费发送电子优惠券,甚至可以订餐订位、查询停车场目前的空余车位、打通线上线下消费积分等。

▊ (二)用户主动性

在获取信息的方式上,移动终端用户同固定终端用户之间的差异较大。对固定终端用户来说,信息的获取是通过浏览的方式,较大的屏幕能够承载的信息较多,便于浏览;而对移动终端用户而言,信息的获取是通过搜索的方式,用户根据自身的需求获取特定的信息,因此,用户更倾向于搜索满足自身需求的即时消息。因此,移动互联网渠道的用户会表现得更为主动地搜寻交易信息,特别是在合法姓名和有效住址等信息被隐匿的条件下,移动终端用户的自主性搜寻意识更强。并且,移动终端用户的自我表达意识更强,用户逐渐掌握话语权,不再只是被动地接受企业单方发送的信息,而是主动与企业进行平等对话,互动交流,希望企业倾听他们的诉求,并做出快速反应。移动终端用户经常自主在虚拟社交网络中发布有关交易消费的信息,这些评价性的信息往往带有交易链接功能和口碑营销推广功能,这就产生了由移动终端用户主动构建的营销渠道。

▌（三）高互动性

移动互联网渠道具有高互动性特征。一方面,用户通过隐私性更强的移动终端与企业实现更紧密的互动。企业可以与个别用户交流,为其设计个性化的产品、服务和推广方式。并且,用户在使用 App 的过程中,可以随时将使用心得、商品评价、促销活动与信息分享给好友,从而增加了用户与用户之间、用户与企业之间的互动;另一方面,App 可以添加趣味性强、互动性高的活动、游戏、广告等来与用户进行交流互动,如摇一摇、微信上墙等。

▌（四）社交化

移动互联网渠道的社交化是移动用户主动性的伴生特征。移动互联网渠道的成员不停地穿梭在各大论坛、贴吧、微博、社交网站,偏好安装社交、网购、视频、金融和音乐类应用,并且热衷于使用 QQ、微信等网络社交圈分享其消费经验,发布交易反馈信息,不仅将其虚拟社交圈改造成为网络营销渠道,同时使网络营销渠道的成员间的社会交往加强,使营销渠道逐步具备社交功能。移动互联网渠道上的店铺,任一成员都可以在微店连接所有的用户,与用户建立一对一的沟通、对话等情感连接,同时基于每个用户的订阅数据和全渠道大数据,进行一对一的商品推荐,精准营销,激发用户的购买欲望。一旦用户做出选择,店铺成员应对他们的选择表示感谢,从而逐步在商家和用户之间培育信任,培养自己的忠实用户,而用户也能因此获得愉悦的购物体验,并将其分享给好友。

▌（五）碎片化使用

很多移动终端的用户已经养成了在每天的上班途中、中午休息及晚上睡觉前等碎片时间中拿出手机查看资讯、上网购物或者玩游戏、听音乐的习惯。同时,移动终端产品一般具有机器学习能力,在用户的每次使用时都会将推荐的内容在屏幕上予以标示显示,让移动终端用户可以在不花费太多精力的情况下最快进入使用状态。因此,移动互联网渠道的使用具有碎片化特征。

▌（六）用户黏性极强

App 通常具有很强的实用价值。一旦用户将 App 下载到移动终端设备上,那么 App 的持续性使用成为必然。并且,安装在移动终端上的 App 可以有效占据受众的碎片化时间,进一步增加用户黏性。

▶三、移动互联网渠道优势与劣势

▌（一）移动互联网渠道的优势

移动互联网渠道不仅具备互联网渠道的一般优势,还具有以下特殊优势。

1. 进一步提高渠道效率

（1）移动互联网渠道的时空无限性使交易更具便捷性。移动终端 App 不仅可以满足客户跨时空的购物需求,还可以满足客户随时随地查询最新产品信息、优惠活动、订单状态等需求。

（2）移动互联网渠道的高互动性使渠道推广效率提高。移动终端用户在分享交易信息时推送的交易链接，提高了渠道推广效率。企业还可以结合移动终端 App，如微信内嵌的 LBS(location based services)功能，通过摇一摇、查看附近的人等，进行目标人群的精准定位，然后对锁定区域内的潜在消费者进行精准信息推送，进一步提高了渠道推广效率。

2. 自发形成市场壁垒

移动终端 App 的功能比较综合，往往附带特定的信息搜索路径、固定的支付系统和个性化的社交功能，用户使用其他移动终端 App 所需花费的下载流量成本、时间成本较高，且学习过程中程序转换成本很高，因此不愿意轻易更改移动终端 App，用户黏性比较高。并且，移动终端 App 可有效地宣传企业自身的特殊性和不可替代性，体现企业为用户提供一整套适合他们的不同功能的产品和服务，与用户建立情感层面的一对一关系，大大增加用户的程序和情感成本，从而进一步增加其忠诚度。因此，移动互联网渠道的转换成本比其他渠道高，可自发形成市场壁垒。

（二）移动互联网渠道的劣势

移动互联网渠道具有互联网渠道的劣势，还有以下特殊的劣势：运营成本相对互联网渠道较高；相对于互联网渠道上的浏览器任意固定的普适性，移动互联网渠道的移动终端 App 具有特殊性。移动终端 App 必须分别使用相应的系统，例如 Android 系统（谷歌公司）、iOS 系统（苹果公司）、Blackberry 系统（黑莓公司）、Windows 系统（微软公司）、Symbian 系统（诺基亚公司）、Bada 系统（三星公司）等。而当要为多个系统研发 App 时，成本就相对较高了。并且，大多数移动终端 App 在使用之前必须下载安装，增加了移动互联网渠道成员的使用成本。

第二节　移动网络直销

根据渠道的长度不同，移动互联网渠道模式可分为两类：移动网络直销和移动网络间接分销。受限于技术，目前的移动终端兼容性不强，混合型移动网络渠道尚未发展完善。

▶一、移动网络直销的概念

移动网络直销是指使用企业专属移动终端，一类是开发专属 App，另一类是平台搭载小程序专属移动终端。

很多企业开发了专属 App，在 App 上实现企业介绍、产品介绍、活动信息，以及让用户实时购买和互动。例如，华为的华为商城、王府井百货的王府井 Mall、华润万家的万家 Mart，大润发优鲜等，都赢得了用户的青睐与使用。

随着微信小程序的兴起，越来越多的企业在微信、抖音、百度智能、支付宝、快手、华为 HarmonyOS 原子化服务等平台搭载企业的专属小程序，让用户在社交、信息检索等活动中实现购买，并与企业互动。据阿拉丁研究院统计测算，截至 2022 年年末，移动互联网小程序超过 780 万个，DAU 突破 8 亿人次，人均使用次数超过 12 次，小程序已经融入人们生活的方方面面,包括餐饮、服饰、美妆、母婴等10个品类在内的近千个品牌中,近75%完成了小程序与公众号或视频号关联,25.9%的品牌拥有完备的组件转化链路。小程序成为用户日常购物、大促囤货以及首发抢购的重要渠道。

同时,随着移动互联网技术的进步,越来越多的企业依托淘宝直播、多多直播、抖音直播、快手直播、蘑菇街、京东直播、小红书、苏宁直播、海淘直播、得物等平台,采用短视频、直播等屏幕化场景直销。

▶二、移动网络直销构建流程

▌(一)自主构建移动终端 App

自主构建移动终端 App 的流程如下。

(1)组建企业自有移动终端 App 开发与运营管理团队。

(2)根据企业需求以及目标市场客户特征定位 App 功能。

(3)移动终端 App 开发与运营管理团队根据 App 功能要求设计应用程序,并进行目标市场客户的测试。

(4)根据目标市场客户偏好,选择适宜的 App 应用程序平台注册。注册前需要仔细察看平台审查指南,Android、iOS、Blackberry 等系统不尽相同,iOS 的审查过程中有一些强制执行设定的规则必须遵守。

(5)移动终端 App 开发与运营管理团队对 App 进行后期管理、维护、更新。

▌(二)外包购买移动终端 App

外包购买移动终端 App 的流程如下。

(1)根据企业战略目标,选择合适的互联网技术服务公司。

(2)协助互联网技术服务公司,根据企业需求以及目标市场客户特征定位 App 功能。

(3)外包互联网技术服务公司开发和管理企业移动终端 App。

▌(三)平台搭载小程序移动终端

以微信小程序为例,企业构建平台搭载小程序移动终端的流程如下。

(1)在微信公众平台注册小程序,完成注册后可同步进行信息完善和开发。

(2)根据企业需求以及目标市场客户特征填写小程序基本信息,包括名称、头像、介绍及服务范围等。

(3)完成小程序开发者绑定,开发信息配置后,开发者可下载开发者工具,参考开发文档,结合企业差异化优势,进行开发和调试。

(4)完成小程序开发后,提交代码至微信团队审核,审核通过后即可发布(公测期间不能发布)。

▌(四)依托平台直播带货

以抖音为例,企业构建依托平台直播带货的流程如下。

（1）开通直播功能。开启抖音,完成实名认证开通普通直播。在完成 10 个以上的公共视频,积累 1 000 多"粉丝"后,在"我"界面点击右上角三横,找到"创作者服务中心",选择"商品橱窗"选项,找到"成为带货达人",然后进行带货权限申请即可。

（2）搭建直播间。最初级的直播间只需高清视频画质的手机和带调光功能的稳定支架即可。企业常用的直播间需要一个隔音良好的空间,搭配专业摄像机、麦克风、三脚架、导播一体机/计算机设备、灯光、收音设备、提词器、背景墙（货架/绿幕）和调音台。

（3）直播前准备。首先做好选品,选择企业类目销量最高、品质稳定的产品,并根据产品的卖点撰写直播文案,并拍摄其中引流款的 15 秒左右的介绍短视频,该短视频用于直播前的引流。

（4）直播。按照引流款—利润款—引流款—利润款的排品顺序直播讲解产品,讲解过程还可以设计一些福利,以福袋的形式发放,增加直播间的互动率和人气。如直播初期自然流量较少,可选择付费流量。直播过程中需注意正确措辞,注意及时回复观众提问,并将产品以最合适的方式展现给观众。

（5）直播复盘。直播后需要对直播内容进行复盘,总结经验教训。

第三节 移动网络间接分销

▶一、移动网络间接分销概念

移动网络直销在自建移动终端 App 时,不仅需要巨大的时间和财务成本,而且需要较高的技术支撑。受制于资源的有限性,自建 App 的趣味性和功能性相对有限,故大多数企业会采取移动网络间接分销。移动网络间接分销是指依托移动互联网中间商将产品或服务销售给客户的营销渠道。根据移动互联网中间商在交易中的功能,移动互联网中间商可分为四大类:专业移动交易平台、基于社交的微商、团购类交易平台、辅助性移动服务提供商。

▶二、专业移动交易平台

（一）专业移动交易平台概念

专业移动交易平台是一个第三方交易平台,是在移动互联网渠道中为交易双方或多方提供交易撮合及相关服务的移动终端平台。在交易过程中,买卖双方可以通过移动交易平台提供商提供的移动网络平台开辟的专用交易通道,随时进行信息交换和网上谈判,在双方达成协议后,通过移动交易平台提供商提供的相关接口获得支付结算和物流等服务。专业移动交易平台提供商的收入主要源于交易双方对使用移动系统平台的租金或移动系统管理费用等。

（二）常用专业移动交易平台

目前,国内比较常用的专业移动交易平台有淘宝移动客户端、天猫移动客户端、京东移动客户端、拼多多移动客户端、闲鱼移动客户端等。

1. 淘宝移动客户端

淘宝 App 是淘宝网官方出品的移动客户端，其支撑系统有 iOS 和 Android。淘宝网副总裁、无线事业部总经理介绍，2022 年淘宝手机平台交易额突破 100 亿元，"双十二"期间手机端日访客数为 3 000 万，交易额达到 2 亿元。淘宝移动客户端广告标语为"太好逛了吧"。淘宝 App 的核心功能如下。

（1）购物比价。在国美、苏宁、地铁等任何地方，通过关键词、条码，语音及二维码等多重搜索、动态比价，300 万条码库条码扫描更方便，让购物更省钱。

（2）便民充值。话费充值、游戏点卡充值、Q 币充值，简单方便，支付宝支付又快又安全。

（3）淘宝团购。海量商品实惠出售，畅享聚划算的乐趣。

（4）折扣优惠。店铺热销商品、天天特价单品，更多手机专属优惠折扣，同城购物更优惠。

（5）物流查询。商品物流实时更新，可随时随地跟踪物流状态。

（6）类目浏览。找准目标，快速直达，有机票的专属购物通道。

（7）阿里旺旺。拥有支持与多个买家即时联系沟通聊天的 IM 工具，客户端可直接启动阿里旺旺，无须下载安装旺旺客户端。

（8）分享惊喜。同步新浪微博，直接"@"好友名字，通过图片、文字、二维码、短信与好友分享优惠，支持 8 亿淘宝商品的二维码分享。

（9）商品筛选。商品展示更直接，搜索宝贝后可根据人气、信用、价格及销量排序，也可根据类目、地区进行筛选后，快速查询购买商品。

（10）商品浏览。支持商品大图小图浏览，小图查看节省流量，大图查看更清晰。

（11）商品详情。提供文字版及图文版商品描述，可根据网络使用情况的随时切换。

（12）支持 Wi-Fi、CMWAP、CMNEN、UNINET 等多种联网方式。

（13）提供默认登录及本地验证码功能，无须通过计算机或 wap 再次验证登录。

2. 天猫移动客户端

天猫 App 是天猫商城移动客户端的延伸。天猫移动客户端可应用于 iOS 和 Android 两个系统，整合了 4 亿多个买家、5 万多家商户、7 万多个品牌，为商家和消费者之间提供一站式解决方案。针对天猫用户设计从"逛"和"购"两个方面入手定位的手机客户端。天猫 App 的新功能如下。

（1）上线 3D 购物，全面开启沉浸式购物，用户无须借助外接设备即可进入 3D 世界，体验逛街购物、看艺术展、去户外漫游，甚至参加新品发布会。在 3D 世界里购物，消费者还能 360 度查看商品细节，通过 AR 试穿试戴，预览商品摆放在真实场景里的效果。并且，天猫还开设数字潮玩分区，销售 3D 数字商品，这些数字商品均由天猫 App 联合艺术家、设计师同步推出，极具收藏价值。

（2）拍立享，识别最优同款商品，无须跳转直接下单。拍图找同款时，从推荐多款到只推荐最优一款，系统会综合价格、销量、服务等因素，筛选出一款最优的商品，帮用户省去挑选时间。

（3）商品推荐由"猜你喜欢"升级为"选我喜欢"，根据用户自主订阅的兴趣标签来推荐商品，方便用户发现兴趣圈子里更多的未知好物。

（4）支持筛选送货上门的商品，用户在下单时，可以主动选择可以送货上门的商品，提升购买体验。

（5）上线新猫享频道、天猫排行、猫猫币、AR交互等多个全新功能。天猫App保持每两周一迭代的频率，会根据用户的反馈来不断完善产品体验，争取达到让用户在购物的过程中有乐趣，买得轻松、买得简单。

3. 京东移动客户端

京东移动客户端是京东商城在移动客户端的延伸。京东移动客户端可应用于iOS和Android两个系统。京东App具有的特色功能如下。

（1）劲爆促销。掌上秒杀、手机专享、降价排行、优惠券、限时满减等，优惠多多。

（2）品种齐全。京东超市、京东到家、电影、酒店机票等，应有尽有。

（3）特色频道。全球购、京东众筹、京东拍卖、白条商城、清仓二手等，精彩呈现。

（4）精彩发现。呈现穿搭、智能、美妆、数码等精品推荐与时尚买手们的故事。

（5）趋势播报。京东官网权威榜单。

（6）智能便民。京东App可切换成为老年用户使用起来更舒心的版本。

4. 拼多多移动客户端

拼多多作为新电商开创者，致力于将娱乐社交的元素融入电商运营中，通过"社交＋电商"的模式，让更多的用户带着乐趣分享实惠，享受全新的共享式购物体验。拼多多App具有的特色如下。

（1）便民买菜。依托拼多多全新的农产品上行物流体系，一键直达全国超过1 000个农产品产区；百亿补贴加专项补贴，买菜更划算；手机变成菜篮子，精选全国及海外农产区产地优质商品，覆盖各类生活必需品；足不出户为家庭轻松选购次日生鲜，拿起手机选购，带着蔬果回家。

（2）分享乐趣，购物不孤单。发现好物，与好友共同分享，体验发现低价好货的乐趣；和志同道合的好友拼单，或参与万人团，与其他用户一起拼团，享受更低价，组团购物不孤单；和朋友玩小游戏，为好友呈现真实点评。

（3）产地直播。看数百万真实商家产地直播，看红薯如何从地里挖出，看一双鞋如何从生产线来到消费者手中；市长、县长精选当地优质产品直播带货，化身拼多多主播为用户在线答疑。

5. 闲鱼移动客户端

闲鱼App是阿里巴巴旗下的一个类似跳蚤市场的App，是一个二手货物交易平台，使用该软件可以帮助用户快速出手不需要的闲置物品，用户只需随手拍照，即可轻松转卖，支持支付宝担保交易。闲鱼App的特色如下。

（1）支付宝担保的个人交易平台，更诚信，更安全。

（2）淘宝已买到宝贝，随时随地一键转卖，立即变现。

（3）淘宝的上亿买家都可以看到用户发布的商品，商品更容易被卖出。

（4）卖家发布更简单，支持语音描述，扫条码更轻松。

（三）专业移动交易平台的优势与劣势

1. 专业移动交易平台的优势

（1）具有规模优势，其成本费用相对企业独自开发费用低。

（2）交易平台会为平台内的虚拟企业提供多种互动营销工具，如抽奖、问答和多人拼团等，且能整合平台所有虚拟企业资源做大型促销活动。

（3）专业移动交易平台的后台服务能协助企业收集 ERP 和 CRM 数据，并进行数据挖掘，剖析全方位运营情况，指导企业运营管理。

2. 专业移动交易平台的劣势

专业移动交易平台会导致企业失去部分的渠道自主管理能力，企业生产和经营将受制于网络中间商的数据反馈，财务运作将受制于网络中间商的支付管理，这不利于企业塑造自己的竞争优势。

三、基于社交的微商

（一）微商概述

1. 微商的定义

微商的原型是微信朋友圈的个人代购，发源于微信，发展于微信，所以称为微商。本书将企业或个人通过微信、微博等移动互联网社交平台进行分销的商业活动都统称为微商。

微商的商业逻辑是基于社交平台将社交圈的社会资本通过社交渠道分享和变现。艾瑞咨询机构调查发现，随着传统电商流量红利渐失，移动与社交相结合的微商市场成为各电商及品牌竞相布局的渠道之一。2013 年中国微商行业市场交易规模仅 224.9 亿元。不到 10 年，2022 年中国微商行业市场交易规模激增为 20 000 亿元。从业人数达 0.6 亿人。

2. 微商与直销的区别

直销为生产企业不通过中间商，直接销售给消费者。直销分为两种情况：一种是直销商直接卖给消费者，消费者不会成为销售人员，赚取销售差价；另一种是产品卖给消费者后，消费者被开发为下级销售代表，形成层次结构，上级直销商可以从下级销售代表的销售活动中获得提成。微商与直销的分界不清主要是基于第二种模式，都是对于社交圈的社会资本的分享和变现。但是微商需要卖方囤货，且是基于移动互联网进行交易；而直销由直销平台直接发货，没有囤货压力，只有业绩压力，且是在线下交易。

（二）微商经营模式

按照渠道主体性质的不同，微商可分为以下三种模式。

1. 品牌微商

品牌微商可按照品牌的成熟情况细分为两种：一种是新创品牌成立分销团队，层层代理，最终通过微信等社交平台进行营销并实现销售；另一种是固有品牌，通过微商渠道发展起来，获得知名度。

2. 平台微商

平台微商是指企业成立一个专门的平台,连接上游厂商、品牌商和下游小微商户、个人,下游参与者通过平台可以实现手机开店,并通过社交分享实现对上游产品的分销。

(1) 微店。微店是平台微商的领先者,分为卖家版和买家版。卖家版中,任何人通过手机号码即可开通自己的店铺,形成店铺的二维码或链接,通过一键分享微店将这些二维码和链接分享至微信群或朋友圈,消费者通过点击链接进入微店,浏览商品并下单购买。

微店的优势在于:①门槛低,降低了开店的门槛和复杂手续;②零手续费,微店完全免费,所有交易(除信用卡)不收取任何手续费;③账期极短,每天会自动将前一天货款全部提现至商家银行卡,让商家及时回款(一般1~2个工作日到账)。

微店的主要功能有:①商品管理,轻松添加、编辑商品,并能一键分享至微信好友、微信朋友圈、新浪微博、QQ好友、QQ空间;②微信收款,不用事先添加商品,和客户谈妥价钱后,即可快速向客户发起收款,促成交易;③订单管理,新订单自动推送、免费短信通知,扫描条形码输入快递单号,以方便管理订单;④销售管理,支持查看30天的销售数据,包括每日订单统计、每日成交额统计、每日访客统计;⑤客户管理,支持查看客户的收货信息、历史购买数据等,帮助商家分析客户喜好,有针对性地进行营销;⑥支持查看每一笔收入和提现记录;⑦促销管理,可设置私密优惠活动,吸引买家,让商品价格更加灵活;⑧多种推广方式,给店铺带来更多的流量,提高销售额;⑨批发市场、转发分成、附近微店、全面提升卖方的店铺等级。艾瑞咨询总结的微店渠道模式如图12-1所示。

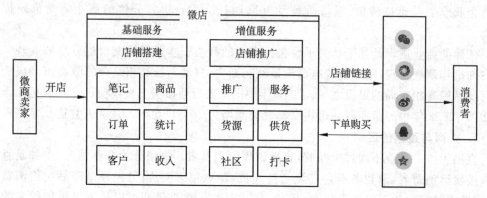

图 12-1　微店渠道模式

(2) 钱宝微商。钱宝微商构筑了一个微商生态系统。钱宝微商服务包含三部分:钱宝微商、钱宝微商交易平台及品牌微商代运营。其中代运营业务除给钱宝微商代运营之外,也承接京东、天猫等第三方渠道的服务。在钱宝微商生态圈内,一个用户可以同时具备多种身份,且这些身份可以相互转换,用户在多重身份中获得更多收益和体验。艾瑞咨询总结的钱宝微商渠道模式如图12-2所示。

(3) 阿里巴巴微商。阿里巴巴于2016年年底上线微供和采源宝,进入微商领域。用户通过微信选择供货商和商品,成为其代理,在采源宝中形成链接,分享至朋友圈和微博等社交平台,消费者通过分享购买,供货商直接发货,代理无须囤货。阿里巴巴采用双App的商业逻辑:一是严控微供商品的质量和私密性,在生产基地对供应商的商品进行筛选,进入微供渠道的商品质量由阿里巴巴确保质量,而微商渠道的价格优势仅采源宝代理可以看到;二是把控社交环节,用户仅可看到分享至朋友圈等社交平台的商品描述和商品图片,看不到商品链接和价格等内容。艾瑞咨询总结的阿里巴巴微商渠道模式如图 12-3 所示。

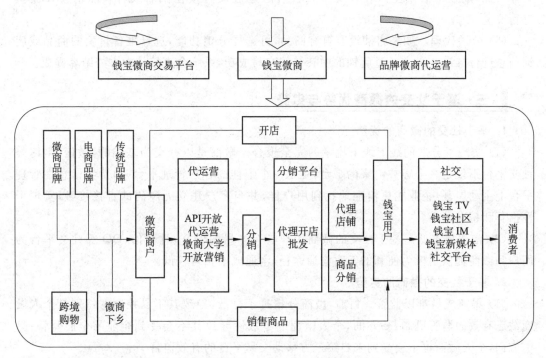

图 12-2　钱宝微商渠道模式

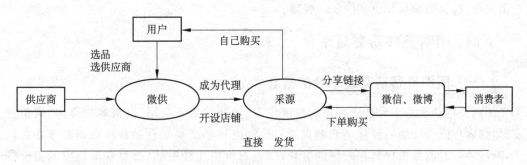

图 12-3　阿里巴巴微商渠道模式

3. 个人微商

个人微商是指个人基于朋友圈销售商品的渠道模式。以微店为例的个人卖家的操作流程如下。

(1) 下载平台软件。使用手机下载微店或者拍拍微店等微商类软件。

(2) 注册个人微店。下载平台软件后,打开微店,点击注册,在出现的页面输入手机号码,绑定手机号码,通过手机验证码设置微店密码。

(3) 产品销售。注册成功后,通过从手机相册选取图片或者照相设置店铺图片,输入店铺介绍,创建微店。上传商品图片,输入商品描述、价格、数量,创建店铺售卖的产品。

(4)营销推广。在微店界面通过一键分享,选择微信、朋友圈、QQ、QQ空间、新浪微博、易信、易信朋友圈、Facebook、Twitter、Pinterest等社交平台直接分享整个店铺或某一具体产品,朋友或者陌生人在社交平台上可通过链接直接在微店或者产品销售页面里进行交易。

(5)分销代理。如果店铺没有自有商品,可选择分销功能,选择准备售卖的商品或店铺信息进行推广。买方通过店铺的中转链接交易成功,系统会直接从卖方处结算提成。

(三)基于社交的微商优势与劣势

1. 基于社交的微商的优势

(1)实现了分散的线上线下流量的完全聚合。微商是以社交为基础的,微信、微博等社交平台不仅是一个客户汇聚的平台,更是一个绝佳的客户管理平台,消费者信息在管理平台上主动展现,企业能更精准地找到用户群,并与客户建立无障碍的直接接触,实现个性推荐和精准营销。

(2)沟通成本低。基于社交的微商用户具有详尽的偏好,且微信、QQ等社交平台为用户和微商提供了极为便利的实时沟通途径,沟通成本相对较低。

2. 基于社交的微商的劣势

(1)渠道成员难以监管。目前,微商分销过于分散,导致其不易控制。特别是个人微商缺乏有效的监管机制:一方面,个人微商的零散性导致其不会受到企业的全面监管;另一方面,个人微商也不会受到来自第三方移动交易平台的有效监督。

(2)价格问题。微商分销的参与者众多,采取代购及个人微店等营销方式的微商可以自由定价,这会影响品牌价格的统一管理。

▶四、团购类移动交易平台

(一)团购类移动交易平台的概念

团购类移动交易平台是从客户的角度出发,借助移动互联网"网聚客户群体"聚集资金、增强客户议价权的一种移动营销渠道。团购类移动交易平台的目标市场群体具有三大特性:一是对商品选择具有障碍的客户;二是对价格比较敏感、想要获取规模购买价格的客户;三是对个体消费的消费保障存在担忧的客户。团购类移动交易平台的企业用户具有两个目的:一是进行营销推广,获取口碑宣传效益;二是降低商品库存。

(二)团购类移动交易平台的种类

按照交易平台的属性不同,团购类移动交易平台可分为以下两类。

1. 专业团购移动交易平台

随着移动互联网的发展,团购网站延伸至移动客户端,常用的专业团购移动交易平台如下。

（1）大众点评 App。特点是快速定位周边的吃喝玩乐功能，实时看到用户评价真实打分，提供多种优惠团购模式。

（2）聚美 App。特点是专注美妆，提供最优惠的价格，帮助用户实现足不出户也能够前往到任何专柜购物。

（3）团购宝 App。特点是能够帮助用户快速领到各种大牌平台的优惠券，一键就可跳转的模式，帮助用户轻松找到所需产品，享受更低的价格，有着更好的购物体验。

（4）考拉海购 App。特点是适合平时比较喜欢海外购物的用户，全球直采的模式保证货物的安全，在软件中还支持和朋友一起下单，以团购的形式带给用户更低的价格。

（5）猫眼 App。特点是专注电影票团购，同步各大影院最新上映的电影，节日期间更是经常推出各种优惠票券，海量的活动以及影评剧评应有尽有。

（6）返利 App。特点是帮助用户一边购物一边挣钱，除了海量的外卖红包之外，还能够和其他用户拼团购买商品。

（7）1 号店 App。特点是专注网上超市团购模式，帮用户把心仪的产品直接送到家门口，筛选各种低价产品限时回馈，超简单的购物形式，就算是老人也可轻松下单。

（8）美团 App。特点是综合性团购平台，拥有两亿多用户和海量商家，每天都有红包福利，还有美团跑腿协助同城购物取送物品。

2. 社区团购平台

社区团购平台是基于社交的一种移动互联网渠道，这种平台没有独立的 App，一般是社区内具有一定社会资本的发起者，使用微信、QQ 等社交平台将社区内与发起者有社交关联的居民组成一个组群，实现生鲜商品流通的新零售方式，这个组群就成为一个社区团购平台节点。社区发起者作为节点的经营管理者，其根据身处相同社区内的消费趋同的特性，将收集到的组群消费需求信息对接社区团购平台，再将多多买菜、美团优选、淘菜菜、兴盛优选等社区团购平台规模采购配送到的商品进行分发。商品质量由社区团购平台负责，节点由经营管理者保障。社区团购平台盈利模式来源于商品的差价。中研网发布的行业分析中提到，2021 年全国社区团购市场交易规模达到 1 205.1 亿元，2022 年全国社区团购市场交易规模突破 2 000 亿元。

社区团购平台最大的特点就是以社区为单位进行团购，销售的是服务本地生活的商品，销售量大且频繁。同时，由于社区团购平台一般不会配送到每个消费者手中，而是集中配送到社区的固定物流集散点，物流成本相对较低。但是由于组群只对微信、QQ 好友可见，与淘宝、天猫等专业电商网站相比，大大稀释了社区团购平台的潜在客户；并且，一旦组群信息被其他信息淹没，就不会再自动回到醒目位置，因此为了保持一定的商品曝光度，社区团购平台的节点管理者需要将同样的商品信息重复发布到组群。另外，不能用文字砍价、没有评价体系等都为社区团购平台业务的顺利开展带来了很大的阻力。

▶五、辅助性移动服务提供商

辅助性移动服务提供商是对移动互联网交易过程提供一系列服务的中间商。除支付移动服务提供商和物流移动服务提供商外，辅助性移动服务提供商还有以下两类。

（一）移动客户端销售平台

移动客户端销售平台是移动客户端信息即时展示平台，汇聚了各种移动客户端，并对其进行分门别类，将五花八门的移动客户端按照功能、地域、类别整理得井井有条，有序地集中为客户中呈现出来，既方便了客户搜索，又方便移动客户端的营销推广。并且，移动客户端销售平台还对入驻平台的移动客户端进行约束监督管理，为客户与移动客户端之间搭建了更好更安全的合作平台。例如，苹果公司的 App Store 就是典型的移动客户端销售平台。

（二）移动代运营服务商

移动代运营服务商主要是指帮助一些希望做移动电商的企业或个人开展网上销售。移动代运营服务商具备营销、产品、客服、供应链等全方位的知识，可以与企业或个人销售分成。目前代运营包括各种各样的方式，从建站、推广、物流、客服、仓储等领域都有相关的公司涉及。钱柳是移动代运营服务商的典型代表，它帮助品牌建立微商销售渠道，提供综合全链路服务，致力于为微商品牌和中小企业提供全方位服务平台，包括微商品牌运营、自有微商品牌布局、微商系统研发、电商代运营、微商投资孵化、营销策划、全渠道引流、仓储物流等服务。

第四节　移动互联网渠道管理

以移动互联网技术为依托的移动互联网渠道，其渠道管理与互联网渠道管理内容相似，在控制渠道各成员的权利分配的同时，需要加强移动互联网的订货、物流配送和支付管理。移动互联网渠道管理上述内容时，所采用的管理方式也与互联网渠道管理相似，这里不再赘述。但是，移动互联网渠道的渠道特殊性和技术差异性，使移动互联网渠道管理需特别加强信息失控管理和窜货管理。

▶一、移动互联网渠道信息失控管理

（一）移动互联网渠道的信息失控

移动互联网渠道的交易很大一部分是以社交为基础的。以社交为基础的移动互联网营销交易的信息探寻与沟通互动，相比其他渠道而言过程更不透明，且企业及产品信息的真伪被移动互联网渠道成员控制。移动互联网渠道成员可能会因为短期利益的诱惑，篡改企业及产品的真实信息，而其社交圈内的成员易不辨真伪地相信、扩散虚假信息，这不仅会影响渠道的健康发展，而且会严重损害企业形象，阻碍企业长期发展。这种现象称为移动互联网渠道信息失控。移动互联网渠道的成员或其任一工作人员的信息传播不当，都有可能造成信息失控风险。

同时，由于社交平台的公众号不仅数量众多，而且官私混杂，在为数不多的官方平台之外存在着近百个地方分公司、营销员开设的公众号，很多公众号从名称到头像（多为企业 Logo)均十分雷同,用户即使有心关注也难以识别,进一步提升了信息失控风险。

(二)移动互联网渠道信息失控监管

1. 建立系统的渠道成员管理机制

(1)建立渠道成员筛选机制。根据企业战略目标及商品的属性,设计企业移动互联网渠道成员的筛选认证标准,标准内容包括渠道成员的身份证明、常驻地证明、财务能力证明和诚信证明。所有移动渠道成员都应备案授权。

(2)建立渠道成员退出机制。企业可构建移动互联网渠道成员的信用等级制,信用等级与渠道净利润和奖励挂钩。信用等级由交易成功率、交易后消费者评价或追评进行优劣划分,按照相应的信用评分政策进行,信用等级降低,渠道净利润和奖励也随之下降;反之,信用等级上升,渠道净利润和奖励也随之上升。如果在交易中因不诚信损害消费者权利,企业可取消相应授权。若移动互联网渠道成员出现严重违规行为,则终身不得再次加入企业的移动营销渠道网。并且,企业对移动互联网渠道做到"人走货清,无条件退货"。

(3)为渠道成员提供必要的支持。最末端的移动互联网渠道中间商直接和消费终端接触,其市场的表现会直接影响渠道的效率,企业应重视对这一环节的支持。企业可通过线上和线下多渠道、多元化的培训为得到授权的移动互联网渠道成员提供必要的技术。例如,韩束公司通过 YY 语音、微信群不定期举办培训课程,手把手地教微商如何加粉,如何在朋友圈营销,如何零售,如何招代理,如何管理团队,如何选择产品,如何处理售后等,韩束公司的公众平台还会定时分享教程、案例、活动策划文案等。

2. 完善移动互联网渠道信息监管机制

组建移动互联网渠道信息公共团队。移动互联网渠道信息公共团队首先要具有相对专业的网络运营常识,并且熟知企业微信公众平台对外发布信息的相关细节,能够及时回复客户或消费者的咨询,能够筛选有效信息及时向上级汇报。同时,移动互联网渠道信息公共团队需根据企业的渠道成员备案信息,定期审查移动互联网渠道内各成员的信息发布的真伪。

▶二、移动互联网渠道窜货管理

(一)移动互联网渠道窜货

移动互联网渠道上的区域分割是非常狭窄的,个人微商的加入甚至使得区域发生多维度的重叠。因为移动互联网渠道的窜货比较常见且难以管理,移动互联网渠道的窜货类型多属于自然窜货和良性窜货,窜货的主要原因是代理商过多。

(二)移动互联网渠道窜货监管

为有效防止移动互联网渠道窜货,除了采用传统的窜货管理方法外,还需采取以下措施。

1. 完善代理级别制

虽然移动互联网渠道成员众多,但仍需设置完善代理级别制。例如,韩束公司根据移动互联网渠道成员的不同级别设置了相应标准。不同级别的代理对应不同级别的拿货价格,首批进货后,每个代理就可以根据自己的销售情况决定补货数量。而对于大区代理、省级代理和市级代理,韩束不但设置了进货标准,还设置了销售任务指标,没有完成销售任务就会被降级,但这些代理比其他的移动互联网渠道成员能得到更多的价格优惠。

2. 完善产品体系设计

企业可以为每个产品都制作一个可变二维码防伪标签,作为产品身份证,每次交易必须扫码验证才能提供售后服务,这样就能严格控制产品从出厂直到消费者手中的渠道流通情况,依靠这种一物一码的关联形式,实现对产品窜货的监管。

基本概念

移动互联网渠道　移动网络直销　移动网络间接分销　微商　品牌微商　平台微商
个人微商

思考题

1. 移动互联网渠道的优势和劣势是什么?
2. 移动互联网渠道的类型有哪些?
3. 移动互联网营销中间商的类型有哪些?
4. 移动互联网渠道需要怎样进行管理?

案例分析

东方甄选黑龙江行,带动黑龙江好物"破圈"

东方甄选是新东方旗下农产品直播电商平台,2021 年 12 月 28 日在抖音开启直播,目前抖音粉丝数超过 2 500 万。2022 年 8 月,主打自营产品的"东方甄选企业店"销售额位列抖音店铺排行榜第一,销售额达到 2.2 亿元。

东方甄选在 2022 年 7 月 26 日启动"东方甄选黑龙江行"直播专场活动。伴随"一条大河波浪宽,风吹稻花香两岸"的歌声,东方甄选使用无人机航拍,带领观众穿梭在牡丹江的山野河间,看农人在田间劳作,展现出翠绿翻滚、绿意盎然的农业风光。在直播环节,东方甄选首次采用"稻田直播"的独特方式,让主播站在稻田之中,实地讲解稻米生长,现场"干饭"试吃。主播们站在满目青绿、水车转动的农田风光之中,美到让东方甄选直播间的观众惊叹"难以置信","东方甄选稻田背景是假的吗"话题甚至冲上抖音热榜。"阳光正好,微风不燥,朋友们回家吧,回到最初的美好。"东方甄选主播董宇辉,一边吃饭一边讲起黑土地的温暖情怀。擅长唱歌的主播小七,站在稻田里唱起《稻香》,勾起众多网友对农村家乡的怀念。主播大琪站在稻田打伞吃雪糕的有趣场景,让直播间观众在线喊话东北大板再次补货。除了稻田风光,东方甄选结合产品特色,全方位、多角度展现牡丹江的独特风景。在讲解玉米产品时,东方甄选出动无人机,现场带着观众鸟瞰广袤玉米田。主播们讲解山珍特产、地方旅游的时候,无人机镜头切换到了牡丹岭的巍峨森林、镜泊湖的壮丽瀑布。傍晚时分,东方甄选主播齐聚东北特色的农家小院,围坐烤肉、吃串、畅谈家乡故事,直播间的网友们感慨:"三餐四季、大江大河、人间烟火,这次都在东方甄选亲眼看到了。"

此次"东方甄选黑龙江行"由东方甄选与黑龙江当地政府共同促成。东方甄选通过发挥自身独特优势,深度挖掘地方文化、甄选优质地方特产,助力黑龙江产品在全国范围内扩大销量、提升品牌影响力。在牡丹江,东方甄选在午间、傍晚共直播五个半小时,同时在线观看人数一度超过 40 万,多款产品显示"已售空",引发观看、消费的双重热潮。哈尔滨直播间上架黑龙江生产的一款玉米糊后,空降现场的俞敏洪开玩笑说:"这是我的本家,我的外号就是玉米糊,让我给大家讲解带货。"结果一分钟之内,数千单玉米糊立刻卖空,俞敏洪不禁感叹:"太快了,还没讲够就卖空了。"到 2023 年 3 月,东方甄选卖出价值 10 亿元的黑龙江农产品。

资料来源:GPLP. 东方甄选黑龙江行圆满收官,带动哈尔滨好物"破圈"传播[EB/OL]. [2022-07-29]. https://baijiahao. baidu. com/s?id=1739662596806313522&wfr=spider&for=pc.

问题:
请结合案例分析移动互联网渠道的运营特点。

参 考 文 献

[1] 蒋益.营销渠道战略联盟的内部机会主义治理[J].商业经济研究,2016(20):59-60.

[2] 黄伟华.BX公司营销渠道结构及其控制研究[D].成都:电子科技大学,2016.

[3] 李君实.中小企业分销渠道设计研究[J].现代经济信息,2015(20):107.

[4] 林学涛,刘珊.论企业分销渠道的设计与管理[J].经营管理者,2014(28):269.

[5] 王崇,王祥翠.互联网下分销模式变化对制造商和零售商销售利润影响研究[J].软科学,2017(5):103-107.

[6] 王珂.新型渠道模式"引导型渠道"形成原因探究[J].科技资讯,2017(1):103,105.

[7] 佟世丹.电子商务环境下分销渠道模式探讨[J].辽宁经济,2016(10):48-49.

[8] 王先甲,周亚平,钱桂生.生产商规模不经济的双渠道供应链协调策略选择[J].管理科学学报,2017(1):17-31.

[9] 晏维龙.生产商主导还是流通商主导——关于流通渠道控制的产业组织分析[J].财贸经济,2004(5):11-17,95.

[10] 郭燕,王凯,陈国华.基于线上线下融合的传统零售商转型升级研究[J].中国管理科学,2015(S1):726-731.

[11] 周驷华,万国华,汪素南.生产商—零售商供应链博弈研究——基于全量折扣和营销费用视角[J].软科学,2016(7):99-103.

[12] 庄贵军,周筱莲,周南.零售商与供应商之间依赖关系的实证研究[J].商业经济与管理,2006(6):20-25.

[13] 付晓蓉,曾常发,谢庆红.长期关系中渠道冲突对企业创新能力的影响研究[J].科研管理,2016(3):59-67.

[14] 谢家平,陈婉雪,梁玲,刘鲁浩.基于广告投入的闭环供应链渠道冲突下契约协调优化[J].统计与决策,2017(2):37-42.

[15] 龚雪.渠道冲突问题研究述评与展望[J].管理现代化,2017(1):115-120.

[16] 靳洲,任建标.基于多渠道供应链博弈的零售价格策略[J].统计与决策,2015(11):43-47.

[17] 刘志奇.试论电商环境营销渠道与传统营销渠道的冲突[J].现代营销(经营版),2019(3):109.

[18] 靳洲,任建标.基于多渠道供应链博弈的零售价格策略[J].统计与决策,2015(11):43-47.

[19] 钱丽萍,罗小康,杨翩翩.渠道控制机制如何抑制关系退出倾向——兼论竞争强度的调节作用[J].外国经济与管理,2015(6):83-96.

[20] 黄建军.渠道控制的经济分析及其政策含义[J].财经问题研究,2012(1):24-30.

[21] 杨丽,兰卫国,李帮义.基于渠道控制模式的差异化分销渠道中价格形成机制[J].系统管理学报,2010(3):323-328.

[22] 丁宁.零售商渠道控制的价值链创新绩效分析[J].商业时代,2010(16):12-13.

[23] 韩斌,蒋青云.关系学习对渠道绩效的影响:基于连续谈判模型[J].管理科学,2014(1):55-64.

[24] 韩顺平,徐波.渠道权力的来源、使用与渠道绩效——关于我国汽车营销渠道的实证研究[J].经济管理,2007(2):37-41.

[25] 邓琳.农产品合作组织流通渠道模式对渠道绩效的影响效应及机制[J].商业经济研究,2015(20):69-70.

[26] 李明芳.竞争环境下制造商网络渠道选择演化博弈分析[J].软科学,2016(8):113-118.

[27] 李明芳,薛景梅.供应链企业网络渠道选择的关键影响因素识别[J].商业经济研究,2016(12):

41-43.

[28] 王正方,杜碧升,屈佳英.基于感知价值的消费者网络购物渠道选择研究——产品涉入度的调节作用[J].消费经济,2016(4):91-97.

[29] 石平,颜波,石松.不确定环境下网络渠道开通最优时机选择[J].系统工程理论与实践,2015(4):872-881.

[30] 李霞,刘立.移动互联网场景下渠道转移驱动机制研究[J].南京邮电大学学报(社会科学版),2017(1):88-99.

[31] 李春发,郭艳霞,张振超.移动互联网背景下全渠道零售策略分析[J].商业经济研究,2016(3):58-60.

[32] 武婉莹.互联网时代商品销售渠道浅析——以微信营销为例[J].经营管理者,2015(1):294-295.

[33] 高凤荣.网络营销渠道与传统营销渠道整合策略[J].现代商业,2017(1):52-53.

[34] 刘畅,安实,谢秉磊.基于顾客选择行为的O2O实体渠道与网络渠道竞争[J].上海管理科学,2015(2):30-37.

[35] 张闯,张涛,庄贵军.渠道权力应用、冲突与合作:营销渠道网络结构嵌入的影响[J].商业经济与管理,2015(2):57-67.

[36] 徐红.传统营销渠道与网络营销渠道冲突的化解对策[J].当代经济,2015(2):27-29.

[37] 秦勇,李东进.营销渠道管理[M].北京:中国发展出版社,2015.

[38] 朱岩,李树玲.营销渠道管理理论与实务[M].北京:机械工业出版社,2017.

[39] 庄贵军.营销渠道管理(第二版)[M].北京:北京大学出版社,2012.

[40] 毛磊,刘美玲,宋金鑫.实体零售企业数字化演进路径研究——基于苏宁与盒马生鲜的双案例研究[J].经济研究导刊,2022(14):18-20.

[41] 李明娟,曲明明.供应链融资与批零业多渠道营运资本管理绩效关系研究[J].商业经济研究,2021(4):155-158.

[42] 李玉霞,庄贵军,卢亭宇.传统零售企业从单渠道转型为全渠道的路径和机理——基于永辉超市的纵向案例研究[J].北京工商大学学报(社会科学版),2021(1):27-36.

[43] 刁好.网络营销渠道对传统渠道的影响以及二者的关系[J].新经济,2020(8):76-80.

[44] 程文清.4R理论视角下全渠道转型升级路径研究[J].特区经济,2020(7):124-126.

[45] 常明哲,李爱华.多渠道整合对跨渠道保留行为的影响[J].中国流通经济,2020(6):41-50.

[46] 张旭梅,吴雨禾,吴胜男,但斌.互联网环境下生鲜实体店全渠道转型路径及机理研究——基于百果园2008—2018年纵向案例研究[J].软科学,2020(3):129-136.